Landolf Scherzer · Nahaufnahmen

Landolf Scherzer

Nahaufnahmen

Aus Sibirien und dem sowjetischen Orient

Greifenverlag zu Rudolstadt

Mit 84 Fotos

4. Auflage 1987
Lizenz-Nr. 384-220/31/87
LSV 7002
Gesamtgestaltung: Werner Haferkorn
Einbandvignette: Regine Grube-Heinecke
Printed in the German Democratic Republic
Gesamtherstellung: LVZ-Druckerei „Hermann Duncker", Leipzig
Gesetzt aus der Korpus Garamond-Antiqua
Bestell-Nr. 525 165 5

ISBN 3-7352-0086-9

[redacted]

Anstelle eines Vorworts

zitiere ich Natascha Kowalenko, Intourist-Dolmetscherin und Lehrerin für deutsche Sprache am Nowosibirsker Bauingenieur-Institut:

,,Hätte ich meinen Sascha nicht, würde ich heute vielleicht in Berlin wohnen und dort verheiratet sein. Ich lernte hier vor ein paar Jahren Dieter, einen jungen Filmregisseur, kennen. Er gefiel mir sehr. Aber wie gesagt, da kannte ich schon Sascha. Inzwischen haben wir uns oft besucht, ich war mit meinem Mann in Berlin, und die DDR ist moja wtoraja rodina – meine zweite Heimat – geworden ..."

An dieser Stelle machte Natascha eine lange Pause, so, als wüßte sie nicht weiter. Dann sagte sie schnell und übergangslos: ,,Trotzdem arbeite ich lieber mit BRD-Touristen als mit Besuchern aus der DDR ... Nein, Verzeihung, ,lieber' ist nicht das richtige Wort, es muß heißen: ,leichter'. Ja, mit denen aus der BRD habe ich es leichter! Sie kommen zu uns, und fast jeder glaubt die antisowjetischen Märchen von den armen Russen, die noch in Bastschuhen herumlaufen, von Städten ohne Steinhäuser und ohne Strom, von den Menschen in Sibirien, die nur in Gefangenenlagern leben. Dann sehen sie bei uns gut angezogene hübsche Mädchen, breite, asphaltierte Straßen, moderne Schulen, Fabriken in der Taiga und Neubauviertel ... Die meisten kriegen den Mund vor Staunen nicht mehr zu ..."

Natascha lächelte, als wolle sie sich entschuldigen. ,,Mit euren Leuten dagegen ist es ganz anders." Sie versuchte, den Satz zu erklären. ,,Die Touristen aus der DDR wissen schon sehr viel, aber trotzdem sehr wenig über unser Land. Sie sind vollgestopft mit Idealvorstellungen, kennen meist nur großartige Erfolgsbilanzen: die BAM, das umfangreiche Wohnungsbauprogramm, die mächtigen Ölvorkommen, die Erfolge der Arbeiter und Kolchosbauern ...

Sie klettern aus dem klimatisierten Flugzeug, steigen in den komfortablen Intourist-Bus, und ich zeige ihnen die neuesten Häuser und die riesigen Fabriken von Nowosibirsk. Da staunen sie kein bißchen, das hatten sie erwartet und es sich meist noch vollkommener und größer vorgestellt ...

Aber dann sehen sie auch Holzbaracken-Wohnungen; treffen Betrunkene, die von der Miliz aus dem Straßengraben aufgelesen werden; fahren durch alte Dörfer, in denen die Abwässer noch am Wege entlangfließen ...

Nach diesen ‚Entdeckungen' geschieht oft etwas sehr Merkwürdiges. Die meisten DDR-Touristen schweigen und werden unsicher. Sie fragen mich nicht nach diesen Dingen, obwohl ich merke, wie sehr sie sich damit beschäftigen. Vielleicht glauben sie, daß sie solche Fragen nicht stellen sollten – unserer guten Beziehungen wegen oder weil es uns peinlich sein könnte. Ich weiß es wirklich nicht . . . Statt dessen versuchen sie, die bisher unbekannten Details in ihr Bild von der Sowjetunion einzuordnen. Doch es gelingt selten, dazu wissen sie zu wenig über die Dialektik unserer Entwicklung.

Ich aber stehe hilflos da mit meinem Talent und kann in den zwei oder drei Stunden, die wir zusammen sind, nicht nachholen, was versäumt wurde . . ."

1977

Samarkand

oder

Ungewöhnliche Erkundung einer Stadt

A salam aleikum – Friede sei mit dir, Samarkand! Ich drücke die Nase gegen die Wagenscheibe des schwarzen „Wolga", um nichts vom Film zu verpassen, der draußen im Zeitraffertempo abläuft. Turbantragende alte Männer reiten, eingekeilt von Bussen und Lastkraftwagen, auf Eseln die asphaltierte Straße entlang. Frauen in Pluderhosen, wie sie der Kleine Muck anhatte, tragen schwere Säcke und Taschen. Junge Männer mit schwarzen, silberbestickten Käppchen – Tjubeteikas – auf dem Kopf, bummeln unter Eukalyptusbäumen. Unbarmherzige Scheinwerfer zerren Moscheen und Minarette aus den Dunkelverstecken der Nacht.

Und mir, wer wird mir ordnendes Licht in die narkotisierende Exotik der orientalischen Stadt bringen? Nach dem unumstößlichen Intourist-Reiseplan bleiben mir dafür in Samarkand noch ganze sechsunddreißig Stunden. Zwei Nächte und anderthalb Tage für die Erkundung von Samarkand.

Doch ich bin optimistisch und glaube auf alle Fragen gültige Antworten zu erhalten, denn in meiner Tasche steckt ein „amtliches Papier". Auf ihm wird, korrekt ins Russische übersetzt, mit der Unterschrift des Verlagsleiters bestätigt, daß ich über meine Reise ein Buch schreiben will und die sowjetischen Institutionen mir beim Sammeln von Informationen behilflich sein möchten.

Im Hotel angekommen – es erweckt kaum meine Neugier, weil es den Interhotels bei uns gleicht –, unternehme ich deshalb sofort meinen *ersten Versuch mit der Sprawka – zu deutsch: Bescheinigung.* Der Diensthabende von Intourist liest sie zweimal. Wahrscheinlich ist er froh über die Unterbrechung des nächtlichen Einerleis hinter seiner Barriere. Als ich ihn jedoch frage, ob er vorbereiten könne, daß ich gleich am Morgen mit dem Bürgermeister, mit Restauratoren, alten Mohammedanern, Architekten, Parteifunktionären und Deputierten sprechen könne, lacht er. „Warten wir lieber, bis der Chef kommt, so gegen neun Uhr früh wird er hier sein. Inzwischen schlafen Sie sich am besten aus. Wsjo budjet choroscho – es wird alles gutgehen."

Aber ich will noch nicht schlafen – schlafen in dem nach europäischem Muster ausgestatteten Hotelzimmer mit Telefon, Dusche und van Goghs „Sonnenblumen", währenddessen draußen eine mir unbekannte Welt lockt.

Ich gehe auf die Straße und beginne, das nächtliche Samarkand zu erkunden. Die

Stadt ist noch hellwach. Vielleicht dreißig Grad heiße, trockene Luft läßt mich die Glut des Tages ahnen. Ich bilde mir ein, sie rieche nach dem Staub der Wüste Kysyl-Kum (obwohl ich der erst in Buchara begegnen werde), nach überreifen Trauben, Malven und Nelken. Usbekische Mädchen in bunten, kurzen Seidenkleidern tragen jetzt, gegen 22 Uhr, noch Babys mit sich herum. Alte Frauen sitzen an der Straße und verkaufen runde, duftende Weizenfladen. In Häusernischen, hinter Vorhängen aus bunten, auf Schnüre gefädelten Glaskugeln, reparieren Schuster Schaftstiefel und Pumps. Uhrmacher hocken bei grellem Lampenlicht auf Drehstühlen, schwatzen mit den teetrinkenden Kunden, die geduldig warten, bis der Meister die Uhr auseinandergenommen, gereinigt und wieder zusammengesetzt hat.

Am liebsten würde ich gleichzeitig Fladen kaufen, die Schuhe reparieren lassen, beim Uhrmacher sitzen und mich nach den usbekischen Schönheiten umdrehen. Aber ich tue nichts von alledem, sondern grüße nur übereifrig und laut nach rechts und links, glaube, daß so alle Vorübergehenden begreifen müßten, wie aufgeregt und froh ich bin. Aber niemand beachtet mich. Wahrscheinlich gehört Ausgelassenheit zur Samarkander Tages- und Nachtordnung.

Straßenleuchten mit dicken, raupenförmigen gelben Schirmen brennen überall in der Stadt. Auch im Park. Auf den Bänken sitzen meist junge Leute. Doch ich entdecke kein Pärchen, das sich küßt. Weshalb sie es nicht tun, werde ich später in Aschchabad am „eigenen Leibe“ erfahren. Vor dem Kulturhaus im Park hängt ein Monumentalgemälde – Lenin überlebensgroß. Mir bleibt unklar, ob er seine ausgestreckte Hand segnend über die Bürger hält oder den Weg weist, auf dem es gemeinsam vorwärtsgeht. Die meisten nächtlichen Spaziergänger pilgern wahrhaftig in die angezeigte Richtung. Ich reihe mich ein. Aus Seitengassen kommen immer mehr Leute und gehen mit uns. Jeder von ihnen scheint, im Gegensatz zu mir, das Ziel zu kennen, so selbstverständlich, ohne aufzublicken oder ihre Gespräche zu unterbrechen, biegen sie ab und laufen nun im Strom, der aber bald zum erstenmal stockt, denn linker Hand stehen drei gewaltige und mit kunstvollen Ornamenten verzierte Medressen. Sie umschließen von drei Seiten einen großen freien Platz und bilden mit ihm zusammen jenes Architektur-Ensemble, das auf allen Samarkander Werbeprospekten zu sehen ist: den Registan. Scheinwerfer erhellen das 600 Jahre alte orientalische Heiligtum. Wir, die staunenden Betrachter, stehen in der Dunkelheit. Niemand betritt den Platz. Kaum einer spricht, und wenn, dann leise, fast andächtig. Meine Augen suchen nach Details, die mir die alten Koranschulen mit ihren Mosaikwänden, auf die wohl alles Himmelblau und Türkis des Orients verschwendet wurde, verständlicher werden lassen und das ehrfurchtsvolle „Sie“, mit dem ich sie anstaune, in ein vertrautes „Du“ verwandeln. Aber ich weiß nur, daß Timur – von 1370 bis 1405 Herrscher über Samarkand und fast ganz Asien – Hunderte Künstler aus Indien, Mesopotamien, Kleinasien, dem Iran nach Samarkand verschleppte, damit sie ihm diese Prunkbauten errichteten. Die historischen Einzelheiten lassen mich die Heiligtümer zwar materialistischer, aber nicht freundlicher betrachten. Ich gehe auf den lichtüberfluteten Platz, um mir die Kunstwerke näher anzuschauen, bleibe aber erschrocken stehen, als beim Näherkommen sechs oder sieben Hunde aus den im Dunkel liegenden Nischen der Medressen herausspringen. Der Registan beginnt, seinen Heiligenschein zu verlieren.

Ich reihe mich ziellos wieder in den zielstrebigen Strom der abwandernden Besucher ein. Nach zehn Minuten stoppt die Menschenmenge vor einem mondbeschienenen Kuppelbau. Ich frage ein neben mir laufendes usbekisches Mädchen, das ihr schönes Haar sorgfältig zu zehn oder zwanzig dünnen Zopfschnüren geflochten hat, nach dem Bauwerk. Sie schaut mich an, als ob ich wissen wollte, wer der erste Mensch im Weltall war. Dann klärt sie mich auf: „Das ist die Grabstätte von Timur." Das Mausoleum imponiert durch seine Größe und architektonische Schönheit. Aber erst beim zweiten Rundgang um das Grabmal entdecke ich an ihm auch etwas Lebendiges: Am Haupttor lehnt eine in sich zusammengesunkene Gestalt. Ich gehe näher und erkenne einen Orientalen mit langem, grauem Spitzbart, großem, unordentlich gebundenem Turban und faltiger Gesichtshaut. Er hockt, die Beine gekreuzt, wie meditierend auf der Erde. Vorsichtig, um ihn nicht zu stören, setze ich mich ihm gegenüber, schweige, weil ich annehme, daß er sich mit Allah oder dessen Propheten unterhält. Ich warte geduldig. Der Alte bewegt keinen Muskel. Nach einer Viertelstunde erwidert er endlich meinen Gruß. Als ich wissen möchte, ob seine Kinder und Enkel auch gläubige Mohammedaner sind, schweigt er wieder. Ich frage ihn noch einmal. Da hebt er den Kopf, schaut mich an und sagt: „Allah ist Allah und Mohammed sein Prophet!" Was soviel heißt wie: Es gibt keinen Gott außer Allah, und Mohammed verkündet seine Worte. Die weitere Antwort überläßt er den beiden Heiligen, doch die schweigen sich mir gegenüber aus.

Inzwischen ist es zwölf Uhr geworden. Die Touristen vor „Gur Emir" sind verschwunden. Müde, mit Eindrücken vollgestopft, gehe ich zum Hotel zurück und versuche, das Gesehene zu sortieren. Aber es gelingt nicht. In meinem Kopf herrscht ein heilloses Durcheinander.

Vor dem Hotel liegt am Straßenrand ein zottiger, magerer Hund mit gelb-braunem Fell. Er kommt vertrauensvoll näher, reibt sich die Schnauze an meinen Beinen, und ich krame die letzten in Stanniol verpackten Wurst- und Käsereste der Interflugmahlzeit aus, um ihn zu füttern. Er wedelt dankbar mit dem Schwanz. Na also, endlich eine auch im Orient sofort verständliche Geste . . . Aber kaum habe ich mich im Hotelzimmer hingelegt, beginnen unzählige umherstreunende Köter, den Mond oder ihre Liebe anzubellen. Ich grübele, was diese herrenlosen Hunde für eine Funktion in der orientalischen Stadt haben könnten. Als ich dann endlich schlafe, kommen mit der aufgehenden Sonne ein neuer Tag und neue Wärme.

Ich stehe zeitig auf, den orientalischen Morgen zu begrüßen. Nachdem ich einige Minuten lang über asphaltierte und über staubige Straßen gelaufen bin, merke ich, daß eigentlich zwei Stadtteile zu begrüßen sind: das alte Samarkand, in dem sich die Häuschen in engen, baumlosen Gassen hinter fensterlosen, weißgetünchten Lehmmauern verstecken, und die neue Stadt, deren Fertigteilblöcke auch irgendwo in Sibirien oder Sachsen gebaut sein könnten. Die Bewohner der Altstadt müssen am zeitigsten aufstehen. Frauen mit schon sorgfältig geflochtenen Zöpfen oder Männer in blankgewichsten hohen schwarzen Stiefeln verbeugen sich beim Heraustreten vor dem neuen Tag, denn die Türen in den dicken, langen Lehmwänden sind nicht einmal kopfhoch. Zuerst holen die Altstädter in Eimern und Kannen Trinkwasser vom nächstgelegenen Hydranten. Dann spülen und kehren sie die Abwässerrinne vor ihrem Haus. Anschließend hupt auf der Hauptstraße das Müllauto, das nicht in die engen Gassen hineinfahren kann. Deshalb schleppen die Altstädter in aller Frühe ihre Abfälle in Säcken und Kübeln zum wartenden Müllfahrzeug. Die Einwohner der neuen Stadt drehen nur den Wasserhahn auf, den Unrat schütten sie in die Tonnen vor dem Haus, und die Abwässer verschwinden unter der Erde. Sie können morgens länger schlafen. Dafür haben sie eine wichtige Kommunikationsmöglichkeit verloren, denn beim Wasserholen am Hydranten und beim Müllwegschaffen bleibt immer Zeit, die Lokalnachrichten des vergangenen Abends und der vergangenen Nacht auszutauschen und ausführlich zu kommentieren.

Während die Eltern schwatzend am Hydranten stehen, nutzen die schwarzhaarigen, kurzgeschorenen, dunkeläugigen Steppkes die „kühle“ Gunst der Morgenstunde zum Spielen. Auch neben der kolossalen Grabstätte Timurs toben zehn oder zwanzig von ihnen und wirbeln den Staub wie junge Fohlen auf. Sie spielen auf dem Vorplatz des heiligen Mausoleums Gur Emir, dessen blau gerippte Kuppel nach Timurs Willen „den Himmel ersetze, ginge er einmal unter“, den geweihten Eingang als Tor benutzend, Fußball.

Etwa um acht Uhr – die Arbeiter sind in die Porzellanfabrik, das Textilkombinat, den Fahrstuhlbetrieb oder das Klimaanlagenwerk gefahren, die Kinder sitzen in der Schule, die Frauen sind unterwegs zum Basar, und die Hunde schlafen sich in schattigen Ecken von den Anstrengungen der Nacht aus – wird es ruhig in der alten Stadt.

Plötzlich aber beginnt ganz in der Nähe des Mausoleums ein lautes Fluchen und Schimpfen. Unter sonnendichtem Blätterdach steht ein kioskähnliches Häuschen, daneben hängen zwei waschkesselgroße Eisentöpfe. Genau dort schreit ein robuster Mann mit vorgebundener weißer Schürze einen schmächtigen Jungen an, der ängstlich vor ihm steht. Der Kleine holt flugs eine Kiste mit Sand, den er reuevoll auf dem Boden verstreut. Nun sehe ich das Malheur. Der Junge hat ein Fäßchen mit Öl verschüttet. Kein billiges Erdöl, das man inzwischen auch in den Wüsten Mittelasiens in ungeahnten Mengen aus der Erde holt, sondern feinstes Speiseöl. Mit dem weiteren Fortgang der Handlung entpuppt sich die Angelegenheit als eine lukullische Zeremonie. Sie beginnt mit dem Zerkleinern von Holz. Nachdem das Feuer lodert, schüttet der inzwischen wieder friedliche Usbeke etwas vom übriggebliebenen Baumwollkernöl in die Kessel. Später gibt er kleingeschnittene Zwiebeln, Fleisch und Schwanzspeck vom

Hammel dazu. Während das brät, versuche ich, den Koch und seinen Gehilfen zu fotografieren. Sie wehren ärgerlich ab. Neuer Versuch. Das gleiche Ergebnis. Ich sage, ich sei ein Tourist aus der DDR, möchte ein Erinnerungsbild. Net, net, sagen sie. Ne moshno. Da zeige ich ihnen mein – so hoffe ich – ,,Sesam-öffne-dich-Papier", in dem alle sowjetischen Institutionen gebeten werden, mir zu helfen. Die zwei sind zwar keine Institution, aber es klappt. Bevor er das Papierchen zurückgibt, wischt sich der Koch die fettigen Hände ehrfurchtsvoll an der Schürze ab, nickt und rückt eine Kiste zurecht, damit ich bequem an der Feuerstelle sitzen kann. Von ihm erfahre ich auch alles Weitere über die Zubereitung des traditionellen usbekischen Gerichts, das schon jetzt – noch im Stadium des Werdens – appetitliche Düfte verbreitet und Plow heißt. Zu dem schmorenden Fleisch kommen noch feingeraspelte Möhren – in Usbekistan wächst eine besonders saftige, gelbe, wie für den Plow geschaffene Sorte. Darüber gibt der Gehilfe den sorgfältig gewaschenen, mit einer Knoblauchzwiebel gekrönten Reis. Damit das Ganze nicht anbrennt, bohrt der Chefkoch zu guter Letzt bis auf den Kesselboden reichende Löcher durch die Reis-Fleisch-Möhrenschicht und füllt sie mit Wasser.

Das wäre alles von der Kunst des Plowkochens, sagt der freundliche Usbeke. Lediglich eines sei noch wichtig: Plow dürfen nur Männer zubereiten!

Warum keine Frau?

Seine Antwort provoziert und verbietet gleichzeitig jede weitere Frage. Er sagt: ,,Das ist schon immer so gewesen in den Teestuben des Orients."

Mich interessieren außer der Feuerstelle für die usbekische Freikochkunst eigenartige Miniaturbühnen unter schattenspendenden Bäumen, Holzböden, die nicht größer als zehn Meter im Quadrat sind. Sie stehen auf kunstvoll gedrechselten Beinen und werden durch dreiseitige Geländer begrenzt. Auf den Holzböden liegen Teppiche. Und auf den Teppichen liegen oder hocken Leute. Männer. Nur Männer. Alte und junge. Einer von ihnen – mit Spitzbart und Turban – sieht aus wie mein nächtlicher schweigsamer Bekannter am Mausoleum Gur Emir. Er trinkt Tee. Nein, er trinkt nicht. Er schlürft Tee. Nein, er schlürft auch nicht. Er inhaliert Tee, so bedächtig und genießend führt er die Piala, die henkellose Tasse mit grünem Tee, zum Mund. Alle sitzen und schweigen. Zwei spielen Schach. Es ist morgens acht Uhr. Der Koch sieht mein fragendes Gesicht.

,,Das ist eine Tschaichana – eine von den vielen Teestuben Samarkands", erklärt er. ,,Hier sitzen die Männer, manche von früh bis abends, und trinken ihren Tee."

Und die Frauen?

,,Nein", sagt er, ,,nein, die Frauen liegen nicht auf den Teestubensofas. Das ist schon immer so gewesen in den Teestuben des Orients."

Ich weiß zwar, daß die Frauen in Mittelasien bis 1917 und auch noch Jahre später die rechtlosesten Wesen unter der Sonne waren: Ihren Körper mußten sie im Parandsha, dem alles verhüllenden Mantel, ihr Gesicht hinter dem Tschatschwan – Pferdehaarschleier – verbergen; der Mann konnte sie nach Belieben – sofern er Geld hatte – kaufen, später verkaufen, töten ... Aber heute?! Ich frage die zwei Jüngsten, die auf dem Teestubensofa liegen – sie sind ungefähr dreißig Jahre –, was ihre Frauen machen.

„Meine ist Kolchosbäuerin."

„Meine Leiterin einer Kaufhalle."

Selbstverständlich wären sie gleichberechtigt, schließlich gäbe es dafür ein Gesetz in der Sowjetunion, versichern die zwei. „Aber in die Tschaichanas", sagen sie, „gehen die Männer seit eh und je allein." Nun beginne ich auch zu verstehen, weshalb das usbekische Nationalgericht Plow im Freien, früher prinzipiell und heute fast ausschließlich, von Männern gekocht wird. In heißen dampfenden Hotelküchen dürfen es selbstverständlich auch Frauen zubereiten. Denn wenn der Herr der Schöpfung den lieben langen Tag tschaitrinkend auf dem Teestubensofa liegt, wird er irgendwann einmal hungrig. Weil der Mann aber keine Frau in eine Tschaichana mitnehmen durfte, mußte er notgedrungen selber kochen. Damit möglichst viele Gäste sich beteiligen konnten, wurde eine umfangreiche Arbeitsteilung eingeführt, und so entstand das lukullische männliche Gesellschaftsspiel „Plowkochen": Einige der Teetrinker hackten Holz, die anderen schnitten Fleisch, die tapfersten Männer schälten Zwiebeln, die geschicktesten schnippelten Möhren, die restlichen wuschen und sortierten den Reis.

Auch ich kriege Hunger und gehe zum Hotel zurück. Nach dem Frühstück ist der Leiter des hiesigen Intourist in seinem Büro, und ich unternehme meinen *zweiten Versuch mit der Sprawka – zu deutsch: Bescheinigung.* Er liest sie dreimal, hört sich meine Bitten an und beschwichtigt meine Ungeduld, denn so ohne weiteres könne er natürlich keine Gespräche mit dem Bürgermeister, den Restauratoren, Parteifunktionären, Deputierten, Architekten und alten Mohammedanern organisieren. Erst müsse er die nötigen Instanzen informieren. Mittags solle ich nachfragen. Aber: „Wsjo budjet choroscho – alles wird gutgehen!"

Also bleibt mir Zeit, das für mich Orientalischste im orientalischen Samarkand zu suchen, den Basar. Ich frage einen alten Eseltreiber nach dem Weg. „Zum Basar, mein Sohn? Du läufst am Registan vorbei, dann links ..." Als ich mich nicht gleich zurechtfinde, erkundige ich mich bei einem jungen Mann mit Collegmappe. „Zum Kolchosmarkt möchten Sie? Nur noch 300 Meter geradeaus, dann sehen Sie den Eingang."

Basar oder Kolchosmarkt?

Es duftet nach Rosen, Weizenfladen, Tabak, Curry, eingelegten Tomaten, Zimt, Apfelsinen, Ingwer und Schaschlik. Perlhühner gackern, als wüßten sie schon alles vom Suppentopf. Alte Frauen versprechen mit melodischem Singsang die größten und saftigsten Mohrrüben, die je auf usbekischer Erde gewachsen seien. Vögel zwitschern in ihren aus Bast geflochtenen Käfigen. Bärtige Tadshiken murmeln, daß ihre Weintrauben die süßesten unter Allahs Himmel wären. Und Kinder heulen, weil ihre Mütter nicht den wie Perlen auf eine Schnur gefädelten braunen Kandiszucker kaufen.

Zwischen den Haufen roten Pfeffers, grünen Kautabaks, dunkelbrauner, klebriger

Korinthen, den gefüllten Säcken mit weißem Reis, grauer Buchweizengrütze und schwarzer Holzkohle, den gekochten quittegelben Maiskolben, den himmelblauen Wäschetruhen, den bernsteingelben Tonkrügen, den goldbestickten Tüchern und den dunkelgrünen Oliven entscheide ich mich schließlich für eine Tüte mit getrockneten Apfelscheiben. Ich frage die alte schwarzhaarige Frau, die mir das Dörrobst einpackt, ob es früher etwas auf dem Basar gab, was mittlerweile verschwunden sei. An meiner Aussprache merkt sie, daß ich Ausländer bin, winkt mich näher und flüstert: „Deutscher? Suchen Sie Gold, vielleicht einen Ring? Die meisten von ihnen wollen hier bei uns Gold kaufen. Haben Sie zu Hause keins? Aber gehen Sie um die Ecke, dort können Sie welches bekommen."

Nein, beruhige ich die hilfsbereite Alte, nicht wegen des Goldes hätte ich gefragt, ich möchte nur wissen, ob es vor fünfzig Jahren auf dem Basar noch Stände und Verkäufer gegeben habe, die inzwischen aus der Mode gekommen seien. Sie überlegt und erinnert sich, daß früher gleich am Basareingang der Panscher – ein dicker Russe – selbstgemachten Fusel verkaufte. „Und damals gab es auch den Geldverleiher. Von ihm konnten sich die Bauern Geld borgen und es im nächsten Jahr mit Reis, Früchten und Zinsen zurückzahlen. War die Ernte schlecht, mußten sie ihm die Tochter oder den Sohn verkaufen."

Ich befrage andere Händler und erfahre, welche Professionen seit 1920 nach und nach auf dem Basar von Samarkand verschwanden.

Der Knocheneinrenker; er verkaufte Arm- und Beinprothesen.

Der Feuerverkäufer; er bot glimmende Kohlen als Streichholzersatz an.

Der Zahnzieher; er arbeitete ohne Betäubung und hatte meist mehr Publikum als Kunden.

Der Barbier; er setzte den Kranken Blutegel an, damit sie das „schlechte Blut" aussaugten.

Der Schreiber; bei ihm konnte man sich Schriftstücke vorlesen und aufsetzen lassen.

Der Basarmediziner; „seine Mixturen halfen immer", beteuert eine Greisin, bei der ich eine Art Pflaumenmus kaufe.

Zum Beweis erzählt sie: „Mit dreizehn wurde ich verheiratet, aber mit fünfzehn – Schande über meinen Leib – hatte ich immer noch kein Kind, manche gleichaltrige Freundin besaß schon drei. Da brachte mir unser Mann (er hatte vier Frauen) vom Basarmediziner ein Pulver aus Froschlaich, Wüstensand und wunderkräftigen Barthaaren mit, und als ich sechzehn war – im Jahre 1920 – gebar ich meine Tochter Mukkadas, was die Heilige bedeutet. Insgesamt habe ich dreizehn Kinder." Und dann schimpft sie, so daß die Leute von den Nachbarständen zu uns herüberschauen: „Aber heute verkaufen die Medizindoktoren Pillen, damit die Frauen keine Kinder gebären müssen. Eine Sünde ist das, jetzt, wo wir mit Allahs Segen und der neuen Ordnung Hilfe auch bei uns in Samarkand schöne Häuser, Kinderheime und Schulen bauen, heute nimmt man Pillen, damit die Kinder nicht kommen. Pfui, was sich die Menschen alles ausdenken!"

Sie redet sich so in Rage, daß ich sie noch höre, als ich schon die Treppe zum nicht überdachten Teil des Basars hinuntergehe. Ihn beherrschen die grünschaligen und rotfleischigen Dickbäuche – Melonen, die hier, wie Kanonenkugeln vor der Schlacht, zu großen Haufen zusammengetragen wurden. Obwohl für mich, von der Größe abgesehen, eine der anderen gleicht, wandern die Käufer unermüdlich von einem grünen Berg zum anderen. Klopfen laut und ausdauernd an die kürbisgroßen Früchte. Halten sie lauschend an das Ohr. Werfen sie in die Höhe. Lassen sich winzige Stücke herausschneiden... gehen weiter. Ich sehe keinen, der sofort kauft. Zehn Minuten prüft und erwägt man mindestens. Wer es nicht tut, ist garantiert ein Ausländer.

Neben einem besonders großen Melonenhaufen sitzt ein sehr stiller und, wie mir scheint, traurig dreinblickender Usbeke. Er fordert die Leute nicht wie seine Kollegen lautstark und gestenreich zum Kaufen auf.

„A salam aleikum!"

Er schaut mich fragend an, und als ich ihn bitte, mir zu verraten, wie man durch die Klopferei und Horcherei erkennen kann, ob die Melonen süß und saftig sind, dreht er eine herum und zeigt mir den Stiel. „Nur danach mußt du schauen, der Stiel soll vertrocknet und nicht mehr grün sein."

Ich bedanke mich, und weil kein Käufer bei ihm steht, hat er Zeit für einen Plausch. Er heißt Abdurafit, ist vierzig Jahre alt und arbeitet in einem Kolchos, der sich „Blume" nennt. Sobald die Kolchosbauern den Staatsplan erfüllt haben, erzählt Abdurafit, können sie die restliche Ernte zu doppeltem Preis auf dem Basar anbieten. Auch jeder andere Bürger dürfe, wenn ihm der Dorfsowjet bescheinige, daß die Erzeugnisse aus dem eigenen Garten sind, seine Waren hier verkaufen. Vor sieben Tagen wäre er mit seinen Melonen auf einem Auto des Kolchos zum Markt gefahren. Zurück könne er aber erst, wenn all diese verdammten Melonen verkauft seien. Er hätte schon jetzt Heimweh nach seinem Dorf, den Freunden in der Teestube, den Kindern und seiner Frau.

Als ich mich verabschieden will, fällt mir ein, daß ich fast das Wichtigste vergessen hätte: die Preise.

„Wer macht die Preise auf dem Basar?"

Abdurafit zeigt zum hinteren Teil des Basars und antwortet im Brustton tiefster Überzeugung: „Die Tafel dort. Auf ihr werden mit Kreide die täglichen Höchstpreise für alles Obst und Gemüse angeschrieben. Je mehr Melonen es beispielsweise gibt, desto billiger werden sie. Deshalb ist es gut, wenn ich die Melonen rechtzeitig bringe und die Granatäpfel möglichst lange einlagere."

Ich schaue ungläubig. „Aber eine Tafel, Abdurafit, macht keine Preise..."

Der Usbeke stutzt und sagt dann sehr schnell und beiläufig: „Nun, der sie anschreibt, ist einer von der Stadtverwaltung."

Weil immer noch keiner bei Abdurafit Melonen kaufen will, kann ich dem Usbeken eine Gewissensfrage stellen: ,,Und gefeilscht, wird noch gefeilscht?"

Diesmal läßt Abdurafit sich Zeit mit der Antwort. ,,Manche, meist gute Freunde, handeln mit einem, um den Höchstpreis zu unterbieten. Immer ist der Käufer im Vorteil, denn er kann den Preis runterhandeln. Wenn dagegen ein Händler über die Höchstpreise der Tafel geht, wird er streng bestraft."

,,Also haben Sie noch nie jemand übers Ohr gehauen?"

Er sagt nicht ja und nicht nein. Nur: ,,Die Tafel dort ist manchmal schlecht zu sehen..."

Und der vorhin so stille, traurig in die bunte Basarwelt blickende Melonenverkäufer lacht.

Der alte Eseltreiber hatte mir den Weg zum *Basar* erklärt, der junge Usbeke den zum *Kolchosmarkt.* Es war der gleiche Weg.

Zum Abschied sucht Abdurafit die größte Melone aus und schenkt sie mir. Sie hat solch ein Gewicht, daß ich sie mühevoll auf beiden Armen tragen muß und froh bin, mich kurz vor dem Ausgang des Basars bei einem Spektakulum verschnaufen zu können.

Ein Fotograf hat hinter seiner stelzbeinigen Kamera als Kulisse ein naturalistisches Baumwollfeldgemälde aufgebaut. Zwanzig oder dreißig Leute bestürmen ihn, um in der Überfülle der weißen flauschigen Blüten fotografiert zu werden. Mitten in der Baumwolle, dem Reichtum, dem Gold des Landes stehend, ein Foto für die Frau, ein Foto für die Eltern, ein Foto für das Wohnzimmer.

Auf meine Frage nach ihren Berufen antworten die Wartenden: Studentin am pädagogischen Institut, Verkäufer, Chemiearbeiter, Wasserautofahrer, Komsomolfunktionär, Pförtner, Arbeiter im Marmorbruch, Stenotypistin, Weberin von Kamelhaardecken, Doktor der Kybernetik, Lehmziegelbrenner... Eine jener Kolchosbäuerinnen, die auch heute noch bei vierzig Grad im Schatten acht Stunden täglich die Baumwollblüten mit der Hand pflücken, finde ich nicht beim Basarfotografen. Als ich ihn frage, sagt er, daß sich keine Pflückerin vor der Baumwollfeldkulisse fotografieren ließ. ,,Sie sind jetzt alle bei der Ernte."

Eine ähnliche Antwort erhalte ich – allerdings auf eine ganz andere Frage –, als ich wenig später im Intouristbüro meinen *dritten Versuch mit der Sprawka – zu deutsch: Bescheinigung* – starte. Der Leiter murmelt etwas wie: Noch keine Antwort von den Instanzen erhalten. Als er druckst, fällt ihm plötzlich etwas ein, und er sagt es im Brustton der Überzeugung: ,,Bei uns ist jetzt Baumwollernte, da haben die Leiter den Kopf voll. Sie müssen sich noch ein bißchen gedulden."

Das ist leicht gesagt. Mir bleiben noch zwanzig Stunden, um Gültiges über die Preise auf dem Basar, alte Mohammedaner und junge Komsomolzen, herrenlose Hunde, Frauenverbot in den Tschaichanas, die Zukunft der alten Stadt und das Wachsen der neuen zu erfahren.

Er beruhigt mich: ,,Zu uns kommen die Schriftsteller wegen der alten Denkmäler. Schauen Sie sich die inzwischen an, ich gebe Ihnen eine Reiseführerin mit. Wsjo budjet choroscho – es wird alles gut..."

Also schauen wir uns Denkmäler an.

Ich bin froh, daß ich es nicht allein und nicht schweigend tun muß, sondern mich die Intourist-Dolmetscherin Gulja begleitet. Sie sieht aus wie ein sehr rundes, sehr rotbäckiges und sehr appetitliches Äpfelchen. Weil ihr Kleid den Bauch kaum versteckt, erkundige ich mich, wann es soweit sei mit dem Baby. ,,Frühestens in ein, zwei Jahren", sagt sie erschrocken, vordem werde sie nicht heiraten. Während wir durch die staubigen Denkmalviertel pilgern, redet Gulja ununterbrochen. Von den fünfzig Millionen Rubel mitten im Bürgerkrieg, die Lenin zur Erhaltung der Samarkander Bauten angewiesen habe; von den sechs Pfund Gold, die kürzlich bei der Restaurierung der Kuppel des Mausoleums Gur Emir verbraucht wurden; von ihrem Traum, einmal Bürgermeister der Stadt zu sein (dann ließe sie unheimlich viele Blumen und Bäume pflanzen); von ihrer Liebe zu den traditionellen orientalischen Lehmhäuschen; von ihrem Namen Gulja, einem alten usbekischen, der Blumengesicht bedeutet. Als sie das sagt, hat sie wohl einen komischen Einfall und muß lachen. ,,Bloß gut, daß ich nicht draußen in der Satellitenstadt wohne." Ein Düngemittelwerk habe man dort gebaut und Häuser für 50000 Leute drumherum. ,,Die Stadt heißt Superphosphatny. Stellen Sie sich mal vor, ich würde dort wohnen: Blumengesicht aus Superphosphatny! Bestimmt hat sich diesen Namen so ein vertrockneter Chemiker ausgedacht!"

Dann nennt sie mir alle wichtigen Jahreszahlen der Samarkander Historie, die Höhe der Minarette, die Tiefe der Gruften. Drei Monate habe sie versucht, den Text zu begreifen, und ihn dann in zwei Tagen und Nächten auswendig gelernt. Und sie sagt mir vor den Ruinen der größten Moschee Bibi Chanym die Baustory auf, die sich jeder Tourist in Samarkand anhören muß.

,,Die Lieblingsfrau Timurs war die wunderschöne Bibi Chanym. Als der grausame Krieger wieder einmal Schlachten in fernen Ländern schlug, wollte sie ihm inzwischen ein steinernes Liebeslied errichten lassen. Sie befahl, diese Moschee, die Sie hier sehen, zu bauen. Alle beeilten sich mit der Fertigstellung. Aber der junge Architekt begehrte Bibi Chanym. Er verlangte einen Kuß von ihr, sonst werde er den Bau nicht rechtzeitig beenden. Bibi Chanym bot ihm als Ersatz die Küsse all ihrer Jungfrauen an. Er aber wollte nur ihre. Da sagte die kluge Schöne: Warum gerade meine, eine Frau ist wie die andere. Als Beweis brachte sie einen Korb mit Eiern. Eines glich dem anderen. Der Architekt ließ daraufhin zwei Schalen holen. Eine füllte er mit Wasser, die andere mit Wein. Äußerlich sind sie gleich, sagte er, aber ihr Inhalt ist unvergleichlich verschieden. Bibi Chanym wußte keine Antwort und gab nach. Doch der junge Mann küßte sie so stürmisch, daß ein Mal auf ihrer Wange zurückblieb. Der Architekt vollendete bis zur Rückkehr Timurs die Moschee, machte sich dann aber flugs aus dem Staube. Der Herrscher entdeckte das Kußmal; zur Strafe mußten seit jener Zeit Bibi Chanym und alle anderen Frauen seines Reiches ihre Gesichter mit dem Tschatschwan, dem entwürdigenden Pferdehaarschleier, verbergen. – Aber diese Unterdrückung der Frau ist heute im sowjetischen Samarkand ein für allemal abgeschafft."

Ich frage Gulja, ob sie einen Freund habe. Sie wird eine Nuance rotbäckiger, nickt und schwärmt von ihrem künftigen Bräutigam. Er habe schon eine Wohnung – im allgemeinen müsse man fünf Jahre darauf warten –, sei Doktor, was wolle sie mehr.

Ich möchte wissen, wie sie heiraten werden. „Einen Tag feiern wir bei seinen, den anderen bei meinen Eltern." Dem alten Hochzeitsritual entsprechend hätten die Usbeken früher – heute noch in einigen Dörfern – anders geheiratet: „Da mußte der Mann einen Kaufpreis für die Braut bezahlen. Und dann feierten beide getrennt, jeder bei seinen Eltern."

Ich frage sie, was sie tun würde, wenn ihr Doktor verlangte, nach dieser alten Weise zu heiraten. Sie sagt: „Weil ich ihn liebe, würde ich seinen Wunsch respektieren."

Wieder zu den Denkmälern. Der mit einem Kuß belohnte Architekt hatte aber trotzdem sehr nachlässig gearbeitet. Auf der Giebelseite der Moschee reichte der Platz nicht für die Inschrift: „Timur ist der Schatten Gottes auf Erden", und so wurde daraus: „Timur ist der Schatten..." Bald nach der Einweihung der Moschee Bibi Chanym begannen die Mauern zu reißen. Es blieben Ruinen. Sowjetische Experten restaurieren sie heute kunstgerecht. Vor einigen Jahren kam ein berühmter Häusertransporteur nach Samarkand, um das einsturzgefährdete Minarett der Moschee wieder zu richten. Es war Imanuel Gendel, der schon andere wichtige Gebäude des Sowjetlandes verrückt hatte. 1925 beispielsweise „verschob" er das siebenstöckige Haus des heutigen Finanzministeriums, und 1938 rückte er den 150 000 Tonnen schweren Stadtsowjet um 1346 Zentimeter nach links. (Ich hätte auch schreiben können: „... 1346 Zentimeter nach rechts", aber es kommt immer auf den Standpunkt an, von dem aus man eine Sache betrachtet.)

Blumengesicht erzählt: „Mit sechzig hydraulischen Hebezeugen hat er unser Minarett angehoben, und als es wieder kerzengerade stand, stabilisiert." Sie unterbricht sich, schaut mich prüfend an, um gewiß zu sein, daß ich auch genau zuhöre, und sagt: „So rücken wir heute auch die Geschichte gerade."

Vor dem Registan zeigt sie mir am Eingang der Medressen vergoldete Koransprüche. Ob sie den Koran gelesen habe? Nein, sagt sie, sie sei Komsomolzin.

Dann laufen wir durch Schach-i-Sinda, die Totenstadt von Samarkand. Rechts und links neben der breiten Haupttreppe drängeln sich die kunstvollen Totenhäuser. Eines steht über dem anderen – kuppelbehütet, majolikagekachelt, mosaikgeschmückt. Jeder dieser Tempel gehört dem Leichnam eines heiligen Politikers oder politischen Heiligen des alten Orient. Die meisten Gruftplätze ließ Timur für seine Verwandten und Freunde reservieren. Doch weil deren Titel wohl nicht werbewirksam genug waren, begrub man daneben einen anderen ,,Namen" – Kussam ben Abbas, den Cousin von Allahs Stellvertreter Mohammed. Dieser heiligste Prophet, der in der obersten Moschee der Samarkander Totenstadt Schach-i-Sinda liegen soll, war weder vor noch nach seinem Tode in der Stadt gewesen, doch das störte die nun zu Tausenden an sein Grab pilgernden Mohammedaner nicht. Die Hauptsache war, daß der Heilige ihre Bitten erhörte und ihre Sehnsüchte erfüllte. Die Frauen flehten um Kinder, die Männer beteten wegen des fehlenden Reichtums. Meistens waren es die ärmsten der armen Mohammedaner, die hierher wallfahrteten, diejenigen, die kein Geld für die seligmachende Reise nach Mekka besaßen. Sie rannten die Stufen bis zu Kussams Grab Hunderte Male hinauf und hinunter, um sich so die Gnade Allahs zu verdienen. Dabei mußten sie noch laut und genau zählen. Jeder Fehler bedeutete: alle Stufen kniend und die Steine küssend noch einmal zu wiederholen.

Ich zähle. Einmal 36. Dann 38. Und küsse keine Stufe. Gulja lacht. ,,Das ist doch alles Geschichte. Heute glaubt bei uns kaum noch einer an Allah. Damit haben wir keine Probleme mehr."

Sie verabschiedet sich, um schnell etwas zu besorgen und kommt wenig später mit drei Weißbroten, einer Flasche Kognak, zwei dicken Würsten, Tomaten, Paprikaschoten und Zwiebeln zurück. Ich frage, ob sie eine Familienfeier plant. Blumengesicht schüttelt den Kopf, das ginge zur Zeit nicht. ,,Die Großmutter fastet gerade dreißig Tage, ißt und trinkt nichts von Sonnenaufgang bis zum Sonnenuntergang. So, wie es der Koran verlangt."

Gulja hat sich verabschiedet, und ich überlege, wie es heute die gläubigen Kolchosbauern, die tags schwer auf den Feldern arbeiten, die Weberinnen, die im Drei-Schicht-Rhythmus in den neuen Großbetrieben an den modernen Maschinen stehen, mit dem Fasten halten.

Fragen ohne Antworten.

Ich gehe zum Hotel zurück und unternehme beim Intouristleiter meinen *vierten Versuch mit der Sprawka – zu deutsch: Bescheinigung.* Er bedauert. Ich solle es nicht falsch verstehen, doch ich sei ihm als *Tourist* avisiert worden. Und er wäre lediglich dafür verantwortlich, daß Touristen alle Samarkander Sehenswürdigkeiten besichtigen könnten. Für Interviews mit alten Mohammedanern, Restauratoren, Bürgermeistern, Parteifunktionären sei er nicht zuständig. Und die Instanzen hätten noch nicht geantwortet. Ich solle später noch einmal nachfragen.

Dieses Mal vergißt Itkar Samatowitsch Tureznow sogar sein ,,Wsjo budjet choroscho..."

Mir bleibt nichts anderes übrig: Ich werde mir noch eines der Denkmäler anschauen, das Mausoleum Gur Emir, Grabstätte des Welteroberers Timur.

In der Totenhalle des größten asiatischen Kriegers baumelt am Ende einer Stange der Schwanz eines Jaks. Es ist ein religiöses Zeichen dafür, daß in der Grabkammer die Gebeine eines Heiligen bleichen. Hier sind es gleich zwei Heilige. Nur-Addin-Bassur, der „vierzehnte Heilige“, und Scheich Burchan Addin. Beide ließ Timur aus ihren alten Gräbern holen und in Gur Emir neben seinem Lieblingsenkel Muchammed Sultan bestatten, damit sie durch ihren guten Namen reichlich Pilgerpublikum anlockten.

Ein Jahr nach dem Tod des Enkels wurde auch Timur im Mausoleum Gur Emir begraben.

Am Eingang zur Gruft steht: „Glücklich ist, wer die Welt verläßt, ehe sie auf ihn verzichtet!“ Timur starb als fast Siebzigjähriger am 18. 2. 1405 beim Feldzug gegen China am Suff.

Weiter ist zu lesen: „Wenn ich noch lebe, sollen die Menschen erzittern!“ Vor Delhi wurden auf Timurs Befehl 100000 Gefangene erschlagen, und bei Bagdad errichteten seine Krieger eine Triumphpyramide aus 90000 Schädeln. Als Baumaterial für seine Festungen verwendete Timur mit Vorliebe an Stöcke gebundene Soldaten, die er mit Lehm und Mörtel übergießen ließ.

Auf der Grabplatte erfährt der Besucher Wundersames aus der Genealogie Timurs. Danach soll er geradewegs von Tschinggis-Chan abstammen, und sein Urahn gar wurde mit Hilfe der göttlichen unbefleckten Empfängnis geboren. Ein Sonnenstrahl habe die Mutter des Urahns befruchtet.

Geschichtlich ist erwiesen: 1336 wurde Timur bei Schachrisjabs im Stamme von turkisierten Mongolen geboren. Als das Reich des Tschinggis-Chan zerfiel, rottete sich Timur mit anderen armen Teufeln zu einer Bande zusammen. Sie stahlen zuerst nur Schafe. Aus den Schafdieben wurden Räuber, und aus den Räubern Eroberer, die mordend eine Stadt nach der anderen besetzten. 1370 ließ sich Timur in Samarkand zum Herrscher ausrufen und begann seine Feldzüge nach Indien, Mesopotamien, Kleinasien, dem Iran, dem Kaukasus, ins Land der Goldenen Horde bis an die Wolga und nach China. In seiner Residenz, wo es bei allen Festlichkeiten Timurs Spezialität – im Ganzen gebratene Pferde – gab, verweilte er von 1370 bis 1405 nur achtmal. Die übrige Zeit organisierte und inszenierte er die schrecklichsten Kriege der damaligen Geschichte. Er hinkte, da er sich bei einem Kampf ein Bein verletzte, seit seinem achtundzwanzigsten Lebensjahr. Daher auch sein Name – Timur i lenk, Timur, der Lahme.

1941 öffnete der Anthropologe Gerassimow, Mitglied der Akademie der Wissenschaften der UdSSR, das über 500 Jahre lang unversehrte Grab Timurs. Die Gebeine des Welteroberers lagen in einem Sarg aus Artscha – Wacholderholz. Einige Mitarbeiter wurden ohnmächtig, so stark war der narkotisierende Duft der Kräuter, die den Leichnam frisch erhalten sollten. Gerassimow bestätigte: Ein Bein des Timur ist kürzer. Und auch die Legende, wonach Timur rothaarig gewesen sei, erwies sich als wahr. Auf dem Kopf fand Gerassimow lange rote Haare. Anscheinend hatte der alte Krieger vor der letzten Schlacht keine Zeit mehr gehabt, sich den Schädel ratzekahl scheren zu lassen, wie es der Islam vorschreibt.

Als sich die Nachricht von der Graböffnung verbreitete, prophezeiten alte Usbeken: „Man hat den großen Mörder aus dem Sarg herausgelassen, nun geht seine Seele um, und er wird wieder Schrecken über die Menschheit bringen." Im gleichen Jahr überfiel Hitler die Sowjetunion. Alle Grausamkeiten Timurs verblaßten in den nächsten Jahren vor den Bestialitäten der faschistischen Mörder. Wie viele Tote Samarkand betrauert, weiß ich nicht. Gulja kennt eine andere Zahl: 52 Samarkander wurden Helden der Sowjetunion, und 50000 erhielten während des Krieges Orden und Medaillen.

Meine Gedanken schweifen ab, ich erinnere mich an einen Tag während meiner ersten Reise in die Sowjetunion. Das war vor fünf Jahren, in Obninsk, der Stadt, in der das erste Atomkraftwerk der Welt errichtet wurde.

9. Mai. Tag des Sieges. Zehntausende Menschen drängen sich um einen schlichten Granitsockel. Vor dem Stein der rote Stern aus Metall. Zwei Soldatenketten wehren den Ansturm der Menge ab. Als ein gepanzertes Fahrzeug mit dem ewigen Feuer – am Vortage in Moskau entzündet und nachts nach Obninsk gefahren – auftaucht, muß eine dritte Soldatenkette gebildet werden. Die Flamme lodert inmitten des metallenen Sterns. Die Alten nehmen die Pelzmützen ab, die Jungen die Hüte. Die Väter lassen die Kinder oben auf den Schultern. Die Menschen durchbrechen die Absperrung. Sie wickeln Tulpen, Veilchen und Buschwindröschen aus dem Zeitungspapier, das die zarten Blüten vor dem Maifrost schützen soll. Ein altes Mütterchen kniet vor dem Granitsockel. Sie legt zwei Tulpen zu den übrigen. Als sie nach einer halben Stunde immer noch bewegungslos auf dem kalten Erdboden verharrt, führen sie zwei junge Männer behutsam in die Menge.

Ich finde schwer zurück zu den lachenden, pluderhosigen usbekischen Mädchen und den turbantragenden, auf Eseln reitenden Mohammedanern.

Grübelnd setze ich mich auf einen abgestellten alten Karren. Nach etwa einer Stunde bietet mir ein Usbeke, der mich anscheinend schon lange beobachtet hat, einen frischen Weizenfladen an.

Dieser Usbeke ist Rachim, Arbeiter aus Superphosphatny. Er hatte elf Geschwister. Als er 1927 sechs Jahre alt wurde und zur Schule mußte, brachte ihn sein ältester Bruder Rustam in das große Gebäude. Der Vater arbeitete im Steinbruch, und die Mutter schämte sich, mit Schleier zur Schule zu gehen, denn ihr Gesicht unverhüllt in der Öffentlichkeit zu zeigen, das wagte sie damals noch nicht. So ging Rachim allein mit seinem Bruder.

Zwei Geschichten aus seinem weiteren Leben.

Die erste handelt davon, wie Rachims Vater das Lesen lernen sollte.

Noch 1930 war er Analphabet wie seine Großväter und Urgroßväter. Im Steinbruch sagte ihm der Meister: „Du wirst Vorarbeiter, aber dazu mußt du vorher lesen und schreiben lernen." Daraufhin hörte der Vater auf zu arbeiten. Die Mutter wehklagte, aber es war umsonst. Der Vater saß nur noch von früh bis abends in der Teestube. Nach zwei Monaten ging er so kommentarlos, wie er weggeblieben war, wieder in den Steinbruch. Vorarbeiter wurde er nicht mehr. Aber fünf Jahre danach erfuhr Rachim, daß sich der Vater seinerzeit von einem Freund in der Teestube heimlich das Lesen und Schreiben hatte beibringen lassen.

Die zweite Geschichte handelt davon, wie Rachim einen Leiter absetzte.

Als Rachim aus dem Krieg nach Hause kam, hatte er noch keinen Beruf. Er arbeitete als Gehilfe in einem Gemüselager. Später wurde außerhalb der Stadt ein großes Düngemittelwerk gebaut. Rachim lernte in der Abendschule das Einmaleins der Chemie. Er wurde Filterwärter. Im Werk produzierten sie Superphosphat für die Baumwollfelder. Aber anfangs schafften sie viel weniger als geplant war. Zwar gab es für die Bedienung jeder Anlage und jedes Filters genaueste Gebrauchsanweisungen, doch Rachim überlegte, ob es vielleicht auch anders, produktiver gehen würde. Er fragte seinen Leiter, einen studierten Menschen. Der sagte nur: Keine eigenen Experimente, so etwas verantworte ich nicht – Vorschrift bleibt Vorschrift! Rachim entgegnete, ob er wisse, wie schlecht die Baumwolle auf den Feldern stehe und daß die Bauern auf jede Tonne Dünger warteten. Das interessiere ihn nicht, sagte der Leiter, ohne Anweisung von oben riskiere er nichts. Rachim probierte seine Methode allein. Die Grundidee stimmte, die Berechnungen nicht – der Filter flog auseinander. Der Leiter ließ Rachim bestrafen. Ein Jahr lang mußte er auf 20 Prozent seines Lohnes verzichten. Aber Rachim wußte, daß mit seiner Methode bei richtigen Zahlen mehr produziert werden könnte als nach den veralteten Gebrauchsanweisungen. Er stand eines Tages in der Betriebsversammlung auf und sagte, was hier gemacht werde, sei nicht schöpferisch. „Man pocht auf eine Anweisung, ohne selbst den Kopf zu bemühen. Das ist bequem. Und der Leiter muß keine Verantwortung tragen, nichts selbst entscheiden." Seit dieser Versammlung war Rachims Kampf keine persönliche Sache mehr. Vier Monate später gelang es ihm nachzuweisen, daß seine Methode funktionierte. Auf einer Sitzung der Abteilung wurde der Leiter abgelöst. Inzwischen produzieren die Chemiearbeiter von Superphosphatny jährlich rund eine Million Tonnen Dünger.

Ich frage Rachim, ob er Parteimitglied sei. „Nein", sagt er. „Man hat mich noch nicht für würdig genug befunden." Erst müsse er seine fachliche Spezialausbildung abschließen, sein Allgemeinwissen verbessern, auch die Sauberkeit am Arbeitsplatz. „Eher nehmen mich die Genossen nicht auf. Aber ich bemühe mich, ein Kommunist zu werden."

Während des Gesprächs will ich noch zwei Weizenfladen holen. Rachim merkt es, bittet mich freundlich, aber bestimmt, sitzenzubleiben, und kommt mit Fladen, Trauben und süßem Rotwein wieder. „Bei uns", lächelt er, „ist ein Gast die größte Ehre, ein Festtag für die ganze Familie. Das lernen schon die Kinder." Er lädt mich für den nächsten Tag ein, heute müsse er mit seinem Chef noch Material holen. „Dann nehme ich dich mit in unser neues Werk. 1000 Menschen arbeiten dort. Ich zeige dir meine Anlage. Und vielleicht besuchst du bei euch einmal einen Chemiebetrieb, dann grüß die Leute dort, erzähl ihnen, wie wir hier arbeiten."

Gern, sehr gern, Rachim! Aber morgen früh muß ich nach Buchara weiterfliegen.

Er ist untröstlich. Da nimmt er seine seidenbestickte usbekische Tjubeteika, die schon lange Zeit getragene und für ihn deshalb wohl um so wertvollere Kopfbedeckung, und setzt sie mir auf.

Ich habe einen Freund in Samarkand.

Eine Stunde später sitze ich wieder beim Leiter von Intourist. Es ist mein *letzter Versuch mit der Sprawka – zu deutsch: Bescheinigung*. Nein, die Instanzen hätten leider nicht geantwortet. Aber morgen, vor dem Abflug, wäre ja noch Zeit für ein kurzes Gespräch mit Bürgermeister, Restauratoren, alten Mohammedanern, Deputierten, Parteifunktionären. Es werde alles getan, denn ich sei Gast. Und in Usbekistan sage man: Der Gast wird mehr als der eigene Vater geschätzt!

„Wsjo budjet choroscho – es wird alles gut werden!"

Als ich schon gehen will, fällt ihm ein, daß in der Hotelhalle ein Rundfunkreporter aus Taschkent auf mich warte. Es hätte sich herumgesprochen, daß ein Schriftsteller aus der DDR hier wohne. Ob ich ihm ein Interview geben könne? In Drei-Teufels-Namen sagte ich ja. Der Reporter macht eine Sendung zum Jahr der Frau und bittet mich um meine Eindrücke über die usbekischen Frauen, ihre Gleichberechtigung.

Einerseits möchte ich den Berufskollegen nicht auf dem trockenen sitzenlassen, andererseits, was weiß ich schon von den Frauen Usbekistans, von ihrer Emanzipation? Meine Antwort beschränkt sich auf Äußerlichkeiten wie Schönheit und Selbstbewußtsein, dazu kommt das Ergebnis eines kleinen Experiments, das ich auf dem Weg zum Hotel machte. Ich befragte ungefähr 25 Frauen nach ihrer Bildung; 10 von ihnen hatten eine Fach- oder Hochschule besucht.

Nach dem Interview biete ich dem Reporter einen Nordhäuser Doppelkorn an. Er möchte wissen, ob ich auch Taschkent besuchen werde. Ja, am Donnerstag. „Da müssen Sie unbedingt mein Gast sein! Ich lade Sie für Freitag ein, und Sonnabend können wir zusammen in die Umgebung der Stadt fahren." Ich bedanke mich. Und bitte ihn dann, mir in Taschkent zu helfen, damit ich das Textilkombinat und die Landmaschinenfabrik besichtigen kann. Er fragt, ob ich dazu eine Genehmigung vom sowjetischen Schriftstellerverband oder einer anderen Institution habe. Nur diese Sprawka, sage ich, und gebe ihm das Schreiben des Verlages. Er liest es lange, dreht es um, sucht etwas, schüttelt den Kopf, liest es noch einmal und gibt es mir zurück. „Es fehlt ein Stempel. Kein einziger Stempel drauf. Was ist das schon für eine Sprawka, ohne Stempel..."

Und plötzlich sagt er, sich verlegen entschuldigend, er hätte vergessen, daß er Freitag, Sonnabend und Sonntag wegfahren müsse. Es täte ihm leid. Aber Montag vor meinem Weiterflug sei er wieder im Studio. Ich solle ihn vor dem Abflug aus Taschkent unbedingt anrufen. Er trinkt nicht aus, verabschiedet sich sehr schnell und sagt in der Tür noch einmal: „Vergessen Sie nicht, und rufen Sie vor dem Abflug an..."

Gulja, die während des Interviews dabei war, stellt fest: „Ihnen könnte nur jemand vom Gebietsparteikomitee helfen."

Mir verbleibt lediglich eine Nacht, Samarkand ohne Genehmigung zu erkunden. Und weil ich nicht glaube, daß ich noch irgendeinen Stempel erhalte, daß irgendein Fernschreiben, Telegramm oder anderes amtliches Wunder gesandt wird, gehe ich dorthin, wo Gastlichkeit, aber leider keine offizielle Information geboten wird – ins Restaurant des Hotels. Ich sitze nicht lange dort, mir fehlt die nötige Ruhe für Schaschlik und Tschai. Bald schlendere ich wieder ziellos durch die nächtliche Stadt. Plötzlich habe ich einen unaufschiebbaren Wunsch. Ich möchte wissen, was nachts auf dem orientalischen Basar von Samarkand geschieht.

Ein Tor des Basars steht noch offen. Die Geschwätzigkeit ist verschwunden. Spaziergänger bummeln wie im Kulturpark. Die schmale Mondsichel beleuchtet nur spärlich die Konturen der Melonenhaufen. Erst als sich meine Augen an das Dunkel gewöhnt haben, erkenne ich, daß neben den Melonen Männer auf Teppichen hocken oder liegen. Einige haben sich mit Tüchern zugedeckt und schlafen schon. Andere sitzen und schlürfen Tee. Sie sprechen kaum. Und wenn, dann flüstern sie.

Ich suche Abdurafit. Bei seinen Melonen finde ich ihn nicht. Auf seiner Waage aber steht wie ein Götzenbild eine Porzellankachel mit Thüringer Pfefferkuchenmuster. Ich hatte sie ihm am Vormittag geschenkt. Die Nachbarsleute sitzen und würfeln. Abdurafit sei weggegangen, berichten sie mir. Sie rücken zur Seite und machen mir Platz auf dem Teppich. Ein schon Grauhaariger schiebt mir ein Kissen unter den Hintern, der andere reicht mir Teller mit Käse und Wurst, Tomaten und Zwiebelscheiben. Solange ich esse, spricht keiner. Erst als ich die Weintrauben probiert habe und mir dann den Mund abwische, fragen sie, aus welcher Stadt ich komme. Dann möchten sie wissen, wie die Thüringer Bauern in den Bergen arbeiten, ob viele Steine vom Acker zu lesen seien und ob die Schafe genug Futter auf den Weiden finden würden.

Die zwei kommen aus kleinen usbekischen Dörfern. Der ältere, er wird etwa fünfzig Jahre alt sein, heißt Batir, der Recke. So hat ihn sein Vater genannt. Batir kann sich nicht mehr an ihn erinnern. Kaum, daß der kleine Usbeke laufen gelernt hatte, verließ der Vater das Dorf mit dem unfruchtbaren Wüstenboden. Er wollte der Familie die goldene Erde suchen. Ein Jahr lang zog er in der neu gegründeten Usbekischen SSR umher, dann ging er nach Afghanistan. Batir erzählt: ,,Meine Mutter", er küßt einen um seinen Hals hängenden goldenen Halbmond, ,,meine Mutter schrieb ihm, nein, nicht in Buchstaben, das hatte sie nie gelernt. Sie schickte ihm ein Päckchen mit Stroh und Kohle. Das sollte ihm sagen: Ohne deine Liebe bin ich gelb geworden wie Stroh und so schwarz wie Kohle. Doch er kam nicht mehr zurück. Meine Mutter und der Großvater haben uns acht Kinder großgezogen. Wir trugen die Sachen der älteren Geschwister und aßen das Brot von Leuten, die uns aus Mitleid etwas schenkten. Ich blieb auf dem Dorf und erlernte das Bewässern der Wüste. Wir Usbeken sagen: Steck einen Stock in den Sand und gib ihm reichlich Wasser, dann wird er Blätter und Blüten treiben. Viele Jahre plagten wir uns mit dem Sand, tränkten ihn mit süßem Wasser und unserem salzigen Schweiß. Endlich konnten wir auf den ersten Feldern Baumwolle säen. Als die weißen Blüten ihre Kapseln sprengten, gebar mir Fatima, meine Frau, die erste Tochter. Wir nannten sie Schachadat, den Beweis. Ein Jahr später vernichtete der Sandsturm das neue Land. Einige alte Leute schimpften: Nun geht und sucht Hilfe gegen das Unglück, das ihr selbst heraufbeschworen habt, denn nicht Allah gab uns diesen Boden. Aber wir, die die Wüste verdrängen wollten, hatten uns nicht auf das Kamel gesetzt, um uns nun hinter der Ziege zu verkriechen. Deshalb pflanzten wir schützende Bäume um die neuen Felder. Wir gaben den Bäumen mehr Wasser als der Baumwolle und dem Reis, denn sie sollten die Recken und Wächter unseres Reichtums werden. Als ihre Wurzeln ausreichten, um selbst Wasser unter dem Sand zu finden, schenkte mir meine Frau die zweite Tochter. Wir nannten sie Dilorom, Trost des Herzens. Nachdem die Bäume so stark waren, daß sie den ersten Sandsturm abhielten und wir eine reiche Ernte hatten, sagte ich zu meiner Frau: Sind Kinder da, ist das Haus ein Basar. Sind keine Kinder da, ist das Haus ein Masar (Mausoleum). Und wir begrüßten unseren ersten Sohn, den wir zu Ehren der kräftigen Bäume Schuchrat, den Ruhm, nannten.

Dann kamen die Maschinen in den Kolchos. Sie säten und hackten und ernteten die Baumwolle. Doch ihnen waren unsere Bäume im Weg. Da ordneten die Verantwortlichen des Kreises an: Fällt die Bäume, ihr braucht jetzt große Flächen! Wir antworteten, daß die Bäume die Wächter unseres Reichtums seien. Doch sie meinten: Nur die Maschinen brächten den Reichtum. In der Kolchosversammlung redete ich zum erstenmal und sagte, daß, wer am Schwanze der Karawane trotte, oft nichts sehen könne vor lauter Staub. Wir aber würden die Erde hier besser kennen, denn wir hätten sie mit unserem Schweiß lebendig gemacht. Auch andere sprachen so. Denn redet man, brennt nur die Zunge, aber redet man nicht, brennt die Seele. Manche schwiegen auch, doch Schweigen bedeutete Einverständnis. Und so wurden einige Bäume gefällt. Zwar konnten die Mechanisatoren anschließend mit den großen Maschinen säen, aber noch vor der Ernte fraß der Sandsturm die Früchte der Arbeit. In diesen Tagen meinten viele Bauern: Wir wollen von hier weggehen, um endlich den goldenen Boden zu finden. Denn das Wasser ist das Blut des Bauern und die fruchtbare Erde seine Seele. Doch Fatima schenkte mir damals meinen zweiten Sohn. Wir nannten ihn Dijor, das bedeutet Heimat. Im Kolchos wehklagten einige Leute: Es war immer so – wer das Licht entzündet, bleibt selbst im Dunkel. Denn anderswo arbeiteten sie inzwischen mit Maschinenkomplexen. Und nur bei uns wegen der kleinen Flächen und den sie schützenden Bäumen sollte es nicht möglich sein? Ein Mensch ohne Streben gleicht einem Stück Lehm. Also pflanzten wir, soweit das Auge reichte, einen neuen Schutzstreifen, der alle unsere Felder wie ein breiter grüner Gürtel umgab.

Das war im Frühling 1968, als Fatima mir unsere dritte Tochter gebar. Sie heißt Gulbachar, Zeit der Blüten aller Bäume. Heute sind die neuen Bäume schon so stark, daß wir im Inneren des Landes die alten, trennenden fällen können. Wir besiegten den Sand, und auch die Maschinen sind unsere Freunde geworden. Vor zwei Jahren schenkte uns Allah die vierte Tochter. Sie heißt Gultschechra, die ‚Schöne – mit dem einer Rose gleichenden Gesicht'...“

Als Batir mit seiner Erzählung zu Ende ist, trinken wir wieder Tee und schweigen.

Der andere Bauer unserer nächtlichen Basarrunde wohnt in einem Dorf, das vor zehn Jahren noch nicht existierte. „Als wir dort 1965 unsere Häuser zimmerten“, erzählt Scher, der so aussieht, wie er heißt, denn Scher bedeutet Löwe, „gab es auch alte Leute, die noch einmal neu beginnen wollten. Sogar Greise waren dabei. Sie versorgten die Enkelkinder, während die Eltern auf dem Feld arbeiteten. Nachdem das Fundament für unser Kulturhaus ausgebaggert war, sagten sie: Baut uns bitte auch eine Moschee und ein Minarett, wie können wir sonst zu Allah beten! Aber für solche Gebäude hatte der Sowchos kein Holz geplant. Wir machten eine Versammlung und fragten alle Einwohner der neuen Siedlung: Sollen wir drei Häuser weniger, dafür aber eine Moschee und ein Minarett errichten? Nein, sagten die meisten, die Häuser sind wichtiger. Wir bauten die Häuser. Aber viele sparten insgeheim ein paar Bretter und Balken. So reichte das Holz anschließend auch noch für ein Minarett. Ein wandernder Prediger ruft dort täglich, aber nicht mehr fünfmal, zum Gebet. Doch lediglich die Alten im Ort folgen seiner Aufforderung. Die Bauern vom Feld kommen nicht, ihnen ist vielleicht der Weg zu weit oder der Lohnausfall zu groß. Einige Traktoristen nahmen manchmal ihren ‚Stalinez' und fuhren damit bis zum Gebetsplatz. Aber die Bauern sprachen auf der Versammlung: Allah gibt dem Sowchos kein Geld für das Benzin! Also lauft! Gelaufen sind sie nicht.“

Ich frage Scher, wie es die gläubigen Sowchosarbeiter mit dem Fasten halten und erfahre, daß die höchste islamische Behörde Mittelasiens und Kasachstans allen, die schwer arbeiten, das Fasten erlassen hat.

Nach dem Tee zaubern die zwei von irgendwoher eine kleine Flasche Wodka hervor. Ich habe wie immer – eine alte Reportererfahrung, seitdem ich die Spreewälder kenne – eine Flasche Korn in meiner Umhängetasche. Wir trinken abwechselnd deutschen Korn und russischen Wodka. Wenn ich das nächste Mal nach Samarkand kommen würde, solle ich sie in ihren Dörfern besuchen. Sie wären glücklich, einen Gast zu begrüßen, der aus einem Lande käme, in dem die Bauern auch die Steine vom Boden lesen mußten und die Gutsherren verjagt hätten. Der Abschied dauert lange. Und das nicht nur, weil das Basartor – „sonst ist es fast immer offen“, sagt Scher – inzwischen verschlossen wurde. Als der Milizionär um die Ecke verschwindet, stützen mich die zwei, damit ich über die Basarmauer klettern kann.

Abdurafit ist immer noch unterwegs. Wie wird er über die Mauer kommen und sein Teppichlager neben dem Melonenhaufen finden, überlege ich, während ich mich im Hotelbett ausstrecke.

In dieser Nacht höre ich weder das Geheul der vielen herrenlosen Samarkander Hunde, deren Funktion (früher vielleicht unentbehrliche vierbeinige, restefressende Hygienepolizei?) ich nicht erkundet habe, noch spüre ich die Hitze oder merke etwas vom Zeitunterschied Suhl – Samarkand. Frage mich, ob es überhaupt einen gibt. Aber natürlich: Die orientalische Stadt liegt 56 Längengrade östlicher.

Am Morgen vor dem Abflug frühstücke ich ohne Hast, benötige dazu zwei Stunden. Erst Kefir und Schwarzbrot, dann Smetana – dicke saure Sahne und Quarkkeulchen. Zwischendurch Tomatensalat. Schließlich gebratene Spiegeleier auf einer silbernen Schüssel. Danach Kuchen, Tee und Konfitüre.

Als ich mit meinem gepackten Koffer die Treppe des Hotels hinuntersteige, kommt der Intouristdirektor, um sich zu verabschieden. Er sagt: Ich habe noch einmal versucht, Ihnen die Gesprächspartner zu beschaffen. Leider sind alle zur Baumwollernte gefahren...

Der Bürgermeister? frage ich.

Er ist zur Baumwollernte, sagt er.

Die Abgeordneten? frage ich.

Sie sind in der Baumwollernte, sagt er.

Die Restauratoren? frage ich.

Sind in der Baumwollernte, sagt er.

Die Architekten? frage ich.

In der Baumwollernte, sagt er.

Das Gebietsparteikomitee? frage ich.

In der Baumwolle, sagt er.

Die neunzigjährigen gläubigen Mohammedaner? frage ich.

...Baumwolle, sagt er und schaut auf seine Schuhspitzen.

Ich umarme ihn zum Abschied.

Cha-ir! Auf Wiedersehen, Samarkand, du offiziell für mich so unerkundbare Stadt.

Notizen zur Geschichte

Das Gebiet der heutigen usbekischen und turkmenischen Sowjetrepubliken war zu Timurs Zeit ein Sprungbrett zur Eroberung Indiens. Neunzehn von zwanzig Feldzügen führten über Mittelasien und Afghanistan in Richtung Delhi. Im 18. und 19. Jahrhundert – Indien war englische Kolonie – begann sich auch die russische Regierung für Elfenbein, Tabak, Tee und Kulis aus Indien zu interessieren. Zar Paul I. formulierte es so: „Die Leiden, unter denen die Bevölkerung Indiens seufzt, haben Frankreich und Rußland mit lebhaftester Anteilnahme erfüllt, und die beiden Regierungen haben beschlossen, ihre Kräfte zur Befreiung Indiens von dem barbarischen Joch der Engländer zu vereinen."

Um aber von Petersburg aus das Land am Ganges zu erobern, mußte der Zar die mittelasiatischen Emirate und Chanate wie Buchara und Chiwa entweder als Verbündete gewinnen oder besetzen. Die Briten wußten, daß die russischen Truppen, wenn sie in Buchara, Samarkand und Aschchabad standen, leichtes Spiel haben würden, nach Indien zu gelangen. Also versuchten sie, ihren Einfluß in diesem Raum zu vergrößern, um den russischen Eroberungsplänen einen Riegel vorzuschieben.

Das militärisch-diplomatische Gefecht um die Vorherrschaft in Mittelasien wurde durch Zar Alexander I. eröffnet. Er schickte 1803 seine Soldaten in die Kysyl-Kum-Wüste, doch sie wurden mühelos von den Truppen des Emirs und von der Hitze erledigt. Notgedrungen verlegte sich die zaristische Regierung nun auf diplomatische Anbiederungsversuche (um wenigstens die gefangenen Russen loszubekommen). Die Engländer gerieten dadurch in Zugzwang und entsandten 1824 Mister Moor als Vertreter Englands an den Hof nach Buchara. Der Brite erreichte die Stadt, starb jedoch auf dem Rückweg. Als nächsten schickten die Engländer von Indien aus Leutnant Wybard zum Emir. Er verkleidete sich als Mohammedaner, doch als er sich weigerte, auch den islamischen Glauben anzunehmen, wurde ihm in Buchara der Kopf abgeschlagen. Daraufhin beschloß England, einen offiziellen, von Ihrer Majestät der Königin bestätigten Botschafter an den Hof des Emirs zu delegieren: Leutnant-Colonel Charles Stoddart.

Stoddart kam mit wichtigem Auftrag. Er sollte den Emir über die Invasion der Engländer in Afghanistan informieren und ihn überzeugen, daß dem Emirat und den Chanaten keine Gefahr drohe, wenn sie sich mit den Engländern gegen die Russen verbünden würden...

Als Stoddart am 17. Dezember 1838 in Buchara eintraf, regierte dort der Emir Nasrullah, der zuvor seinen Vater, den älteren Bruder und drei jüngere Brüder ermordet hatte. Stoddart erhielt eine Audienz beim allmächtigen Emir, doch er vertraute zu sehr dem großmächtigen England, stieg während des Gesprächs nicht vom Pferd und hatte auch keine Geschenke mitgebracht. Also ließ Nasrullah den Diplomaten Ihrer Majestät der Königin von England in den mit Leichen und Schlangen gefüllten Siah Tscha, den Schwarzen Brunnen, werfen. Später durfte er wählen, entweder bei lebendigem Leibe begraben zu werden oder die Religion zu wechseln. Zwar glaubte Stoddart immer noch, „daß die britische Regierung ihre Ehre verteidigen muß und daher mich oder meine Gebeine befreien wird", aber das Hemd war ihm näher als der Rock, er ließ sich beschneiden und wurde Muselman.

Inzwischen zogen die Russen unter General Perkowski mit 5000 Soldaten, 22 Geschützen und einigen tausend Kamelen nach Mittelasien. Doch schon beim Anmarsch erfroren ihnen die Hälfte der Kamele, und sie mußten umkehren. Die Engländer operierten erfolgreicher, sie besetzten Kabul und andere Städte in Afghanistan und waren damit fast Nachbarn des Emirs von Buchara, der den britischen Botschafter Stoddart daraufhin wohlwollender behandelte.

In dieser Zeit glaubten die Engländer, die Chanate und das Emirat endgültig auf ihre Seite bringen zu können. 1841 kam ein gewisser Conolly nach Buchara, der den Emir überreden sollte, zusammen mit Kokand und Chiwa eine zentralasiatische Föderation unter englischem Schutz und englischer Führung zu gründen. Doch der Termin für Conollys Auftritt war schlecht gewählt, denn zur gleichen Zeit erhoben sich die Einwohner von Kabul und vertrieben die englischen Kolonialtruppen. Der Emir brachte den Botschafter Stoddart daraufhin wieder ins dunkelste Gefängnis, steckte Conolly gleich dazu und ließ beiden 1842 die Köpfe abschneiden.

Etwa 20 Jahre später begannen die Russen ihre militärische Großoffensive in Mittelasien. Der Direktor des Asiatischen Departements im zaristischen Außenministerium, General Ignatew, organisierte zusammen mit Kriegsminister Milutin erfolgreiche Feldzüge gegen die Chanate Chiwa, Kokand und das Emirat Buchara. Sie griffen konzentriert an, und 1868 mußte Kokand einen Vasallenvertrag mit Rußland unterschreiben. Im gleichen Jahr erkannte auch Said Mussafar Eddin, Emir von Buchara, das russische Protektorat an, und 1873 eroberten die Russen unter General Kaufmann Chiwa. Dann begannen sie, die Transkaspische Eisenbahn zu erweitern und öffneten sich dadurch den Weg nach Persien und Indien. Doch der Zar ließ lediglich die neuen, mittelasiatischen Grenzen seines Reiches befestigen und einigte sich mit den Engländern über die Grenzlinie zu Afghanistan. Sie blieb bis nach der Oktoberrevolution unverletzt. Erst dann marschierten die Engländer erneut in Richtung Buchara und Aschchabad, um ihren Plan von 1841 – eine zentralasiatische Föderation unter britischer Führung – doch noch zu verwirklichen.

Buchara
oder
In Erwartung eines Sandsturms

Nach meiner Ankunft in Buchara staune ich zuerst über Amateurartisten in blauen Monteuranzügen. Sie klettern auf weißen geradwandigen und spitzgiebligen Schobern herum, die so groß wie Zweifamilienhäuser sind, und versuchen, sie mit Planen zu bedecken. Beim Näherkommen entpuppen sie sich als Millionen sorgfältig gestapelter Baumwollblüten. Doch das erklärt mir nicht die auffällige Hast, mit der die Männer den weißen Flaum unter der Plane verstecken wollen. Der Himmel ist wolkenlos blau, und die Scheibenwischer sind an fast allen Autos deshalb demontiert, denke ich, weil es hier im Sommer sowieso nicht regnet.

,,Aber Stürme gibt es", sagt der Fahrer, der mich vom Flugplatz abholt. ,,Bald wird ein Sandsturm kommen." Ob schon in drei oder vier Stunden oder erst in zwei oder drei Tagen, das wisse er nicht. ,,Doch kommen wird er, die Luft riecht danach." Bei allem, was ich anschließend in der Stadt sehe und erlebe, habe ich deshalb immer den Hintergedanken: Wann wird der heiße Sandsturm die Stadt erreichen?

Auch die Häuser von Buchara prüfe ich bei meinem ersten kurzen Stadtbummel unter dem Vorzeichen des nahenden Unheils. Bei manchen vierstöckigen entdecke ich zwischen Mauer und Fensterrahmen und an den Fugen der Betonteile sanddurchlässige Ritzen. Die alten orientalischen Häuschen dagegen verbergen sich hinter der langen fensterlosen Duwalwand und sind anscheinend besser gegen den Sturm gefeit. Gleich neben einer Baustelle, auf der Arbeiter mit Kränen Wohnblocks montieren, zimmern Usbeken ihr eigenes Häuschen. Sie hauen Balken mit dem Breitbeil zurecht, kerben das Holz, stemmen es dann in die Höhe und setzen die vierkantigen Hölzer an den Einschnittstellen zusammen.

Ob sie die Wände ihres künftigen Lehmhauses dicht haben, bevor der Sandsturm kommt?

Ich will ihren Hausbau am Nachmittag beobachten, doch daraus wird nichts. Im Hotel sagt mir ein Intouristmitarbeiter, daß ich nach dem Essen dorthin geschickt würde, wo alle Sandstürme herkommen – in die Wüste. Der Wolga, der dafür bereitsteht, ist nicht weiß, sondern schwarz. Genau wie die zu einem Knoten gebundenen Haare der Dolmetscherin, einer dunkelhäutigen Usbekin, die mich während der Kysyl-Kum-Besichtigung begleiten soll.

Ich hatte die Wüste schon vom Flugzeug aus gesehen: eine Tausende Quadratkilometer große gelb-braune, scheinbar unbewohnte Fläche. Das einzige, was an Leben erinnerte, waren Spuren, wie sie Würmer in den Sand zeichnen, wenn sie nach dem Regen aus ihren Erdlöchern kriechen. Autopfade. Sonst nichts.

Im Pkw steigt das Thermometer auf über 50 Grad. Die Pflanzen werden, je weiter wir uns von der Oase Buchara entfernen, dürrer und der Boden zerfurchter und rissiger. Später wachsen rechts und links der Straße holzige Sträucher; dann nur noch braune stachlige Kräuter auf dem Sand. Die Wüste. Sie ist nicht eben, wie ich sie mir vorstellte. Der Wind hat den Sand zu Dünen gehäuft und wellige Reliefs geformt. Wir steigen aus. Die Dolmetscherin bindet sich ein grünes Kopftuch gegen die sengenden Sonnenstrahlen um. Sie hat weiße hochhackige Schuhe an. Damit stöckelt sie in den Sand und beginnt, ein dürres Kraut zu pflücken. Es sei eine Art Weihrauch, sagt sie und helfe gegen die Grippe. Während sie das alte Hausmittel sammelt, tauchen hinter den Dünen zwei Kamele auf. Ihre Schreie klingen wie blecherne Trompetenseufzer. Die Dolmetscherin, die mir hoch und heilig versichert, daß die Wüstentiere nicht von Intourist bestellt sind, sondern zufällig vorbeilaufen, ist begeistert: „Sie sind ein Glückspilz, sehen Kamele und dazu noch welche, die lachen und gute Laune haben." Als ich auf dem glühendheißen Sand bis hinter die nächste Düne laufe, um die Tiere zu fotografieren, streikt meine schwarzhaarige Begleiterin. Auf keinen Fall gehe sie einen Schritt weiter. „In der Wüste gibt es Schlangen, und vor Schlangen habe ich Angst, schon wenn ich eine sehe, falle ich in Ohnmacht."

Die Kamele traben „lachend" weiter. Ich bekomme sie nicht mehr auf die Linse, dafür farblose Eidechsen, die sich allerdings auf dem entwickelten Film nicht vom Sand unterscheiden lassen.

Der Fahrer winkt. Ich gehe zurück zum Auto, möchte aber nicht einsteigen, denn wir werden jetzt bei 60 Grad bestimmt unter dem Blechdach schmoren. Also verzögere ich die Abfahrt und frage die Dolmetscherin, ob tief in der Wüste Menschen leben. Schon vom Flugzeug aus hatte ich gesehen, daß sich dort, wo das Grün der Maulbeersträucher in das endlose Gelb des Sandes übergeht, Stromleitungen in die Wüste wagen.

Die Dolmetscherin weiß es nicht genau.

Ein Traktor, den Hänger vollbeladen mit Brennholz – mühevoll in der Wüste gesammelten Saksaulsträuchern –, tuckert vorbei. Der Fahrer hat wegen der Hitze die Kabine des Treckers abgeschraubt.

Wir werden in 50 Minuten wieder in der Stadt sein. Dort gibt es klimatisierte Räume im Hotel. Und unter der Dusche kann ich den Schweiß und den Staub abspülen. Nur in den Seiten meines Notizbuches werde ich noch nach Wochen feinste, mich an die Wüste erinnernde Sandkörner finden.

Kamele waren da, und wie auf Bestellung trompeteten sie lustig. Der Wind wehte schwach und warm.

Farblose Eidechsen huschten zwischen den wellig aufgeworfenen Sanddünen umher.

Wüstenromantik?

Wüstentourismus!

Auf der Rückfahrt läuft mir das Wasser den Rücken entlang. ,,Ich möchte jetzt baden gehen", sage ich, als wir den braunen, trägen Serewschanfluß überqueren. ,,Haben Sie denn eine Badehose mit?" fragt die Dolmetscherin. Sie ist achtundzwanzig und verheiratet. ,,Nein", erwidere ich, ,,dann eben FKK." Nachdem ich ihr erklärt habe, was FKK bedeutet, zitiert sie zuerst Allahs Gesetze und die Komsomolgebote, dann schaut sie mich mißtrauisch an, vermutet, daß ich ihr einen Bären aufbinde. Da sagt der junge usbekische Chauffeur: ,,Ich diente in der DDR, habe einen Major gefahren. Wenn wir an der Ostsee oben waren, schauten wir mit dem Fernglas immer mal zum Nacktstrand hinüber. Natürlich der Major als erster..."

Trotz dieser Fürsprache wird nichts mit baden. Dafür verspricht die Dolmetscherin, daß wir grünen Tee gegen den Durst trinken und uns unter Bäumen von der Wüste erholen werden.

Wir steigen im nächsten Dorf vor einem Selbstbedienungsbüfett aus. Auf den Tischen der schattigen Veranda liegen Hühnerknochen, Schaschlikspieße und Weißbrotreste. Die Bauern essen hier ihr Mittag. Als wir kommen, räumt die Kellnerin einen Tisch ab und fegt mit dem Tuch die Krümel vom Holz. Nur die Fliegen setzen sich wieder. Vor der Veranda fließt der müde Serewschan. Die Dolmetscherin erzählt, daß er irgendwo hinter Buchara Selbstmord begeht und in der Wüste versickert.

Der heiße grüne Tee löscht den Durst. Ich trinke wie die Einheimischen vier oder fünf Schalen. Mein kurzärmliges Hemd ist schweißnaß. Am Nebentisch sitzt ein schnauzbärtiger Usbeke. Er hat ein langärmliges Baumwollhemd an, dazu schwarze Reithosen und langschäftige Stiefel. Offenbar spürt er die Hitze nicht. Ich lade ihn ein, sich an unseren Tisch zu setzen. Er dankt, stellt sich vor: ,,Tachir Koroljow" und holt Melonen und Konfekt für uns.

Ich frage ihn, ob er die Wüste gut kennt.

,,Ja", lächelt er, ,,schon in den dreißiger Jahren war ich dabei, als wir in der Wüste Bäume pflanzten, um Buchara vor Wanderdünen und Sandstürmen zu schützen."

Als ich ihn bitte, mir von Sandstürmen zu berichten, zuckt er mit den Schultern. Ein Sandsturm sei nichts Außergewöhnliches, aber wenn ich möchte, würde er mir von Schlangen in der Wüste erzählen. Ich nicke, die Dolmetscherin schüttelt sich.

,,Der Boden ist salzig, wie auf der Haut getrockneter Schweiß. Deshalb waschen wir aus dem Sand zuerst das Natriumchlorid heraus. Nur dann schenkt die Wüste uns Früchte. Wir waren sieben Meliorationsarbeiter und wohnten zusammen mit Schafhirten in ihren Jurten, jenen Behausungen, in denen die usbekischen Hirten seit Menschengedenken übernachten. Überall ändert unsere neue Ordnung das Leben zum Guten, sagten damals die Verantwortlichen. Nur die Hirten wohnen noch wie eh und je in den armseligen Jurten ihrer Väter; es ist Zeit, auch für sie Holzhäuser zu errichten. Als die Bauleute kamen, waren die Hirten, die uns freundlich aufgenommen hatten, mißmutig. Vielleicht kürzt der Kolchosvorstand unseren Lohn, wenn wir feste Häuser haben, orakelten sie. Aber schon bald steckten sie ihre Nasen, sooft sie Zeit hatten, zu den unverglasten Fenstern herein und fragten, wann die noch nach frischem Holz und Ölfarbe riechenden Wohnungen endlich fertig seien. Zum Schluß brachten die Bauleute den Strom in das kleine Dorf. Zur Einweihung der Häuser erschien ein bedeutender Mann vom Kreis. Er sagte: Nun könnt auch ihr die Wüste ‚Gulistan' – glückliches Land – nennen! Dann stieß er mit dem Baubrigadier, den besten Hirten und dem Dorfältesten an und rief: ‚Also, Genossen Hirten, zieht um, brecht eure alten Zelte ab, zerschlagt die Zeichen jahrhundertelanger Rückständigkeit!' Da wurden die Leute plötzlich sehr still. Was denn, die Jurten abreißen? Ein Leben lang waren sie ihr Dach bei Regen, ihr Schutz vor den Schlangen, ihr Schatten in der Hitze und ihr Schild vor dem Sturm gewesen. Einige Hirten schlugen vor: ‚Wir könnten doch in die neuen Häuser ziehen und die alten Jurten daneben stehenlassen.'

‚Schluß jetzt mit dem Gerede, trinken wir auf die Eroberung der Wüste!' rief der Genosse vom Rayon. Wir tranken viel. Aus Freude über die festen Häuser, aber auch aus Trauer um die alten Jurten. Vor Einbruch der Dunkelheit trugen wir unseren Hausrat in die neuen Wohnungen. Alle schliefen gut und fest.

Wir erwachten, als ein Hirte wie angestochen schrie: ‚Schlangen, Schlangen!' In jedem Zimmer fanden wir die giftigen Viecher. Manche lagen im Bett auf den Decken. Vielleicht hatte sie der frische Holzgeruch angelockt. Allah sei Dank, nur einer wurde gebissen. Aber wir besaßen kein Impfserum, denn in eine Jurte waren die Schlangen nie gekommen. Sie mochten den Geruch der aus Kamelhaaren gefertigten Decken und Vorhänge nicht. Bauleute rasten nun mit dem Jeep zu ihrem Stützpunkt. Nach drei Stunden kamen sie zurück und brachten das Serum. Inzwischen hatten wir alle unsere Kamelhaardecken aus den Jurten geholt und in den neuen Häusern ausgebreitet. Seitdem ließen die Schlangen sich nie wieder blicken."

Tachir freut sich, daß ich seine Geschichte notiere, und obwohl die anderen Kolchosbauern ihren Tee schon ausgetrunken haben und sich kopfnickend von uns verabschieden, erzählt er noch eine.

„1965 begleitete ich eine Gruppe von Geologen, die nach Öl in der Wüste suchten. Wir hatten zu wenig Wasservorräte mit, und deshalb borgte ich mir von einem vorbeiziehenden Hirten eine Kamelstute aus. Diese Tiere können dreißig Tage aufs Trinken verzichten und geben doch immerfort Milch. Aber nachdem selbst die Kamelstute nicht mehr wollte, beschlossen die Geologen, daß wir uns ein paar Tage im Stützpunkt der Bohrleute satt trinken und ausruhen sollten. Der Bohrtrupp bestand aus fünf Männern und einer Frau. Sie hieß ‚Batno, Schönheit', wusch den Arbeitern die Hemden und kochte. Ihr Mann Lasis stammte aus dem gleichen Dorf wie sie. Er hatte zwei Hammel und 3000 Rubel Kalym, Brautgeld, für sie bezahlt. Die Hälfte des Geldes mußte er sich vom Verkäufer des Dorfladens borgen. Nach der Hochzeit sagte der Vater zu Lasis: ‚Mein Junge, geh zu den neuen Baustellen in der Wüste. Dort kannst du einen achtbaren Beruf erlernen und reichlicher Geld verdienen als zu Hause.‘ So kamen Lasis und Batno zu den Bohrleuten. Lasis war ein gelehriger und fleißiger Arbeiter, der von Monat zu Monat mehr Geld in der Lohntüte hatte. Manchmal arbeitete er zwölf Stunden am Bohrturm, manchmal auch sechzehn. Als seine Schönheit ihm vorwarf, daß er keine Zeit mehr für die Liebe habe, sagte er: ‚Ich arbeite doch für unser Glück, und um glücklich zu sein, brauchen wir viel Geld.‘ Unter den Bohrleuten war auch ein Russe aus Leningrad. Dem machte Batno schöne Augen. Lasis merkte es und schlug sie. Eines Abends, Lasis machte Überstunden am Bohrturm, bat die Frau den Russen, mit ihr in der Wüste spazierenzugehen. Es sei dunkel, sagte sie, keiner werde es erfahren. Eine Stunde später merkte Lasis, daß seine Batno nicht im Lager war. Er suchte sie, die Wüste verriet alles. Lasis entdeckte die Spuren im Sand, lief ihnen nach, sah, wie die Fußtapfen sich immer näherkamen. Er fand den Platz, wo sie zum erstenmal gelegen hatten, überraschte sie am Hang einer Düne. Zwei Tage später war er in seinem Heimatdorf und verlangte von Batnos Vater den Kaufpreis, die zwei Hammel und 3000 Rubel, zurück. Als der Vater sie ihm nicht gab, erschien Lasis nach fünf Tagen wieder im Lager der Bohrleute und sprach mit Batno, als sei nichts geschehen. Sie leben noch heute zusammen.“

Tachir verabschiedet sich, er muß zur Arbeit. Wir trinken unseren Tee aus.

Ich möchte noch einmal zur Wüste zurückfahren, durch den glutheißen Sand waten, den Kamelen hinterherrennen, Schlangen und farblose Eidechsen suchen, die Dünenhänge hinaufklettern und den Stromleitungen nachschauen, bis sie sich im Flimmern der tanzenden Luft irgendwo am Wüstenhorizont auflösen.

Statt dessen fahren wir in Richtung Stadt.

Die zirkuszeltgroßen Planen sind inzwischen auf allen Baumwollbergen festgebunden. Der Sturm wird die Blüten nicht wie Schneeflocken auseinanderpusten können. Ich studiere den Himmel. Er ist noch unverändert blau. Auch am Verhalten der Leute merke ich nichts von einem nahenden Sandsturm.

Vor dem Hotel wartet eine andere Dolmetscherin, die mich in den nächsten Tagen begleiten wird. Sie heißt Rima. Als erstes frage ich sie, ob es wirklich einen Sturm geben wird. Sie zieht die Luft durch die Nase und sagt: Ja, er kommt!

Rima ist Tatarin, 25 Jahre alt, noch nicht verheiratet. Letzteres sagt sie bedauernd.

Ihre Gewißheit, daß der Sandsturm kommt, läßt mich befürchten, daß ich die nächsten Tage in meinem Hotelzimmer verbringen muß. Also möchte ich die kostbare Zeit nutzen und mir das anschauen, was mich in Buchara am meisten reizt: die traditionellen orientalischen Lehmhäuschen. Gesehen habe ich sie noch nicht, denn sie sind in der Regel nicht zu sehen. Vor hundert, vor fünfzig, aber auch noch vor dreißig Jahren haben die Usbeken mannshohe Mauern um Hof und Haus gebaut. Ich bin in Buchara schon an einigen dieser Duwalmauern vorbeigegangen, doch ich fand keine

Lücke, um zu lugen, wie diese Häuschen aussehen, die sich dahinter verstecken. Die schattenspendenden Mauern sind sorgfältig weiß getüncht, aber krumm und bucklig. Beim genauen Hinschauen kann man sogar die Abdrücke der Hände erkennen, die den Lehm seinerzeit glattklopften. Jedem Ungläubigen, der es wagte, solch einen Hof – streng unterteilt in Männerhaus und Frauenhaus – durch die niedrige schwere Holztür in der Lehmmauer zu betreten, drohte noch Ende des 19. Jahrhunderts in Buchara die Todesstrafe.

Rima, die 1950 in Buchara geboren wurde, kennt viele Leute der Altstadt. Bei meiner Frage, ob sie mit mir in solch eine orientalische Behausung gehen würde, stutzt sie. Gut, sagt sie nach einigem Zögern, gut. Aber erst nach 17 Uhr, wenn die Arbeitszeit zu Ende ist, dann wäre es nicht dienstlich.

Ich stehe pünktlich um 17 Uhr vor dem Hoteleingang. Sie kommt. Ihr Gesicht verrät, noch bevor sie sich verlegen zu entschuldigen beginnt, was sie sagen wird. „Ich kann nicht mit Ihnen in eines der alten Häuser gehen, das ziemt sich nicht, glauben Sie es mir."

Es hat keinen Zweck, sie überreden zu wollen.

„Wenn Sie möchten, probieren Sie es allein", schlägt sie vor.

Ich gehe zur Bar, trinke dort zwei doppelte Wodka und sage zu Rima: „Ich versuche es."

Sie prophezeit: „Es wird Ihnen nicht gelingen!"

Schon eine Stunde laufe ich ziellos durch die Stadt. Suchen mußte ich nicht nach den Lehmhäusern. Ihre Region beginnt nur hundert Meter neben dem komfortablen Hotel. Die alte Stadt ist bunt, laut und mit unseren Maßstäben nicht zu messen. Fleisch wird auf der Straße verkauft. Der Händler hat es an dem stärksten Ast eines Baumes hängen, und wenn er ein Stück davon abschneidet, nehmen es ihm die Fliegen übel. In alle Häuser, selbst in die historischen Moscheen münden, die Gassen in der Luft überquerend, Gasleitungen. An den Fenstern einer „nicht mehr arbeitenden" Moschee kleben die sowjetischen Walt-Disney-Figuren Hase und Wolf. Innen wurde eine Kinderbibliothek eingerichtet. Im früheren Gebetssaal sitzen Schüler und lesen Fadejew, Einstein und Ostrowski. Autos können sich nur durch wenige Straßen der Altstadt zwängen, ohne die Lehmmauern zu beschädigen. Fußgänger werden von den Kraftfahrern rücksichtslos zur Seite gehupt. In einer der engsten Gassen begegne ich einer FDJ-Delegation, die sich in Blauhemd und Feiertagsanzug durch die alten Viertel schwitzt. Große bunte Plakate an den weißen Duwalmauern werben für einen westdeutschen Karl-May-Film.

Die Gassen der Altstadt sind baumlos. Dafür lugen grünblättrige Kronen neugierig über die Lehmbarrikaden. An die Wände gelehnt sitzen alte Usbeken wie Haremswächter auf der Erde und beobachten schweigend jeden Vorüberkommenden. Ich überlege krampfhaft, was zu tun sei, damit ich eines der Häuschen betreten kann.

Zuerst versuche ich es bei Leuten, zu deren Broterwerb die Kommunikation gehört: In einem offenen ,,Laden" besohlt ein Schuster zwei Paar Stiefel, und die Besitzer begutachten, in Strümpfen dabeisitzend, seine Geschicklichkeit.

L. S.: Sdrawstwuitje – Guten Tag! (auf russisch)

Sie: A salam aleikum – Friede sei mit dir (auf usbekisch).

L. S.: Mein Vater war auch Schuster (hier schwindele ich, denn er lernte Tischler).

Der Schuster: Und hast du das ehrbare Handwerk deines Vaters bewahrt?

L. S.: Nein, ich kann weder Oberleder annähen noch Absätze nageln.

Er: Setz dich, trink eine Tasse Tee!

Ich erzähle über mein Woher und Wohin. Er fragt nach den Bergen und dem Schnee in Thüringen, und was ein Schuster in der DDR verdient. Was hätten Sie, liebe Leser, bloß geantwortet? Ich nahm den durchschnittlichen Verdienst eines Abteilungsleiters in einem kleinen VEB. Hoffentlich stimmte es!

Nach einer Viertelstunde – wehe, du fällst im Orient sofort mit der Tür ins Haus! – komme ich zur Sache.

L. S.: Ihr wohnt noch in den alten usbekischen, von Lehmmauern umgebenen Häuschen?

Er: Ja, sie sind sehr schattig und bequem. Man kann nachts draußen unter dem Blätterdach der Weinstöcke schlafen.

L. S.: Solche Häuser gibt es bei uns zu Hause nicht.

Er: Nein, auch in Moskau nicht.

L. S.: Könnte ich mir solch ein Haus anschauen?

Er: Bitte sehr, überall.

L. S.: Nicht von außen, sondern von innen.

Er: Das geht nicht!

L. S.: Weshalb?

Er: Es geht nicht.

Ich verabschiede mich. Er bringt mich bis zur nächsten Ecke. Erst jetzt bemerke ich, daß ich nicht der einzige Tourist in der Altstadt bin. Ausländer treiben sich zu Dutzenden herum. Sie fotografieren die auf der Erde hockenden Usbeken, die in den Wasserrinnen spielenden Kinder, die im Hof der Moschee betenden Mohammedaner, die zahnlosen alten Weiber, die Männer, die teetrinkend auf den Sofas in den Tschaichanas liegen... Manchmal droht einer der Usbeken mit der Faust, aber nur selten.

Später fragt mich die Dolmetscherin, ob ich in einem orientalischen Haus war. Ich schüttele den Kopf. ,,Und der Sturm, was wird mit dem Sandsturm?" frage ich.

Sie steigt mit mir zum Ark, der ehemaligen Festung und Folterhölle des 1921 nach Afghanistan geflüchteten Emirs, hinauf. Von oben können wir über die Stadt bis zur Wüste schauen. ,,Dort, sehen Sie, wie gelb der Himmel brennt, das ist ein Vorbote für den Sturm. Er wird die Sonne verdunkeln, und wenn sich jemand zehn Schritte aus dem Haus wagt, bekommt er den feinkörnigen Sand wochenlang nicht mehr aus den Kleidern."

Sie sagt, in die Richtung der Wüste zeigend: ,,Hoffentlich sind alle Baumwollmeiler abgedeckt." Ich kann sie beruhigen, schließlich sah ich mit eigenen Augen die Zeltplanenmanöver.

Nein, verbessert sie, nicht in der Stadt, sie meine die in den Dörfern. Es sei schrecklich, mit ansehen zu müssen, wie der Sturm Millionen mühsam gepflückter Blüten in die Luft wirbelt.

Von Rima erfahre ich den ersten, unvollständigen, den kleinen Baumwollbericht: ,,Ich war immer dabei, wenn wir als Studenten zur Baumwollernte fuhren. Damit die erbarmungslose Sonne bei vierzig Grad Arme und Gesicht nicht verbrennt, ziehen wir lange Jacken an und vermummen den Kopf, bis nur noch die Augen in einem kleinen Schlitz zu sehen sind. ,Usbekische Ritterrüstung' sagen wir dazu. Am schwersten fallen einem die ersten Tage. Vom ungewohnten Bücken fühlt man sich abends wie ans Kreuz geschlagen, und die Finger schwellen an... Es gibt für die Baumwolle auch Vollerntemaschinen, doch weil wir noch nicht genug Kombines haben und die Kapseln ungleich reifen, müssen von den fünf Millionen Tonnen Baumwolle, die auf unseren Feldern wachsen, noch rund zwei Millionen Tonnen mit den Händen gesammelt werden. Am schlechtesten", erzählt Rima, ,,erging es dabei meinem Bruder. Er ist fast zwei Meter groß. Nach drei Tagen konnte der lange Bengel sich trotz allem Wettbewerbselan nicht mehr bücken. Da wurde er versetzt und der Mädchenbrigade zugeteilt. Er mußte ihnen das Essen kochen."

Ende des kleinen Baumwollberichts.

Inzwischen ist es Abend geworden in Buchara. Ich schaue, wie weit die individuellen Häuserbauer sind. Zwei von ihnen leiern mühsam einen fast mannshohen Handbohrer, der tellergroße Löcher in die Balken frißt. Sie werden die Verstrebungen für das Hausskelett. In der Mitte des künftig größten Raumes, der usbekischen Familienstube, liegen die Ziegel aus ungebranntem, von der Sonne getrocknetem Lehm.

Die Lampen an den Kränen im Neubauviertel werfen, obwohl es noch hell ist, fahles Licht auf die Baustelle. Im Strahlenschnittpunkt schweben Betonplatten. Eine von ihnen ist halb so lang wie die Wand des kleinen orientalischen Häuschens, das nur 300 Meter entfernt zusammengesetzt wird. Dort müssen die Bauleute bald Äxte und Bohrer zur Seite legen, denn ihnen verwandelt kein Scheinwerfer die Nacht zum Tag.

Bis die Rotgardisten Buchara eroberten, wurde in der Stadt des Emirs nichts außer Moscheen, Medressen, Minaretten, Handelskuppeln und Gefängnissen gebaut. Keine Schulen, keine Krankenhäuser, keine Kultursäle, keine Wasserleitung. Nichts.

1922 bereiste ein Österreicher Buchara und beschrieb die Chausas – Teiche zur Wasserversorgung der Stadt – folgendermaßen: ,,In der Chausa wimmelt es von Fröschen und Kröten, aber auch Kadaver von Hunden und Katzen liegen darin, wie es auch üblich ist, jede Art Abfall hier hineinzuwerfen. In diesen Becken... baden Hunde, Esel und Pferde, und zugleich waschen gesunde und kranke Menschen hier Gesicht, Füße und Hände, holt man Wasser für Tee und Suppe..."

Drei Jahre später entstand in Buchara das sogenannte „Sowjetminarett". Noch heute steht dieser Stahlturm als museale Attraktion der Neuzeit vor dem Ark, der Festung des 700 Jahre lang in Buchara herrschenden, mütterlicherseits von Tschinggis-Chan abstammenden Emirgeschlechts. Es ist der erste Wasserturm der Stadt. Elektrizität erhielten die Einwohner 1923. Bis dahin besaß nur der Emir ein Privat-„Kraftwerk". Es mußte gebaut werden, als der russische Zar dem Emir Olim Chan einen Kronleuchter schenkte.

Auch am Abend läßt der Sandsturm auf sich warten. Deshalb, schlägt Rima vor, könnten wir uns noch das älteste Baudenkmal Mittelasiens, das Mausoleum Ismail Samani, anschauen. Die Amerikaner wollten es für eine Million Dollar nach den United States of America überführen, die UNO reihte es in die weltgeschützten Kunstwerke ein, und die Usbeken hüten und pflegen das Zeugnis ihrer alten Kultur sehr sorgfältig. Vom letzten Saubermachen stehen noch Besen, Eimer und Schaufel im vergitterten Raum. Gelbe Lehmziegel sind als einziger Schmuck des Gebäudes so kunstvoll quer, längs oder winklig angeordnet, daß unzählige Ornamente und steinerne Spitzengeflechte entstehen.

Ismail gründete vor eintausend Jahren, nachdem er die nomadisierenden Araber vertrieben hatte, ein schnell aufblühendes, unabhängiges zentralasiatisches Feudalreich. Noch lange nach seinem Tode soll der Samanidenherrscher Wunder vollbracht haben. Gegen ein gutes Honorar schrieben die islamischen Sekretäre den armen Gläubigen Wunschzettel und Fragebriefe, die sie abends in das Grabmal des Ismail werfen konnten. Am Morgen, nachdem alle Schreiber auf der Festung des Emirs eine Hochleistungsnachtschicht hinter sich hatten, lagen die Antworten des heiligen Ismail im Mausoleum. Über vierzig Jahre lang soll das Wunder funktioniert haben.

Heute steht eine Bank für Liebespärchen vor der weltberühmten Grabstätte. Rima sagt, daß manche junge Leute auch jetzt noch zum Spaß Zettel mit ihren Wünschen in das vergitterte Mausoleum werfen.

„Was würden Sie sich wünschen?"

Rima antwortet verlegen, das gehe niemand etwas an, es seien ihre „privaten, ganz intimen Träume".

Später, auf dem Weg nach Hause, lächelt sie und sagt: „Ich würde mir einen Mann wünschen."

Sie ist beileibe nicht dick, aber groß und stark wie eine Kugelstoßerin. „Ich bin kein Typ für die kleinen usbekischen Männer." Rima hat einen guten Bekannten, den alten Hausmeister der Mir-i-Arab-Medresse, der jetzigen Schule für junge mohammedanische Geistliche. Jedesmal, wenn sie dort vorbeikommt, fragt er: „Na, Rima, hast du schon einen Mann?" Und wenn sie den Kopf schüttelt, zeigt er auf ein klappriges Auto und sagt: „Weißt du, Mädchen, damit fahren wir beide durch ganz Buchara, bis wir irgendwo einen Freier für dich finden."

Was für ein Bräutigam soll es sein?

„Erstens kein Trinker. Zweitens immer gut angezogen. Drittens muß er Gedichte lieben. Und viertens soll er mir viele Kinder schenken, denn eine große Familie ist lustiger."

Ich frage Rima, nach welchem Auswahlsystem sie diesen Idealmann sucht.

„Ich suche ihn nicht", verbessert sie mich, „ich warte, bis er kommt!"

Weshalb macht sie einem, der ihr gefällt, nicht selbst den Hof?

„Das ist unmoralisch!"

War sie schon einmal verliebt?

Keine Antwort.

Und wenn der Mann mit den gewünschten Eigenschaften nicht von allein kommt, was dann?

„Dann nehme ich irgendeinen ... Oder", sie lacht wieder, „ich fahre doch mit meinem alten Bekannten durch die Stadt und lasse mir von ihm einen Bräutigam suchen."

Sie wünscht mir eine gute Nacht. Falls inzwischen der Sandsturm nicht schon da wäre, käme sie morgen um neun Uhr ins Hotel.

Der Sandsturm bleibt aus. Rima dagegen erscheint am nächsten Morgen pünktlich und strahlend. Neue Frisur, die Fingernägel frisch lackiert, nach Parfüm duftend. Wenn ich möchte, überrascht sie mich, hätte ich vormittags frei. Sie müsse inzwischen einem amerikanischen Einzeltouristen das Mausoleum der Samaniden zeigen.

Freizeit für mich, aber schon lange Arbeitszeit für die individuellen und staatlichen Häuserbauer. Das Balkengerüst steht schon auf dem aus Feldsteinen errichteten Fundament, und die drei Usbeken beginnen, die Ziegel mit einer ganz und gar nicht wie Mörtel aussehenden Masse zu verschmieren. Angeblich soll sie aus Lehm, Kamelmilch, Eiweiß und anderen Nährprodukten bestehen. Ich glaube es nicht, und kosten, wie die Usbeken es mir vorschlagen, möchte ich nicht. Nach einer Stippvisite im Neubauviertel, wo in der Nacht fünf Wohnungseinheiten montiert wurden – zwei der Maurer werden im Block Wohnungen erhalten –, beschließe ich, mein Experiment von gestern zu wiederholen: eines der usbekischen, hinter der Lehmmauer versteckten Häuser zu besichtigen. Diesmal versuche ich es nicht bei alten Handwerkern, sondern bei jungen Mädchen. Die vierte oder fünfte reagiert endlich lachend auf das „Ich bin fremd hier, könnten Sie mir nicht die Stadt zeigen?" Sie ist sehr schlank, sehr dunkeläugig und sehr schwarzhaarig, heißt Menita Chatschaturjan, wohnt in der Altstadt zur Untermiete, stammt aus Jerewan.

Wir schauen uns während des Gehens von der Seite an. Erst abwechselnd, dann beide gleichzeitig. Sie senkt die Augen. Fast vergesse ich, weshalb ich angebändelt habe. Als ich sie nach Hause bringen will, wehrt sie ab, das sei ne nushno – nicht nötig. Doch ich rede und rede höflich, aber hartnäckig, bis wir doch zu ihr laufen. Die Gassen werden enger – wir sind mitten in der Altstadt. Menita, die sonst so selbstsichere Studentin – sie spielt Klavier, liebt Strauß und Puschkin, geht zur künstlerischen Gymnastik, arbeitet während der Ferien am Informationsstand des internationalen

Hotels „Buchara" – wird immer unruhiger, je näher wir ihrer Wohnung kommen. Sie dreht sich oft um. „Nein, genug, Sie gehen besser nicht mit, was sollen die Leute denken, ich mit einem Mann, und noch dazu mit einem Ausländer." Doch so kurz vor meinem Ziel lasse ich nicht locker. Bestimmt werde ich nun zusammen mit Menita endlich eine der „usbekischen Familienfestungen" betreten dürfen. Plötzlich aber, als wir um die letzte Ecke biegen, bleibt die Studentin stehen. „Gehen Sie gleich zurück", sagt sie leise, aber entschieden. „Meine usbekische Wirtin sitzt dort auf der Straße vor der Tür, sie darf uns nicht sehen, sonst wird sie sehr schlecht von mir denken... Bitte, gehen Sie doch!"

Es hilft nichts. Auch nicht das Angebot Menitas, am Abend zusammen ins Kino zu gehen. Kino gibt es auch zu Hause in Suhl...

Do swidanija, Menita!

Wieder irre ich ziellos durch das Gassenlabyrinth der Altstadt. Unaufmerksam, in Gedanken versunken. Und schrecke auf, als eine Menschenmenge den Weg versperrt. Ich dränge mich zwischen die Leute und sehe, wie ein steinalter, fast in Lumpen gehüllter, bartstoppliger Orientale seine vielleicht siebzigjährige Frau an den Haaren die Gasse entlang und bis zu seiner Wohnung zerrt, die sich hinter der blick- und besuchssicheren Duwalwand verbirgt. Nach dem ersten Schock schaue ich nicht mehr auf den wütenden Alten, sondern beobachte die Umstehenden. Kinder johlen, als ob der Zirkus durch die Stadt führe, Erwachsene von etwa vierzig Jahren verfolgen die Szene schweigend, und die jungen Mädchen kichern, lachen, als hätte man ihnen soeben einen Film aus der Vergangenheit vorgeführt. Etwas, das ihnen nie passieren könnte.

10 Sätze über die Emanzipation der usbekischen Frauen.

Erster Satz: „Und wer von euern Frauen eine Schändlichkeit begeht, so nehmt vier von euch zu Zeugen wider sie – und so sie es bezeugen, so schließet sie ein in die Häuser, bis der Tod ihnen naht..." (Koran: Sure 4/19)

Zweiter Satz: Ehebruch von Frauen – lange Zeit die einzige Form ihres Protestes gegen die Unterdrückung – ahndeten islamische Gerichte, indem die Frauen, in Säcke genäht, vom 46,5 Meter hohen Kaljan-Minarett herabgestürzt wurden.

Dritter Satz: Nach der Kasi, der islamischen Rechtsprechung, konnte jeder Mann seine Frau ohne Scheidung und völlig ohne Hab und Gut davonjagen.

Vierter Satz: 1922 verbot die sowjetische Rechtsprechung auch in Usbekistan den Kalym, den Kaufpreis für Frauen, und erhöhte das Heiratsalter der Mädchen auf 16 Jahre.

Fünfter Satz: Selbst die Frau eines Chans, die Dichterin Nadira, die in ihren Schriften gegen die Unterdrückung der Frauen auftrat, ließ der Emir von Buchara ihrer Gesinnung wegen töten.

Sechster Satz: Noch 1928 wurden in Usbekistan 250 Frauen ermordet, weil sie lernen wollten oder sich in der Öffentlichkeit unverschleiert zeigten.

Siebenter Satz: Als in den ersten Jahren der Volksmacht ein Theater in Buchara gegründet wurde, waren weibliche Darsteller nicht zugelassen, alle Frauenrollen mußten von Männern gespielt werden.

Achter Satz: Jagdar Nasriddinowa, die als elfjähriges usbekisches Mädchen das Schreiben und Lesen zu lernen begann, wurde später Präsidentin der Usbekischen Sowjetrepublik und Vorsitzende des Nationalitätenkongresses im Obersten Sowjet.

Neunter Satz: Zur Zeit vertreten etwa 100 usbekische Frauen ihre Republik als Deputierte im Obersten Sowjet.

Zehnter Satz: Nach der letzten Wahl sind ungefähr 40 000 Frauen Usbekistans Deputierte der örtlichen Sowjets.

In Buchara lernte ich drei Frauen näher kennen. Gusal Murtasajewa, Abteilungsleiterin im Maschinenkombinat von Taschkent; die Mutter der Dolmetscherin Rima, Etagenfrau im Hotel; und Rima.

Gusal Murtasajewa kommt mit ihrem Mann abends an meinen Tisch im Hotelrestaurant, diskutiert laut und lange mit der Deshurnaja – der Diensthabenden – wegen des Platzes und setzt sich dann triumphierend. Besser: Sie läßt sich auf den Stuhl fallen. Bevor die diversen Gänge gebracht werden, bestellt sie eine Karaffe Wodka und trinkt ihn mit ihrem Mann. Das tut sonst kaum eine sowjetische Frau im Lokal, gleich, ob in Sibirien oder im Orient. Gusals Mann hat Hände wie ein Bär. Sein braunes Gesicht glänzt, und aus dem offenen Hemd wachsen dichte schwarze Brusthaare. Er beginnt, sobald die Schüssel mit Stolitschnaja, eine Art Kartoffelsalat, gebracht wird, zu essen, als hätte er drei Tage lang gehungert. Nach einer halben Stunde sind die ersten 300 Gramm Wodka ausgetrunken, und seine Frau – sich riesig über den Appetit und den Durst des Mannes freuend – bestellt eine neue Karaffe. Er spricht kaum beim Essen. Zwischen Suppe und gebratenem Fisch hat er Zeit, ihr die Wangen zu tätscheln und sie in die Oberarme zu kneifen, bis sie kichert. Ihr ist heiß. Sie füllt ein Glas mit Eisbrocken, schüttet Limonade hinein und schlürft das kalte Wasser, wie der russische Riese Nordwind, wenn er einen Bergsee mit schwimmenden Eisgletschern aussäuft.

Sie hat dickes schwarzes, zu einem Knoten gestecktes Haar. Ein dünnes Kleid umspannt ihren massigen Körper. Der Hals ist mit rot-blauen Knutschflecken bedeckt. Doch sie schämt sich dieser Lustbeweise kein bißchen. Im Gegenteil, als ich hinschaue, reckt und dreht sie stolz den Kopf, als wolle sie sagen: „Na, guck nur, Kleiner…" Sie mag ungefähr vierzig sein, ihr Mann kaum älter.

Später, so gegen zehn, wird er müde. Sie legt ihre Hand auf den Tisch, darauf bettet er für kurze Zeit sein schweres Haupt. Währenddessen, das heißt, sobald die furchtbar laut spielende Kapelle pausiert, machen sich Gusal und ich miteinander bekannt.

Sie sagt, sie sei ein Sandkörnchen. Ich betrachte mir ihre wohl zwei Zentner, die sie auf die Waage bringt, und muß grinsen. Sie lacht mit. Nein, nicht wegen des Gewichtes riefen sie die Freunde Sandkörnchen, sondern weil sie aus einem kleinen Wüstendorf stamme. Ihre Mutter hatte dem Mädchen immer wieder eingeschärft: „Bleibe nicht auf dem Dorf, wo ein Mann dich für einen Kalym kauft. Selbst wenn er dich liebt, wird er dir immer vorwerfen, daß er für dich viel Geld ausgeben mußte und du sein Eigentum bist. Geh in die Stadt, meine Tochter, und heirate dort!" Als Gusal vierzehn war, brachte sie der Großvater mit dem Kamel zur Bahnstation. Damals weinte sie zum erstenmal im Leben schmerzende Tränen.

In Taschkent lernte sie Dreherin. Das war die Zeit, als die anderen sie Sandkörnchen nannten. Geschickte Hände hatte sie. Fast jedes Werkstück gelang ihr auf Anhieb. Aber mit dem Rechnen und der Physik lebte das ,,Wüstenkind" ständig auf Kriegsfuß. Die theoretische Prüfung bestand Gusal erst beim zweiten Anlauf. Doch im Betrieb war sie nach zehn Monaten schon Bestarbeiterin, erfüllte die Norm mit 130 Prozent. Da kam ein Leiter nach dem anderen zu ihr und versuchte, sie zu überreden, ein Hochschulstudium zu beginnen. Alle hatten die gleichen Argumente: Pflicht als Komsomolzin... Die usbekische Frau ist gleichberechtigt... Ohne Wissen keine Macht... Lernen, lernen, nochmals lernen... ,,Aber", lächelt Gusal, ,,daß unser Betrieb vierzig Prozent Frauen zum Studium delegieren mußte, er aber erst fünfundzwanzig Prozent in seinem statistischen Bericht stehen hatte und die Prämie für die Betriebsleitung in Gefahr war, das sagte mir keiner."

Heulend verließ Gusal im Herbst den Betrieb. Zum zweitenmal in ihrem Leben weinte sie schmerzende Tränen. Von den ersten Monaten an der Hochschule erzählt sie mir nichts. Erst im dritten und vierten Studienjahr fiel ihr das Lernen ein wenig leichter. Sie saß nicht mehr bis nachts um ein oder zwei Uhr über den Büchern. ,,Damals verliebte ich mich in einen Studenten. Ich hatte viele Verehrer. Ich glaube, auch unser Komsomolsekretär, ein in Liebesdingen sehr schüchterner Junge mit vielen Minderwertigkeitskomplexen, gehörte dazu. Er überraschte meinen Freund und mich einmal, als wir mutterseelenallein am Wasser lagen und uns küßten. Am nächsten Tag teilte er mir mit, daß er davon absehe, die Komsomolgruppe über meine Moral zu verständigen. Aber ich müßte mich jetzt entscheiden: Entweder – er stotterte dabei – am See herumliegen, Kinder machen und heiraten oder meinen Komsomolauftrag – das Studium mit besten Ergebnissen abzuschließen – in Ehren erfüllen. Ich hätte als usbekisches Mädchen alle Möglichkeiten erhalten, mich zu bilden, und es sei meine Pflicht, sie so gut wie nur möglich zu nutzen. Kurz, ich machte Schluß mit meinem Freund." Damals weinte Gusal zum drittenmal in ihrem Leben schmerzende Tränen.

Um alles zu vergessen, meldete sie sich nach dem Studium zu einem Sondertrupp von Komsomolaktivisten. Sie fuhren nach dem Norden, um in der Nähe von Nowosibirsk ein Maschinenreparaturwerk einzurichten. Gusal wurde oft ausgezeichnet, mehr als die Männer. Sie hatte einen siebten Sinn für alles Praktische.

Wieder in Taschkent, begann sie im Maschinenkombinat zu arbeiten. Mit dreißig war sie Abteilungsleiterin, mit fünfunddreißig Schöffe am Gericht, Mitglied der Kommission für soziale Fragen der Gewerkschaftsleitung und der Frauenorganisation.

,,Stellen Sie sich vor", sagt sie, ,,ich saß im Saal und sollte über Eheleute urteilen, ohne selbst einen Mann zu haben."

Bald war Gusals Abteilung die beste des Betriebes. ,,Zeitungsleute schrieben Artikel über mich, und die Rundfunkreporter nannten mich ein leuchtendes Beispiel für die neue usbekische, für die sozialistische usbekische Frau. Nach weiteren vier Jahren – es gab kaum eine Organisation, in der ich keine Funktion hatte – wurde ich schwer krank. Die Ärzte sagten, es sei seelisch, denn mein Körper wäre kerngesund. Sie wollten mich in ein Sanatorium nach Sotschi schicken, aber ich schlug vor, in mein Dorf zu fahren, um mich dort zu erholen."

Sieben Jahre war sie nicht mehr zu Hause gewesen. ,,Alle freuten sich, als ich ankam. Großvater holte mich mit einem Auto von der Bahnstation ab, und Vater lud das Dorf zu einem großen Wiedersehensfest ein. Während im Haus die Gäste auf dem Teppich saßen und Tee tranken, nahm mich meine Mutter an die Hand und ging mit mir in den Garten. Es war noch Frost, aber der Schnee war schon geschmolzen. Wir standen unter einem Akazienbaum, und plötzlich fielen trotz des wolkenlosen Himmels dicke Tropfen vom Baum. Die Sonne trieb das Eis nachträglich aus den Knospen und Ästen. Damals sagte Mutter zu mir: ,Meine Tochter, ich sorge mich sehr um dich, denn du lachst nicht mehr wie früher zu Hause. Du hast verlernt, lustig zu sein, wenn du lustig bist, und traurig zu sein, wenn du traurig bist. Dein Gesicht ist nicht mehr der Spiegel deiner Seele. Er ist stumpf geworden, und nur das Lachen von Kindern und das Glück einer Liebe können ihn blankputzen'."

An diesem Tage weinte Gusal zum viertenmal in ihrem Leben schmerzende Tränen.

Morgens reiste sie nach Taschkent zurück und gab alle ihre Ämter ab; wegen der Gesundheit, sagte sie. Im Sommer fuhr sie mit anderen Frauen des Betriebes in ein Dorf, um den Bauern bei der Baumwollernte zu helfen.

,,Dort lernte ich meinen Löwen kennen, diesen prächtigen Burschen hier." Sie schlägt ihm so kräftig auf den Rücken, daß er brummend aufwacht. ,,Er ist zwar kein Facharbeiter, sondern nur ein angelernter Traktorist, aber ein Prachtexemplar von einem Mann, nicht wahr?" Im Betrieb habe sie gekündigt, jetzt feierten sie erst einmal ihre Flitterwochen, und dann wünsche sie sich sieben Kinder. Sie hätte viel nachzuholen.

Als er wieder völlig munter ist, schleppt Gusal ihren Löwen zur Saalmitte. Er tanzt nicht sehr elegant, macht einen Katzenbuckel und tappt bärenhaft von einem Bein aufs andere.

Aber er tut während des Tanzes etwas, das ich bei keinem anderen sehe: Er beißt seinem Sandkörnchen ins Ohr und tätschelt ihr nicht nur die glühend roten Wangen.

In Buchara lernte ich auch die Mutter meiner Dolmetscherin Rima Abduraschidowa kennen. Eigentlich hätte ich ihre Geschichte vor der von Gusal Murtasajewa erzählen müssen. Aber weil ich anschließend über ihre Tochter Rima schreiben will, steht sie hier.

Frau Abduraschidowa ist über fünfzig Jahre alt, gütig und klug. Sie arbeitet als Etagenfrau im Hotel. Ziemlich weit oben, fünfter Stock. Sie spricht wenig. Von ihr gäbe es nichts zu erzählen, sagt sie. Was ich über sie erfahre, ist ein knapper Lebenslauf:

„Ich wurde 1921 in einem sehr kleinen Uraldorf geboren. Mein älterer Bruder fand wie viele andere keine Arbeit zu Hause. Er wollte Kraftfahrer werden. Als er geheiratet hatte, beschloß er, nach Mittelasien zu gehen. Das war 1929, und weil wir im Dorf wenig zu essen hatten, nahm mein Bruder mich als Achtjährige mit hierher. Er wurde Fahrer, alle seine Söhne sind inzwischen auch Chauffeure. Ich ging gern zur Schule. Damals gab es noch usbekische Frauen, die nicht schreiben und nicht lesen konnten. Ohne je Lehrer gewesen zu sein, begann ich – kaum den Kinderschuhen entwachsen –, abends Unterricht zu geben und besuchte selbst einen Lehrgang, denn ich wollte Bibliothekarin werden. Das einzige Unglück in dieser Zeit war, daß ich mit sechzehn Jahren heiraten wollte, aber mein Bruder verbot es, weil der Freier ein zu armer Teufel war. Doch ich kam schnell darüber hinweg, denn damals träumte ich davon, eine große Bibliothek zu leiten. Und die orientalischen Frauen, denen ich das Lesen beibrachte, würden kommen und sich Bücher von Lermontow und Gorki, Shakespeare und Goethe ausleihen ...“

Wie vielen usbekischen Frauen das junge Mädchen aus dem Uraldorf das Schreiben und Lesen beibrachte, weiß sie nicht mehr. Sie heiratete später einen Funktionär aus der Landwirtschaft. Er wurde von der Partei überall hingeschickt, wo es mit der Aussaat und der Ernte in den Hungerjahren des Krieges und der Nachkriegszeit Schwierigkeiten gab.

Als Frau Abduraschidowa auf die Fachschule für Bibliothekare gehen wollte, bekam sie einen Sohn. Und der Mann mußte von einem Dorf zum anderen. Sie zog mit – ohne Diskussion. 1948 schickte man ihn nach Buchara, und 1949 wurde ihre Tochter Rima geboren. Zwei Jahre später starb ihr Mann. Mutter Abduraschidowa schlug sich als Näherin mit Heimarbeit durch. Sie hatte nur noch einen Wunsch: Wenigstens die Kinder sollten studieren. Der Junge hielt es zwei Jahre an der Uni aus, dann brannte er durch. Als Rima am pädagogischen Institut lernte, war für ihre Mutter alles zu spät. Manchmal erzählt sie zwar von der Zeit, als sie – fast noch ein Kind – die usbekischen Frauen Schreiben und Lesen lehrte, studieren wollte, um Bibliothekarin zu werden, aber sie spricht dann sehr leise, so, als wolle sie längst Eingeschlafenes nicht wecken.

Nachdem die Kinder groß waren, konnte sie mit der Heimarbeit an der Nähmaschine aufhören. Sie wurde Etagenfrau. Im Hotel „Buchara“.

Die dritte Frau oder das dritte Mädchen (in Mittelasien werden die Frauen, gleich, ob sie verheiratet sind oder nicht, mit dewotschka – Mädchen –, in anderen Teilen der UdSSR aber auch mit shenstschina – Frau – angesprochen), dieses dritte Mädchen also, von dem ich in Buchara Details aus ihrem Leben erfahre, ist Rima, die Dolmetscherin.

Schon in der Schule liebte sie die deutsche Sprache, vor allem auch deshalb, weil sie einen ziemlich hohen Tauschwert hatte. Gegen eine Seite Übersetzung vom Russischen ins Deutsche erhielt Rima mindestens drei bis vier gelöste schwierige Mathe-

Hausaufgaben. Nach dem Abitur kam sie auf die Idee, Medizin zu studieren. Als die Aufnahmeprüfungen vorbei waren, wartete Rima mit genauso nervösen jungen Leuten im medizinischen Institut auf den Bescheid, ob sie angenommen oder abgelehnt worden war. Um sich die Zeit zu vertreiben, untersuchten die Kandidaten der Medizin die Kellerräume des Instituts und kamen auch in den Präparateraum. Menschliche Embryos, kranke Nieren, Geschwüre und operierte Herzen schwammen in Formalinlösungen. Rima wurde bei diesem Anblick schlecht, und sie stöhnte: Hoffentlich habe ich die Vorprüfung nicht geschafft! Ihr Wunsch ging in Erfüllung. Rima begann, am pädagogischen Institut zu studieren. Ihre Entwicklung – 25 Jahre nach Mutter Abduraschidowas vergeblichem Traum, eine große Bibliothek leiten zu können – verlief gradlinig, wie bei den meisten usbekischen Frauen. Heute ist Rima Chefdolmetscherin für Deutsch.

Ich frage sie, ob sie Direktor des Bucharaer Intouristbüros werden möchte.

Nein, niemals!

Weshalb nicht?

Das ist zu viel Verantwortung für eine Frau.

Wieso für eine Frau? Habt Ihr die Gleichberechtigung nicht auch im sowjetischen Orient erkämpft?

Haben wir!

Aber?

Aber die Frauen müssen bei uns noch zu viel herumwirtschaften, weil sich kaum ein Mann um das Einkaufen, den Haushalt oder die Kinder kümmert.

Gibt es bei Intourist trotzdem Frauen als Leiter?

Wir haben eine. Täglich kontrolliert sie per Telefon die Schularbeiten ihrer Kinder. Einmal hat sie schon ein Gute-Nacht-Lied durchs Telefon gesungen.

Also sollten keine Frauen als Leiter eingesetzt werden?

Doch!

Und wie das?

Ich würde dem Minister einen Vorschlag machen: Laßt alle Frauen nur noch halbe Tage arbeiten.

Und haben Sie es dem Minister schon geschrieben?

Ach wo. Bestimmt bekäme ich auf solch einen Brief die Antwort: Verehrte Bürgerin Rima Abduraschidowa, Sie haben noch nicht einmal eine Familie, aber rufen bereits um Hilfe...

Das sind die Geschichten von Gusal Murtasajewa, der vierzigjährigen, Flitterwochen feiernden Abteilungsleiterin, von Frau Abduraschidowa, die 1935 usbekischen Analphabetinnen Schreiben und Lesen beibrachte und heute Etagenfrau ist, und von ihrer Tochter, der Chefdolmetscherin Rima; alle drei handeln in der gleichen Stadt. Jahrhundertelang wurde die Rechtlosigkeit der usbekischen Frau, genau wie die hier seit Menschengedenken tobenden Sandstürme, zu den Naturgesetzen gezählt, gegen die der Mensch machtlos ist. Rings um Buchara haben die Kolchosbauern einen 600 Kilometer langen Baumgürtel gepflanzt. Er schützt die neuen Felder vor dem Sand. Geschwächt wird der Sturm, aber die Stadt erreicht er noch. „Die Stadt erreicht er heute oder morgen", sagen mir die alten Usbeken und deuten auf den Himmel. Er sieht aus, als sei ein flimmernder Gelbfilter vor sein Blau geschoben worden.

Ich möchte noch einmal das von Rima als beinahe unmöglich Prophezeite versuchen: ein orientalisches Lehmhaus betreten. Gescheitert sind Versuche mit Handwerkern und einem jungen Mädchen. Als nächstes will ich es dort probieren, wo bestimmt nur Leute aus der alten Stadt zu finden sind – in einer Tschaichana, Teestube. Denn auch hier in Buchara hocken Männer jeden Alters von früh bis abends auf den Teestubensofas.

Die Tschaichanas des sowjetischen Orients ähneln sich zum Verwechseln. Nichts unterscheidet die in Buchara von denen, die ich in Samarkand sah. Auch hier viereckige, kniehohe, fast boxringgroße, mit Teppichen ausgelegte und von Geländern begrenzte Holzsofas. Auch hier schattiges Blätterdach darüber. Und auch hier nur Männer, die sitzen, schweigen und Tee trinken. Weiter nichts. Sitzen. Schweigen, Tee trinken... Worüber denken sie nach?

Ich ziehe meine Schuhe aus und klettere auf eines der Teestubensofas. Falls du, lieber Leser, in Gedanken das gleiche tun möchtest, laß dich davor warnen. Denn solltest du zu den immer hastenden, wie aufgezogen umherlaufenden Menschen gehören, wird dir die erste Stunde auf dem Teestubensofa zur Höllenqual... Du hockst im Schneidersitz. Wenn dir dann alle Gliedmaßen wehtun, streckst du dich, versuchst es auf einer Seite liegend. Dabei schläft dir bestimmt der stützende Arm ein. Bis du die einigermaßen erträgliche Stellung gefunden hast, vergeht bestimmt eine Stunde. Und nichts ist passiert in diesen sechzig Minuten. Nur die Ungeduld spielte mit deinem Willen Katze und Maus: Sitz hier nicht unnötig herum, erhebe dich, komm lieber mit in die Stadt... Vielleicht gibst du der inneren Stimme nach, stehst auf und wirst dadurch nie das entspannende Gefühl der orientalischen Teetrinkprozedur spüren. Denn erst, wenn die Quälgeister der Hetzjagd durch unseren Alltag Ruhe geben, wenn du die Augen schließen kannst und dir blühende Apfelbäume vorstellst oder das seidenweiche Haar einer Frau, wenn du über dein Leben zu meditieren beginnst und über das, was man Glück nennt, wenn du nicht überlegst, was du jetzt überlegen müßtest, sondern daran denkst, woran du gerade denken möchtest, erst dann öffnen sich dir die Pforten zum Geheimnis der Teestuben.

Ich lehne am kunstvoll gedrechselten Geländer des Sofas, die Oberschenkel bis zur Brust angezogen, die Augen nur zu einem Spalt geöffnet. Sehe Farben, die ihre Konturen verloren haben, höre Töne, die haltlos im Raum schweben, verfolge Fragen, die sich im Unendlichen verlieren.

Einer der Usbeken, er ist nicht viel älter als ich, hat sich am Samowar vor der Teestube für zehn Kopeken eine neue Kanne mit Tee geholt. Nun schüttet er ein wenig von dem Sud in die Teeschale, kippt ihn zurück in das dickbauchige Gefäß. Das tut er dreimal. Erst dann schenkt er ein, reicht auch mir eine Schale. Ich halte die henkellose Piala mit beiden Händen. Der dampfende Tee duftet nach Jasmin. Nur drei oder vier Schluck hat mir der Usbeke eingegossen. Auch das gehört zum Ritual. Es bedeutet: Trinke in Ruhe, mein Freund, im Samowar sind noch viele Schalen Tee, und der Tag hat noch viele Stunden. Füllt man dagegen die Piala bis zum Rand und gibt sie dem Gast, so will man sagen: Trinke schnell aus und dann geh, wir haben keine Zeit für dich! Wortlose orientalische Ehrlichkeit.

Mittlerweile – etwa zwei Stunden sitze ich schon in der Tschaichana – beginnt der Usbeke, der mir den Tee spendierte, ein Gespräch. Wir unterhalten uns langsam und leise, um die Stille nicht zu stören. Die Tee-Einladung hat mich mutig gemacht. Ich frage den freundlichen Bucharaer ohne diplomatische Einleitung gleich nach seinem orientalischen Lehmhäuschen und hoffe, daß er mich am Abend mitnehmen wird.

„Oh", lächelt er, „ich wohne in einem modernen Neubaublock, im fünften Stock." Als ich ihn frage, wie er ohne geregelte Arbeit eine Neubauwohnung erhalten habe, muß ich meine Vorstellungen von den in Teestuben herumliegenden Männern weiter revidieren.

Ohne geregelte Arbeit! Er wird laut.

Nun, entgegne ich unsicher, ich nehme an, Männer, die fast vom ersten Hahnenschrei bis zum letzten Glockenschlag in der Tschaichana sitzen, können doch nicht regelmäßig arbeiten.

Er lacht so herzlich, daß einige Alte ihre Tassen auf den Teppich stellen. Dann zeigt er mir mindestens zehn Männer in der Runde. „Das sind alles Kollegen von mir, beschäftigt wie ich draußen in Gasli, dem Erdgaskombinat. Wir hatten Nachtschicht und erholen uns jetzt."

Funktionswechsel der orientalischen Teestuben.

Die alten Grauhaarigen, Spitzbärtigen, die hier liegen, sind schon Rentner. Andere kamen morgens in die Stadt, um Früchte zu verkaufen und warten nun auf den nächsten Bus. Manche Männer haben einen freien Tag. Und viele aus den Großstädten arbeiten in Schichten. Wie mein Gesprächspartner und seine Freunde aus Gasli, dem größten mittelasiatischen Erdgaslieferanten in der Nähe von Buchara.

Früher heizten die Usbeken ihre Wohnstube folgendermaßen: Sie schütteten glühende Kohle in eine Vertiefung des Fußbodens, stellten ein viereckiges Tischchen darüber, umhüllten es mit einer Decke und streckten die Beine darunter aus. So verbrachten sie die kalten Nächte. 1953 entdeckten Geologen in der Wüste Kysyl-Kum bei Buchara die bis dahin größten Erdgasvorkommen der Sowjetunion. Sie reichen aus, alle Wohnungen in Usbekistan mit Gas zu beheizen. Außerdem konnte der Rest – und das war nicht wenig – durch mächtige Rohrleitungen in die sozialistischen Länder exportiert werden. Als man begann, die Vorkommen auszubeuten, wohnten in Gasli, der künftigen Verteilerstation, 54 Menschen, zehn Jahre später waren es schon 15000.

Zum Bau der geplanten Erdgasleitungen benötigten die sowjetischen Monteure 1020 Millimeter dicke Spezialrohre, die sie unter anderem aus den USA und der BRD einführten.

Um die Sowjetunion ökonomisch zu erpressen, ließen die amerikanische und die BRD-Regierung 1962 – mitten in der Bauphase – die Lieferungen der 1020-Millimeter-Rohre stoppen. Unter „Frontbedingungen" stampften die sowjetischen Arbeiter daraufhin in Tscheljabinsk in kürzester Zeit ein Werk aus dem Boden, das 1020-Millimeter-Rohre produzieren konnte.

Heute strömt Erdgas aus Buchara durch 1040 Millimeter dicke Rohre – die in der UdSSR hergestellt wurden – nicht nur in die sozialistischen Länder, sondern auch in die... BRD.

Als die westdeutsche Schriftstellerin Geno Hartlaub 1965 über Buchara berichtete, schrieb sie kein Wort von Gas und Röhrenembargo, dafür vermeldete sie: „Was wir hier sehen, gibt es morgen vielleicht nur noch in der Phantasie, wenn die Sowjets nicht ihr Verhältnis zu ihrer Vergangenheit und zu der islamischen Überlieferung ihrer orientalischen Republiken ändern. Buchara versinkt im Wüstenstaub..."

Was ich in Buchara sah, waren asphaltierte Straßen – sogar in der Altstadt – und aufwendig restaurierte Zeugen der islamischen Vergangenheit, die zu Emirs Zeiten, vor der „Herrschaft der Sowjets", als Karawanenherbergen gedient hatten.

Eine alte orientalische Lebensweisheit besagt: Hunde bellen, doch die Karawane zieht weiter. Und eine andere rät: Wenn du Tee trinkst, dann trinke Tee! Der Monteur aus Gasli und ich sind inzwischen bei der vierten Kanne. Er kennt eine Menge alter usbekischer Geschichten. Eine, die er mir erzählt, geht so:

In den Bergen des Landes lebte einst ein ungewöhnlich starker junger Held mit Namen Dawljat. Er trug, wenn das Land nach Wasser dürstete, die Berge mit den bloßen Händen ab und legte die Quellen frei. Zur gleichen Zeit wohnte in der sandigen Ebene ein Mädchen, Gulandom genannt. Es war so schön wie die sich im Bach spiegelnde Sonne und so zart wie eine nur alle hundert Jahre blühende Blume. Durch einen Schafhirten, der sowohl die Berge als auch die Wüste kannte, erfuhren Dawljat und Gulandom voneinander und beschlossen zu heiraten, damit ihre Tugenden – Kraft und Schönheit – in ihren Kindern weiterleben würden. Also schickte Dawljat seine Brautwerber hinunter in das Dorf zu Gulandom. Als sie zurückkamen, vermochten sie nur noch in Liedern zu sprechen, so sehr lobpreisten sie die Schönheit des Mädchens. Auch Gulandom schickte nun ihre Vertrauten hinauf in die Berge zu Dawljat. Als sie zurückkamen, vermochten sie nur noch in Gedichten zu sprechen, so sehr lobpreisten sie den jungen Recken. Die beiden heirateten und leerten wochenlang den Becher des Glückes bis zur Neige.

Dann aber hörte Gulandom, daß ihr Liebster im Traum laut redete. Das störte ihren elfengleichen Schlaf, sie war tags müde und nicht mehr so lustig. Dawljat dagegen mißfiel, daß seine Geliebte immer nur Kuchen buk, aber kein Schaffleisch braten konnte. Da ließ er sich oft von seinen Freunden zum Mahl einladen. Eines Tages erfuhr Gulandom, daß ihr Mann Bären mit bloßen Händen erwürgte. Da ließ sie sich nicht mehr von ihm streicheln. Und Dawljat schimpfte, weil seine Frau, wenn sie ein paar Schritte in den Bergen gelaufen war, schon blutige Blasen an den Füßen hatte.

Nachdem der Mond zum viertenmal sein Gesicht gewechselt hatte, wollten sich Dawljat und Gulandom wieder trennen. Eines Nachts aber betrat ein weiser alter Usbeke ihre Jurte. Er schenkte dem kräftigen Recken Dawljat und der sonnengleichen Gulandom einen Wunsch. Sie baten, daß sie noch einmal vor ihrer Vermählung leben könnten. So geschah es. Und Dawljat schickte seine Werber hinunter in das Dorf, schärfte ihnen jedoch vorher ein, sie sollten gut beobachten und alles über die künftige Braut berichten. Als die Männer zurückkamen, besangen sie Gulandoms Schönheit in Liedern und sagten dann: Aber sie kann kein Fleisch braten, und ihre Füße sind so zierlich, daß sie sich in unseren Bergen blutige Blasen läuft.

Dawljat bedankte sich und sagte: Ich werde meine Mutter bitten, ihr die Kunst des Kochens zu zeigen, und in den Bergen trage ich sie, bis sich ihre Füße an die rauhen Steine gewöhnt haben.

Auch Gulandom schickte ihre Vertrauten hinauf ins Bergdorf. Als die Frauen zurückkamen, beschrieben sie Dawljats Stärke in Gedichten und sagten dann: Aber im Schlaf redet er laut, und Bären tötet er aus Spaß mit bloßen Händen. Gulandom bedankte sich und sagte: Ich werde ihm eine Decke weben, die ihm ruhige Träume schenkt, und wenn er zur Jagd geht, bitte ich ihn, Pfeil und Bogen mitzunehmen.

Sie heirateten. Die Mutter Dawljats lehrte Gulandom, das Fleisch zuzubereiten, und er trug seine Frau in den Bergen über die rauhen Steine. Sie aber schenkte ihrem Mann eine schlafspendende Traumdecke, und als sie ihn bat, die Bären nicht mit nackten Händen zu töten, nahm er wie die anderen Pfeil und Bogen. Sie leerten den Becher des Glücks ein Leben lang bis zur Neige, füllten ihn wieder und leerten ihn erneut. Und Allah schenkte ihnen Kinder, schlank wie Zypressen und stark wie Platanenbäume...

Etwa drei Stunden, nachdem der Usbeke mir die Geschichte von Gulandom und Dawljat erzählt hat, treffe ich im Foyer des Hotels „Buchara" eine Gruppe DDR-Touristen. Begrüßung. Woher. Wohin. Eine Frau stammt aus Pirna und kennt mein Heimatdorf Lohmen. In der Gegend würde sie oft Pilze suchen, sagt sie und freut sich über unsere Begegnung. „Allerdings", schränkt sie wenig später ein, „in den letzten Jahren gibt es selbst in der Lohmener Ecke immer weniger Pilze." Sie erklärt auch gleich weshalb: „Der Wald ist eben auch nicht mehr das, was er mal war."

Die Achtundsechzigjährige erzählt mir von ihrer Reise. Sie war in Moskau, Frunse, Chiwa, Taschkent, Samarkand und fliegt jetzt noch nach Baku. „Aber", so barmt sie, „dort wird es wohl auch nur Reis, Weißbrot, Fleisch und Obst zu essen geben." Später rückt sie näher und berichtet fast flüsternd, daß sie in Buchara armselige Häuser gesehen habe, „sogar welche aus Lehm", und daß viele Männer nicht arbeiten, son-

Neubauten in Tas
die Fassaden biete
vor der Sonne.

Uralte Kunst – usbekische Goldstickerei

Restaurationsarbeiten in Samarkand

Mohammedanischer Gottesdienst in Taschkent

Das „alte“ Gesicht der Sandwüste…

… Verwandlung …

Kanalbau in der Wüste Kysyl-Kum – Voraussetzung für den Baumwollanbau.

Feiertag auf usbekisch

In der Tschaichana, der Teestube

„Erntegedeck" im Sowchos: Plow, Weintrauben, Melonen und grüner Tee.

Orientalisches Sprichwort: „Der Gast ist teurer als der eigene Vater."

*Das weiße Gold
des sowjetischen Orients –
Baumwolle*

*Auf Pelzauktionen in aller
Welt – usbekische Karakuls.*

Im Taschkenter Textilkombinat

Erfahrene Aschchabader Teppichknüpfer entwerfen die Muster für die Teppichfabriken Turkmeniens.

dern in Teestuben hocken, daß die Geschäfte der Uhrmacher und Schuster keine Türen haben, geschweige denn verschließbar sind, daß die Einheimischen auf der Straße knien und zu Allah beten, daß manche Leute keine Schränke und keine Sessel in ihren Wohnungen hätten, daß die Menschen hier noch wie im Mittelalter leben...

Nach diesem Gespräch möchte ich wieder in der Tschaichana sitzen und ungestört nachdenken. Ich versuche es ersatzhalber mit einem Tee im Hotelrestaurant, aber dabei fällt mir nur etwas ein, was ungefähr drei Jahre zurückliegt. Damals schrieb ich über ein kleines Dorf im Gebiet von Kaluga. Es sollte abgerissen werden, weil in der Nähe eine große Zentralsiedlung entstand. In der Reportage erwähnte ich, daß im alten Dorf die Abwässer noch auf der Straße entlangliefen. Ein Kollege riet mir: „Schreib über das neue Dorf; die Abwässer im alten streichen wir. Oder willst du ein falsches, nicht typisches Bild von unseren Freunden verbreiten?" Ich strich die Abwässer.

Ende meines Nachdenkens. Eigentlich müßte hier das Nachdenken erst richtig beginnen.

Doch im Hotelrestaurant, wo mein Tee inzwischen kaltgeworden ist, winken mich vier schon angeheiterte Gäste in Arbeitskleidung – also welche aus Buchara, denke ich – an ihren Tisch. In der Hoffnung, mehr über die Stadt zu erfahren und eventuell doch noch ein orientalisches Lehmhaus von innen zu sehen, setze ich mich zu ihnen.

Sto gramm – ein Wasserglas voll Wodka. Sa drushbu – auf die Freundschaft! Dann schieben sie die Teller mit Tomaten, Zwiebeln, gekochter Zunge und Brot zu mir herüber. Nach dem Essen hole ich meine letzte Flasche Nordhäuser Korn und Ansichtskarten von Thüringen. Noch einmal: „Sa drushbu!" Alle wollen zur Erinnerung an unser Treffen ein Verschen auf ihre Karte. Dabei merken wir, daß unsere Runde recht bunt gemischt ist: ein Russe, ein Koreaner, ein Usbeke, ein Turkmene und ein DDR-Bürger. Der Russe zeigt mir lobpreisend seine Uhr und deutet dann auf meine. Wir sollten sie tauschen; wegen der ewigen Freundschaft und zur Erinnerung. Ich lehne höflich ab. Er bleibt hartnäckig: Ob mir unsere Freundschaft nicht wertvoller sei als die Uhr, fragt er. Mir fällt nichts anderes ein, als vorzuschlagen, anstelle der Uhren könnten wir doch unsere Herzen tauschen, die seien wichtiger für die Freundschaft. Er guckt nicht sonderlich begeistert.

Sie bezahlen und laden mich ein, mit ihnen daheim weiterzufeiern. (Eventuell sogar in einem usbekischen Häuschen?) Der Koreaner, er scheint der Chef zu sein, lotst unsere schwankende Expedition durch das dicht besetzte Restaurant bis zum Ausgang. An der frischen Luft jedoch stolpert er, und aus seiner Aktentasche purzeln ungefähr 30 Schachteln der begehrtesten, oft nur unterm Ladentisch gehandelten sowjetischen Zigarettensorte „Sojus-Apollo". Ich helfe ihm hoch, die anderen sammeln eilig und verlegen die Schachteln auf. Dann öffnet der Koreaner die Türen eines alten Wolga und setzt sich ans Steuer. Der Turkmene und der Usbeke steigen leider schon bald wieder aus. Der Koreaner nimmt die Kurven gefährlich eckig und die Geraden ziemlich kurvig. Welche Enttäuschung! Er fährt in Richtung Neustadt. Dort hält er, bittet den Russen und mich in seine Wohnung. Die Zigaretten liefert er in der Küche ab und stellt dann seine Frau, eine zierliche kleine Koreanerin, vor. (Die Koreaner kamen 1924 nach Mittelasien, um zu helfen, den sowjetischen Reisanbau zu verbessern.) Sie serviert uns in Schüsselchen fernöstliche Nationalgerichte, unter anderem einen sehr scharfen Krautsalat. Als wir sitzen, nimmt der Hausherr das Tuch vom Televisor. Enthüllung des zu Bewundernden. Die Ballettaufführung bleibt Nebensache. Wir trinken wieder Wodka. „Sa drushbu!" Der Koreaner geht zum Schrank und kramt vier oder fünf Uhren heraus. „Solotyje – goldene!" Ob ich nicht doch tauschen möchte? Nein, sage ich. „Nu choroscho poechali – trinken wir!" Später holt der Koreaner eine braune Aktentasche von der Flurgarderobe, zeigt sie mir, fragt, wie ich sie finde. Gut, sage ich. Er freut sich und beginnt, meine Umhängetasche auszuräumen: Fotoapparat, Kaugummi, Weitwinkel, Prospekte, Teleobjektiv, Kugelschreiber, Filme, Notizbücher. Dann packt er alles in die Aktentasche, umarmt mich – „Sa drushbu – auf die Freundschaft!" und stellt meine Umhängetasche in den Schrank. Ich weiß im ersten Moment nicht, was ich sagen soll; vor allem denke ich noch nicht daran, wie ich es im weiteren Verlauf meiner Reise fertigbringen soll, in der einen Hand die Aktentasche mit Fotoutensilien und Notizbüchern zu tragen und mit der anderen zu fotografieren oder zu schreiben. Der Koreaner lobt noch einmal: „Eine gute Tasche." Welche meint er damit? überlege ich. Offensichtlich die mir überlassene, denn er ist mit meinem Äquivalent nicht so recht zufrieden, und als Zugabe, sagt er, solle ich ihm noch den Hosengürtel schenken. Er hilft, ihn mir abzubinden. Wieder sto gramm Wodka und Freundschaftsworte. Im Fernsehen stirbt der Schwan...

Dann stellt mir der Koreaner seinen Sohn vor und bringt ein weißes Dederonhemd des großen athletischen Burschen als Andenken für mich. Zu tauschen gegen mein ärmelloses rot-weiß gestreiftes Baumwollnicki. Um schnell wieder aus dem gastlichen Haus zu kommen, ohne noch meine Jeans zu verlieren, sage ich, es wäre besser, die Hemden im Hotel zu wechseln. Schneller Abschied. Der Koreaner fährt mich zum Hotel, kommt mit ins Zimmer, überreicht mir das fast neue weiße Anzughemd seines Sohnes, und ich packe ihm das begehrte Nicki ein. Er wickelt es noch einmal aus und versucht, das Firmenzeichen zu lesen. Große Worte beim Abgang: bester Freund..., morgen Wiedersehen..., dann könnten wir ein altes orientalisches Haus besichtigen... Und: Verwandte von ihm würden auch bei mir in der Bundesrepublik Deutschland wohnen. Wenn ich wolle, bringe er mir morgen einige Farbfotos von ihnen mit... Ich kläre ihn nicht auf.

Allein in meinem Zimmer sitzend, habe ich großen Durst auf ein Mineralwasser. Ich ziehe mir das blau-weiße Gegenstück zum soeben weggegebenen Nicki an und gehe ins Restaurant. Aber schon im Foyer hält mich ein Milizionär an und fragt, ob ich kein ordentliches Hemd besäße? In diesem hier, ohne Ärmel, könne er mich nicht hineinlassen, das verstoße gegen die Moral.

Also laufe ich wieder hinauf, ziehe das weiße Dederonhemd des Koreaners an. Der Milizionär lächelt zwar nicht, aber nickt mit dem Kopf.

Zwei Tage danach, in Taschkent, erfahre ich von einem Juristen, daß solche „Andenkenhändler", die sich in den Städten mit internationalen Hotels etabliert hätten, streng bestraft würden. Es wäre ein Delikt, das mit den Touristen in das Land gekommen sei und durch das Fehlen mancher Konsumgüter begünstigt würde.

Am Morgen, noch wodkaverkatert, klage ich Rima mein Leid über die gräßlichen Kopfschmerzen. Sie tröstet mich, auch sie habe schlecht geschlafen, das liege am Wetter, am näher kommenden Sandsturm. Wenn sie wüßte, denke ich, was für ein Sandsturm mir Schwierigkeiten bereitet.

Anschließend machen wir einen gemeinsamen Spaziergang gegen die Kopfschmerzen. Staunend sehe ich, daß die individuellen Häuserbauer ihren Wettlauf mit dem Sandsturm fast gewonnen haben. Die Mauern stehen und verraten durch ihre Anordnung, wie zweckmäßig die Usbeken ihre Häuser bauen. In der Mitte befindet sich ein großes Zimmer, in dem auch die zahlreichste Familie mit ihren Gästen Platz zum Essen und Plaudern haben wird. Um dieses Quadrat ordnen sich kleine Räume. Manche von ihnen haben nur halbhohe Trennwände, damit sich die Bewohner auch von Zimmer zu Zimmer unterhalten können. An zwei Seiten des Gevierts sind im rechten Winkel schmale, lange Zimmer angesetzt. Sie begrenzen den in der Mitte liegenden Hof, der durch diese Anordnung ein Maximum an Schatten und Kühle erhalten wird. Die alte orientalische Bauweise ist noch heute zweckmäßig, nicht was die Ökonomie, aber was die Wohnbequemlichkeit betrifft.

Bei unserem Erholungsbummel zeigt mir Rima jedoch ein altes usbekisches Bauwerk, das nicht einmal ein Minimum an Wohnkomfort bietet: die Medresse Mir-i-Arab. Dort arbeitet der alte Hausmeister, der Rima einen Bräutigam suchen will. Aber nicht deshalb wäre die Medresse interessant, lächelt Rima, sondern weil sie heute die einzige Schule für islamische Geistliche im sowjetischen Orient ist.

Rima erzählt, daß noch im 19. Jahrhundert Ungläubigen, die nach Buchara kamen, von den islamischen Henkern der Kopf abgeschlagen wurde. Selbst der russische Botschafter wohnte vorsichtshalber nicht in der Emirmetropole, sondern residierte und intrigierte vor der Stadt, in Kagan. Was allerdings passiert wäre, wenn es ein Ungläubiger gewagt hätte, eine Moschee oder Medresse in Buchara zu betreten, darüber schweigen selbst die phantasiereichsten Märchenerzähler aus „Tausendundeiner Nacht". Heute studieren in der Koranschule Mir-i-Arab (von 1921 bis 1941 war sie von den sowjetischen Behörden als Antwort auf die konterrevolutionären Aktionen islamischer Fanatiker geschlossen worden) fünfzig Absolventen sowjetischer Mittelschulen und 350 Fernstudenten. In sieben Jahren lernen sie hier die Suren des Korans auswendig, üben sich in islamischer Rechtsprechung, interpretieren die verschiedenen Koranauslegungen, sprechen türkisch, arabisch, persisch...

Als wir das Gebäude betreten, schaue ich überrascht auf die an den Wänden hängenden Fotos: Alte Usbeken schöpfen das erste Wasser des neuen Kanals mit der hohlen Hand, kosten, als sei es ein Geschenk Allahs. Rima bestätigt mir, daß es nach den arabischen Überlieferungen des Islams bei Todesstrafe verboten war, Lebewesen, einschließlich der Menschen, abzubilden, denn dadurch würde die Seele des Porträtierten aus seinem Körper entfliehen.

Andere Details, die den Unterschied zu den Koranschulen früherer Zeiten deutlich machen, entdecke ich nicht. Der viereckige, von allen Seiten umschlossene Hof ist ungepflastert und baumlos. Niedrige dicke Holztüren vor den Unterkünften der Studenten. Ich bücke mich, um in einen der kerkerzellengleichen Räume zu gelangen. Kein steinerner Fußboden, nur gestampfter Lehm, fensterlose Dunkelheit. In die Mauern sind Nischen eingehauen, dort stehen Bücher, Tassen und Teller. Ganz hinten an der Wand erkenne ich drei übereinanderstehende Betten. Absolute Einfachheit, wie sie der Koran seinen Verkündern abverlangt.

Rima nickt: „Ja, hier wohnen die Studenten sieben Jahre lang." Leider treffen wir keinen.

Der Hausmeister, der Rima mit „mein Töchterchen" begrüßte und uns durch die Medresse begleitet, erklärt mir, daß die Studenten zur Zeit in einer Kolchose bei der Baumwollernte helfen.

Und wo sind die Lehrer? frage ich.

„Die verhandeln heute im Stadtsowjet, damit die Koranschule einen kommunistischen Lehrer erhält."

Ich muß sehr dumm dreinschauen, denn Rima ergänzt sofort: „Die Koranschüler studieren auch den Marxismus-Leninismus. Diese Philosophie kann ihnen jedoch kein mohammedanischer Mulla, sondern nur ein Marxist beibringen. Deshalb bittet die geistliche Verwaltung den Sowjet um einen erfahrenen Lehrer. Manchmal ist es sogar ein Mitglied der KPdSU, das die künftigen mohammedanischen Prediger unterrichtet."

Rima bleibt noch auf einen Schwatz beim Hausmeister, und ich versuche inzwischen, doch noch ein orientalisches Lehmhäuschen zu besichtigen.

Ich lege mir keinen Schlachtplan zurecht, gehe einfach in die Richtung der alten Stadt und warte, daß so etwas wie ein Wunder geschieht. Doch für Wunder waren die Geister der Samanidenherrscher zuständig, ihr Zettelorakel funktioniert heute nicht mehr. Vielleicht klappt es mit dem Überraschungseffekt? Ich bücke mich und klinke an einer Tür in der weißen Duwalmauer. Verschlossen. Die nächste ist offen, aber kaum stehe ich am Eingang zum laubüberdachten Hof, kommen zwei Usbeken aus dem Innern und fragen, was ich wolle. Ich sage, daß ich ein Tourist aus der DDR bin und ihr Haus anschauen möchte. Sie schicken mich sanft, aber bestimmt wieder hinaus. Einer der zwei sagt: Hier ist doch kein Museum. Dann dreht sich hinter mir der Schlüssel im Schloß.

Resignierend gehe ich weiter, lese die Namen der Gassen: Gogol. Lermontow. An einer Eckmauer – wie halten die Schilder bloß an den Lehmwänden? – entziffere ich mit Mühe Uliza Nekrassowa. Ein paar Schritte weiter finde ich über einer Tür auch so etwas wie eine Nummer des Hauses, das hinter der unüberschaubaren Mauer steht. Nummer 10. Plötzlich habe ich eine Idee, reiße einen Zettel aus meinem Notizblock heraus und schreibe auf russisch:

U.SSR
gorod Buchara
uliza Nekrassowa 10.

Und dazu erfinde ich irgendeinen russischen Mädchennamen:

Belowa Natascha.

Mit dem Zettel in der Hand öffne ich die Tür zum Hof des Hauses. Die erste Reaktion gleicht der, die ich schon erlebt habe: ablehnende Mienen. Ich zeige den Zettel mit Namen, Straße und Hausnummer und erkläre: Das Mädchen Natascha, das mir seine Adresse gab, hätte ich in Berlin beim Jugendfestival getroffen.

„Sie sagte, wenn ich je nach Buchara käme, solle ich sie unbedingt besuchen." Nun, hier sei ich, hätte zwar zwei Stunden gesucht, aber jetzt wäre ich doch richtig in der *Uliza Nekrassowa 10?*

Bejahendes Nicken. Aber – sie lassen sich die Adresse geben – eine Belowa Natascha gäbe es hier nicht. Mit meinem Einwand, vielleicht sei es eine Studentin, die nur zur Untermiete im Hause wohnte, inzwischen fertiggeworden und wieder weggezogen sei, versuche ich, ihr Interesse zu vergrößern.

Nein, eine Studentin hätten sie nie gehabt.

Unsere Runde wird größer. Nachbarn werden herbeigerufen, Kinder umstehen den Kreis. Ein alter Mann stellt fest, daß der Name auf meinem Zettel kein usbekischer, sondern ein russischer sei.

„Nebenan wohnt eine junge russische Frau", erinnert eine Großmutter. Und nun funktioniert die alte usbekische Gastfreundschaft, wie sie in unseren kälteren Breiten nicht vorstellbar ist. Dutzendweise werden mir die Türen in den vordem uneinnehmbar scheinenden Duwalmauern geöffnet. Ich betrete einen alten orientalischen Hof nach dem anderen. Und überall erhalte ich gute Ratschläge. Nackte Kinder werden als Kundschafter vorausgeschickt, alte Frauen in Unterröcken erheben sich von ihren schattigen Liegen und reden sich die Köpfe heiß. Erst im sechsten oder siebenten Haus, inzwischen die *Uliza Nekrassowa 15,* gestehen die zu Tode betrübten Usbeken: „Wir können Ihnen nicht helfen, es muß eine falsche Adresse sein, bestimmt hat sich das Mädchen beim Straßennamen verschrieben." Und dann bitten sie mich, mit in ein Haus zu kommen. Es wäre eine Ehre für sie, wenn ich ihr Gast sei. Ich bedanke mich, die Hände auf meinem Herz zusammengelegt, mit tiefen Verbeugungen. Wir gehen durch den Hof. Die Augen registrieren zuerst hocherfreut das wohltuende Grün. Auf gedrechselten Säulen ruht ein Vordach, und Kletterpflanzen verwandeln das Gerüst in ein grünes schattiges Zelt vor dem eigentlichen Haus. Blumen. Bäume. Wasserbecken.

Anscheinend wohnen die Menschen hier mehr im Hof als drinnen in den Räumen, denn zwei Stahlbetten ohne Matratzen stehen unter den Bäumen. Auf einem liegt eine weißhaarige alte Frau, sie erhebt sich, begrüßt mich, legt sich dann wieder hin. Auch Bänke, Töpfe, Schüsseln, Kinderspielzeug – alles befindet sich unter dem freien Himmel. Der Hausherr bittet mich, im Schatten Platz zu nehmen, die Frau bringt in Scheiben geschnittene Melonen, die Kinder Weintrauben. Und während ich esse, begreife ich die Funktion des schattigen Hofes: Hier waschen, hier essen, schlafen und spielen die Leute. Die Duwalmauer aus Lehm schützt das Familienleben vor den Blicken der Nachbarn und der Passanten. Dann werde ich ins Haus geführt. Innen ist es erfrischend kühl. „Lehm eignet sich hier besser zum Häuserbauen als Beton", sagt der Mann. Er erläutert mir auch gleich das physikalische Prinzip: „Der poröse Lehm saugt die Luftfeuchtigkeit der Nacht ein. Am Tag verdunstet das gespeicherte Naß, und dabei kühlen sich die Mauern ab. Deshalb bewahren wir das Wasser auch in Lehmkrügen auf. Es ist immer bis zu acht Grad kälter als die Außentemperatur. In einem Betongefäß dagegen wäre es bestimmt noch wärmer als die Luft."

Die Frau, die kleinen Kinder und der Mann begleiten mich dann in ihr großes Wohnzimmer. Und nun, Augen erfreut euch! Rot, Schwarz, Blau und Gelb, zu kunstvollen Ornamenten verwoben, schmücken den Fußboden. Auch an den Wänden hängen bunte orientalische Teppiche. Keine Möbel verdecken die Farben und Ornamente, das Geschirr steht in bogenförmigen Mauernischen. Wir hocken im Schneidersitz auf dem Boden. Die Frau bringt Tee in henkellosen Schalen. Sie sind nur mit drei oder vier Schluck gefüllt. Dann stellt der stolze Vater seine Töchter vor. Sie arbeiten beide als Laborantinnen. Nach einer halben Stunde Schüchternheit probieren sie, ob ihr Augenaufschlag auch wirkt. Er wirkt. Der Vater sieht es und lächelt. Die Mutter sieht es und wird verlegen. Ich frage die Eltern, ob sie lieber in ein komfortables Neubauviertel ziehen möchten. Nein, sagen sie, dort kann man nur wohnen, aber hier kann man auch leben. Und die Töchter? Eine möchte nicht weg. Die andere schon, aber nur, wenn die Eltern und Großeltern mitkämen.

Später erzählt der Vater, daß er von 1945 bis 1950 als Soldat in der DDR gewesen sei. Die Frau hat in der Schule ein paar Worte Deutsch gelernt. Sie ist ausgelassen und stolz, als sie fehlerlos bis zwanzig zählt.

Ich fühle mich wohl bei ihnen.

Vorsichtig frage ich den Hausherrn nach den Touristen und den verschlossenen Türen. Er sagt: „Manchmal kommen wir uns vor wie seltene Tiere im zoologischen Garten..." Weiter reden wir nicht darüber.

Die eine Tochter ist schon verheiratet, ihr Mann arbeitet in Wladiwostok. Sie geht in ihr Zimmer und holt einen Miniaturobelisken der fernöstlichen Hafenstadt, wickelt ihn in Zeitungspapier und drückt mir das Päckchen in die Hand. Als wir uns verabschieden, umarmen und küssen wir uns alle. Dann schreiben sie mir eigenhändig auf einen Zettel:

U.SSR
gorod Buchara
uliza Nekrassowa 15
Muminowa Matlah Faisijewna.

Denn wenn ich wieder nach Buchara käme, solle ich sie unbedingt besuchen. Und damit die Adresse auch stimme, hätten sie es selbst aufgeschrieben.

Als ich aus dem schattigen Hof des alten usbekischen Hauses hinaustrete auf die Gasse, schließe ich vor der gleißenden Helle des mittelasiatischen Nachmittags sekundenlang die Augen.

Auf dem Rückweg haste ich nicht im mitteleuropäischen Tempo, sondern bummle im orientalischen beschaulichen Schrittmaß. Nur unter einer alten Handelskuppel, wo sich die Straßen der Altstadt kreuzen, treibt ein Milizionär zur Eile. Feuerwehren heulen wie Ozeandampfer, um ihre Durchfahrt zu erzwingen. Ich erfahre, daß in der Nähe der Dachstuhl einer Schule brennt. Aber neben der Handelskuppel sitzen ein Tischler und ein Töpfer und bieten unberührt vom Geschehen himmelblaue Kinderwiegen und rotbraune Terrakottavasen an.

Ich spaziere bis zum Stadtrand. Die hausgroßen Baumwollhaufen sind immer noch mit Zeltplanen zugedeckt. Ich glaube nicht mehr an den Sandsturm, schließlich ist er schon seit zwei Tagen überfällig. Ein Lagerarbeiter, den ich neben der Baumwolle entdecke und nach dem Sturm frage, sagt: Er kommt bald! Er sei Hirte gewesen und schmecke und rieche jeden Sturm schon tagelang vorher. Das habe er von seinem Vater gelernt, dieser wiederum von seinem Großvater und so weiter. Das ist eine alte Weisheit der usbekischen Hirten, sagt er. Ich muß trotzdem lächeln.

Auch der nächste Morgen begrüßt mich wieder mit himmelblauen Augen und sonnenheißem Atem. Kaum ein Lüftchen weht. Die Blumen in der Stadt scheinen ihre ganze Tageswasserration schon getrunken zu haben, denn sie senken die Köpfe. Ich beginne, den Koffer zu packen. Noch drei Stunden bis zum Start der Maschine. Während ich meine Filme, Notizbücher und durchgeschwitzten Hemden verstaue, habe ich auf einmal den nicht zu unterdrückenden Wunsch, noch irgendjemandem hier eine Blume zu schenken. Menita, Gusal, Rima oder den Töchtern in der Uliza Nekrassowa 15. Ich war nur drei Tage in der Stadt, aber mir fällt der Abschied schwer wie von Freunden, mit denen ich jahrelang zusammengelebt habe.

Den nächsten Blumenladen finde ich bestimmt in der Neustadt. Ich renne am Haus vorbei, das sich die Usbeken seit meiner Ankunft zusammenzimmern. Es steht. Sie beginnen, das Dach abzudichten. Die Kinder pflanzen schon Bäume im Hof. Einer der Männer setzt Fenster ein. Große. Unvergitterte. Und in Richtung Straßenseite.

Im neuen Viertel finde ich keinen Blumenladen. Eine Frau sagt mir, ich müsse zurück in die Altstadt. Aber als ich schon umdrehen will, sehe ich vor einem neuen fünfstöckigen Haus zehn oder zwanzig Leute, die, unterstützt von einem Milizionär, auf einen mit gesenktem Kopf dastehenden Usbeken einreden. Als ich frage, was denn passiert sei, schicken sie mich die Treppen des nagelneuen Hauses hinauf. Im dritten Stock stehen viele Menschen vor einer Wohnungstür und diskutieren. Ich schaue mir die Wohnung an. Der Größe nach ähnelt sie denen in unseren Neubauvierteln. Aber an den Wänden hängen Teppiche, und im größten Zimmer stehen keine Möbel. Dafür liegen Teppiche und Kissen auf dem Fußboden. Nischen wie in den usbekischen Häuschen gibt es keine. Deshalb haben die Bewohner Bretter angenagelt, auf denen ihr Geschirr steht. An der hinteren Wand des Zimmers liegt ein großer Schutthaufen. Und nun verstehe ich auch die Aufregung: Eine Mauer wurde herausgebrochen.

„Er wollte sich wieder einen großen Raum bauen", erklären mir die Leute. „Damit alle Mitglieder seiner Familie, die Kinder, Eltern, Großeltern und auch die Gäste in einem Zimmer gemeinsam Platz haben. Und auf dem Boden sitzend ihren Tee trinken, essen und schwatzen können – wie früher in ihrem usbekischen Lehmhäuschen."

Es ist spät geworden. Ich spurte bis zur Altstadt. Hier sitzen die Blumenverkäufer auf der Straße und streiten sich um die Kunden. Ich kaufe eine taufrische Rose. Aber in der Eile ist weder Menita noch Rima oder ihre Mutter zu finden. Vor dem Flughafen sitzt ein junges Mädchen und verkauft winzige Tonväschen. Sie hat knöchellange Pluderhosen an. (Das ist eine der vielen praktischen orientalischen Traditionen, die von den Usbeken bewahrt werden, denn in Pluderhosen läßt es sich allemal bequemer auf dem Teppich sitzen als im engen Rock.) Ihr schenke ich die Rose.

Eine Stunde später fliege ich nach Taschkent. Der Sandsturm ist trotz Hirtenvoraussage nicht gekommen. Die alten orientalischen Weisheiten stimmen nicht mehr, denke ich, und schaue auf die endlose Wüste unter mir.

Nach der Landung in Taschkent höre ich aus dem Lautsprecher: Buchara wird auf unbestimmte Zeit wegen eines Sandsturms nicht angeflogen.

Notizen zur Geschichte

Nach dem ersten Weltkrieg kündigte der Emir von Buchara, Said Alimchan, den Protektoratsvertrag mit Rußland. Er führte die durch russischen Einspruch verbotene Todesstrafe – Herabstürzen vom Minarett – für alle Gegner und Ungläubigen wieder ein und vergrößerte sein Heer auf 30000 Mann. Als in Taschkent und anderen usbekischen Städten die Arbeiter nach der Oktoberrevolution die Sowjetmacht errichteten, verwandelte Said Alimchan sein Emirat in ein großes Gefängnis. Die Köpfe der Bauern, Nomaden und Handwerker von Buchara rollten bei dem geringsten Verdacht, mit den Ungläubigen zu sympathisieren oder sich für das Lesen und Schreiben zu interessieren. In der usbekischen Sprache gab es damals noch nicht einmal Worte für Streik, Proletariat, Klassenkampf, geschweige denn in der „heiligsten Stadt" Turkestans erfahrene Revolutionäre. Allein Faisullah Khodscha hatte eine Gruppe von Jungbucharanern um sich geschart. Sie wollten den Emir zu Reformen bewegen – ohne Erfolg. Der Führer der bürgerlich nationalen Vereinigung bat in Taschkent den Vorsitzenden des Rates der Volkskommissare um militärische Hilfe, denn – so versicherte Faisullah – in Buchara ständen 30000 Revolutionäre bereit, den Emir zu verjagen. Doch als Kolessow mit 2000 Mann von Taschkent aus den „Revolutionären" in Buchara zu Hilfe kommen wollte, rührte sich dort keine Hand. Der Emir rief statt dessen alle Untertanen zum „Heiligen Krieg" auf, und Kolessow mußte sich zurückziehen. Die Soldaten des Emirs zerstörten russische Siedlungen, sprengten die Eisenbahn, und auf Geheiß Said Alimchans wurden alle hingerichtet, die Knöpfe am Hemd hatten, kurze Jacken oder lange Schnurrbärte trugen, sich den Bart rasierten oder durch andere „Beweise" der Rebellion gegen den Islam und den Allmächtigen „überführt werden konnten".

Kolessow holte sich daraufhin Verstärkung und erschien wieder vor den Toren von Buchara. Dieses Mal vertraute der Emir weder Allah noch seinen Alliierten aus England. Er handelte schleunigst einen Waffenstillstand aus, versprach Reformen, wollte die zerstörte Eisenbahn reparieren lassen und sowjetische Wachposten an dem strategisch wichtigen transkaspischen Schienenstrang dulden. Zur gleichen Zeit aber versuchte er, in aller Eile seine Position zu stärken, druckte massenweise Papiergeld, um die Soldaten zu bezahlen, und holte sich von Afghanistan die ungläubigen Engländer als kleineres Übel ins Emirat, ließ sie von Lustknaben und Haremsdamen verwöhnen, um als Gegenleistungen Waffen und Berater zu erhalten. Vermutlich hätten es die Briten aber auch ohne erotische Sonderbehandlung getan, denn sie hofften nun endlich mit Hilfe des Emirs ganz Mittelasien besetzen zu können.

Anfang 1919 schickten sie 13000 Karabiner und 100 englische Militärinstrukteure nach Buchara, und im April 1919 brachte eine Karawane mit 600 Kamelen noch einmal

20000 Gewehre für des Emirs Soldaten. Die militärischen Aktionen der zum „Heiligen Krieg" angetretenen unheiligen Engländer, der aufgeputschten Mohammedaner und zwangsverpflichteten Rekruten waren jedoch deprimierend. Die erste von einem englischen Offizier geleitete Großoffensive auf die sowjetische Garnison von Kerki wurde zurückgeschlagen. Der Emir nutzte das Debakel, um von den Engländern weitere Waffen zu fordern. Die errichteten dann auch in Buchara zwei kleine Munitonsfabriken, in denen 2000 österreichische Kriegsgefangene Patronen herstellten.

Im April 1920 versuchte der sowjetische Oberst Frunse noch einmal, den Emir zu Kompromissen gegenüber den sowjetischen Nachbarn und dem eigenen geknechteten Volk zu bewegen. Auch er hatte keinen Erfolg. Andere rotgardistische Parlamentäre ließ der allerhöchste Herrscher in die allertiefsten, mit Salzlake gefüllten Verliese werfen, wo ihnen das Wasser langsam das Fleisch von den Knochen fraß.

1920 schloß der Emir ein Kriegsbündnis mit Afghanistan und holte sich zur ideologischen Vorbereitung seiner Untertanen 300 besonders reaktionäre islamische Hohepriester aus dem Ferganatal. Er wollte so schnell wie möglich mit 50000 Soldaten und englischen Offizieren ganz Turkestan vom Kommunismus befreien. Inzwischen aber hatte die 1919 illegal in Buchara gegründete Kommunistische Partei geschafft, was den Jungbucharanern als Fata Morgana vorgeschwebt hatte: die Unzufriedenen im Emirat – und das waren viele – zu mobilisieren. Und als sich gleichzeitig die ärmsten der armen Mohammedaner gegen den Allermächtigsten erhoben und die Rote Armee Said Alimchans Truppen konzentriert angriff, war der Krieg in wenigen Tagen zu Ende. Der Emir kapitulierte im Herbst 1920 und setzte sich ein halbes Jahr später mit Sack und Pack, edelsteinbeladenen Elefanten, Lustknaben und Haremsdamen, den wertvollsten Karakul-Schafherden, Steuereinziehern, Mullas und Henkern nach Afghanistan ab.

1920 wird die unabhängige Volksrepublik Buchara gegründet. Sie erhält eine eigene Verfassung, prägt neues Geld, schafft demokratische Gesetze und entwickelt eine landestypische Schrift.

Der erste sowjetische Botschafter, der sich in Buchara akkreditieren ließ, heißt Walerian Wladimirowitsch Kuibyschew.

Taschkent

oder

Spaziergänge in einer wiedergeborenen Stadt

Vier Tage bummelte, interviewte, aß, recherchierte und schlief ich in Taschkent.

Nun fahre ich zum letztenmal, und zwar in Richtung Flugplatz, durch die usbekische Hauptstadt. Als wir unterwegs ein aus allen Schloten räucherndes Chemiewerk sehen, erhalte ich vom unermüdlichen Dolmetscher Anatoli auch die letzte Information: ,,Das reißen wir ab und stellen es am Rande der Stadt wieder auf.“

Im Flughafengebäude angekommen, wird Anatoli unruhig, rennt von einem Servicestand zum anderen, blättert gedankenlos in den Tageszeitungen und kann sich, wie immer, nicht damit abfinden, daß wir Zeit vertrödeln. Wir sind eine Stunde früher zum Aeroport gefahren, denn ich habe hier noch ein Rendezvous. Verabredet bin ich mit Maksuda Wernina. Sie ist dreiundachtzig Jahre alt, hat sechs eigene Kinder und später noch die fünf ihres Sohnes Chandor und seiner Frau Vera großgezogen. ,,Ein Enkel, er heißt Schuchrat, mein Ruhm, dient zur Zeit in der DDR“, erzählte Maksuda Wernina, als wir uns in Taschkent zufällig trafen. Sie bat mich, eine Kleinigkeit für Schuchrat mitzunehmen, denn er wäre schon zwei Jahre nicht zu Hause gewesen. ,,Seine Kaserne steht in der Nähe von Berlin, im Gebiet Erfurt“, versicherte die Babuschka.

Das Päckchen wollte sie mir zum Flughafen bringen. Während sie mir von ihrem Enkel berichtete, wischte sie sich mit dem Handrücken die Tränen aus den Augen und schneuzte sich vor Aufregung die Nase in ihr gehäkeltes schwarzes Kopftuch. ,,Ihn hat zu Hause ein großes Unglück betroffen, aber er weiß noch nichts davon...“

Ich sitze neben der Eingangstür des Wartesaales, damit Maksuda Wernina nicht erst suchen muß. Anatoli liest unaufmerksam in Zeitschriften, dann redet er über das Wetter und schaut sich dabei um, als werde er von der Miliz gehetzt. Schließlich kontrolliert er jede halbe Minute den Sekundenzeiger seiner Uhr. Ich will ihn von der pflichtmäßigen Warterei befreien, aber er beteuert, daß er unendlich viel Zeit habe. Erst als ich, wie bei meiner ersten Reise ins Kinderferienlager alle Abfahrts- und Ankunftszeiten sowie verschiedene Verhaltensregeln nachgeplappert habe, entschließt er sich, ,,vielleicht mit dem nächsten Bus“ in die Stadt zurückzufahren. Anatoli verspricht noch, falls er, vielleicht schon im Winter, in die DDR kommt, bei mir vorbeizuschauen. Dann hat er es sehr eilig, winkt an der Tür noch einmal und ist weg. Ich lächle bei dem Gedanken, mit welcher Schnelligkeit er jetzt in das erstbeste Taxi einsteigen, zum Hotel fahren und sich arbeitswütig auf den nächsten Touristen „stürzen“ wird.

Anatoli begleitete mich vier Tage in Taschkent.

Er trägt eine Brille, hat flachsblondes, sorgfältig gescheiteltes Haar und läuft in zu weiten, an seinen Beinen ständig schlackernden Hosen herum.

Als ich ihm sagte, daß ich gern das Textilwerk und das einzige Kombinat für Baumwollvollerntemaschinen in der UdSSR besuchen würde, lächelte er: Nun, es sei besser, wenn wir nicht erst mit den Institutionen verhandelten. Er werde selbst die Betriebe anrufen. Nach einer Stunde kam er verschwitzt aus dem Büro und erklärte stolz: Alles in Ordnung!

Anatoli ist Parteimitglied. Auch das beschäftigt ihn: „Im vorigen Jahr bekamen wir Intourist-Mitarbeiter den Auftrag, in einem Kolchos bei der Weinlese zu helfen. Dabei hatten wir hier genug Arbeit mit den Touristen. Aber die Verbindung zu den Kolchosbauern sei wichtig für die Städter, sagte die übergeordnete Leitung, und außerdem mußten alle Parteiorganisationen melden, wie sie die Landwirtschaft unterstützen. Wir fuhren. Die Kolchosbauern hatten zwar Unterkunft und Essen vorbereitet, doch so richtig glücklich waren sie über unsere Hilfe nicht. Später sagten sie: ‚Wir brauchen gar niemanden, wir kommen gut und gerne alleine zurecht. Aber weil es sonst heißen würde, unser Kolchos hätte kein gutes Verhältnis zur Stadt, laden wir euch trotzdem ein.‘

Darüber haben wir anschließend in der Parteigruppe hart und ehrlich diskutiert.“

Anatolis Lieblingswort ist: Ein Kommunist muß weltoffen sein. Er dolmetschte beim X. Festival der Jugend in Berlin. Es war so, sagte er, und zeigte mit dem Daumen nach oben.

Als wir die Unionsausstellung in Taschkent besichtigten, hatten wir, wie immer, wenn Anatoli dabei war, kaum Zeit. Die Führung hastete mit uns durch die Räume. In einer Abteilung stand das Modell einer automatischen Sortieranlage für Seidenraupenkokons. Anatoli wollte es einschalten, doch es funktionierte nicht. Da begann der ehemalige Dreher, das Aggregat auseinanderzunehmen und wieder zusammenzusetzen, bis es endlich richtig lief. Das dauerte etwa zwanzig Minuten, und danach war unsere Besuchszeit um.

Übrigens wollte sich Anatoli während meines Aufenthaltes in Taschkent eigentlich krank schreiben lassen, denn er hatte einen entsetzlichen Schnupfen. Kein Wunder bei dieser Hundekälte, jammerte er: mittags 40 und nachts nur 15 Grad.

Fast alle in der Familie des Anatoli waren oder sind Geologen. Der Großvater entdeckte im Ferganatal Minerale. Aber keiner kümmerte sich um die Vorkommen. Der Vater suchte im gleichen Tal weiter. Seine Funde wurden schließlich industriell genutzt. Inzwischen klettert nun der Sohn, Anatolis Bruder, im Pamir herum und sucht Bodenschätze. „Seine Lebensweisheit ist“, sagt Anatoli, „über Berge gehen nur Berge.“ Anatoli dagegen meint: ,,Nichts geht über einen Dolmetscher, er muß tausend Berufe haben: Gesellschaftswissenschaftler, Geologe, Geburtshelfer...“

Vielleicht hat er deshalb nie Zeit, der Anatoli.

Ich sitze allein im Wartesaal. Von der Babuschka ist noch nichts zu sehen; gelangweilt blättere ich in einem bunten Informationsprospekt über Taschkent. Usbekische Mädchen in regenbogenbunten Kleidern pflücken pralle Weintrauben, tanzen auf einer Bergwiese vor der blutrot untergehenden Sonne, bieten lächelnd große runde Weizenfladen an. Unter den Fotos steht: ,,Willkommen in Usbekistan!“ Ich war abends in der usbekischen Hauptstadt angekommen und setzte mich hungrig und durstig in das Hotelrestaurant. Es ist erfüllt von Parfümschwaden, Schaschlikdunst, Zigarettenrauch und dem ohrenbetäubenden Lärm der Tanzkapelle. Ich gehe zur Tür und schnappe vor dem Hotel nach frischer Luft. Als ich mich umdrehe und wieder zum Eingang trödle, fragt eine Frau, ob ich Ausländer sei. Kopfnicken. ,,Wollen Sie mich mit ins Restaurant nehmen?“ Ich bin verdutzt, suche nach einem Zeichen wie schlenkernde Handtasche oder an der Leine trippelnder Pudel. Nichts davon. Auch das Gesicht der Dame ist keineswegs verlebt oder durch Kosmetik aufpoliert. Ich werde unsicher. Sie hat rote, toupierte Haare, blaue Augen, einen sinnlichen Mund und eine ziemlich runde Figur. Kaum mein Typ. Ich schüttele den Kopf, sage, daß ich nicht ins Restaurant möchte und setze mich dann vor das Hotel. Noch drei Männer spricht sie vergebens an. Erst zwei ältere Herren haken sie unter und nehmen sie mit zu ihrem Tisch.

Als ich Anatoli davon erzähle, lächelt er über meine mitteleuropäischen Vermutungen und sagt dann sehr ernst: ,,Allein, ohne Mann, wird hier keine Frau in das Tanzlokal eingelassen.“

Maksuda Wernina ist immer noch nicht auf dem Flugplatz. Ich überlege, weshalb sie sich verspätet. Sollte ihr jemand abgeraten haben, den Fremden zu belästigen? Oder ist der Kuchen noch nicht fertig, den sie ihrem Enkel mitschicken will? Einen Kuchen bringt sie bestimmt, denke ich, und vielleicht usbekischen, süß-klebrigen Dessertwein. Wahrscheinlich wird sie jetzt unruhig auf den Trolleybus warten, den noch warmen zerbrechlichen Kuchen sorgsam in beiden Händen halten und sehr aufgeregt sein, viel zu aufgeregt, als es für ihr hohes Alter gut ist.

Den ersten Kuchen ihres Lebens aß Maksuda, als sie dreizehn war: ihren Hochzeitskuchen. ,,Meinen Bräutigam kannte ich nicht. Er schickte seinen Vater und den Priester zu meinem Onkel, bei dem ich lebte, sie handelten den Kalym, den Kaufpreis, für mich aus: zwei Hammel, fünf Pud Reis, eine Kuh, einen Teppich und ein Kleid. Außerdem versprach der Vater des Bräutigams, meine Brüder, die sich keine Frau leisten konnten, als Batschas, Lustknaben, zu kaufen. Erst während der Hochzeit sah ich meinen Mann, er war schon alt und dick. Nach drei Tagen nahm er mich mit in sein Haus. Er war Kaufmann und besaß noch acht andere Frauen. Als er mich berührt hatte, weinte ich Tag und Nacht, flehte Allah um seine Hilfe an. Doch vor dem Itschkari, dem Frauenhaus, endet wohl auch die Macht des Allmächtigen. Erst 1923, damals war ich 31 Jahre alt, schickte mir Allah ein Zeichen. Eine Freundin aus meinem Dorf kam zu Besuch. Sie erzählte, daß ein neuer Emir – er nenne sich Sowjet – regiere. Er habe erlaubt, daß die Frauen den Pferdehaarschleier ablegen dürfen und sich von ihren Männern trennen können. Acht Monate später lief ich meinem inzwischen schon vierundfünfzigjährigen Gebieter davon..."

Dafür wurde Maksuda Wernina vor Gericht gestellt. Die Kadis, islamische Richter, sprachen, weil sie ihren Mann verlassen und den Schleier abgelegt hatte, eine hohe Strafe aus. Allerdings erlaubten die neuen Staatsorgane der Kasi, dem religiösen Gerichtshof der Mohammedaner, nur noch Urteile bis zu sechs Monaten Haft. Also wurde Maksudas Strafe vom Kadi notgedrungen in ein halbes Jahr Gefängnis umgewandelt. Die mohammedanischen Religionsgerichte besaßen, seit die Sowjets regierten, keine Gefängnisse mehr. Und deshalb mußte Maksuda das von einem islamischen Gericht gefällte ungerechte Urteil in einem von den usbekischen Sowjets verwalteten Gefängnis absitzen. So weit ging damals noch der Kompromiß mit der islamischen Geistlichkeit.

Das war 1923 in Taschkent.

1975 hörte ich hier von einem anderen Gerichtsurteil.

Zwei junge Männer – dem Aussehen nach ein Usbeke und ein Russe – sitzen an einem Tisch im Parkrestaurant, trinken weißen Wein, essen Fladen und reden sehr laut:

Der Usbeke: Sie haben den Maxim zu fünf Jahren verurteilt.

Der Russe: Das ist ein bißchen viel.

Der Usbeke: Konnten sie ihm alles nachweisen?

Der Russe: Natürlich, die fünf Mädchen, die er geheiratet hatte, mußten als Zeuginnen erscheinen.

Der Usbeke: Wieviel verlangte er für eine Eheschließung?

Der Russe: Zwischen zwei- und dreitausend Rubel, je nachdem, was die Mädchen aufbringen konnten.

Der Usbeke: Und merkte niemand etwas, wenn er sich nach einer Woche wieder scheiden ließ und 14 Tage später die nächste heiratete?

Der Russe: Er wird mit einem von der Verwaltung, der ihm Stempel und Unterschrift besorgte, halbe-halbe gemacht haben.

Der Usbeke: Und die Mädchen zahlten immer?

Der Russe: Ihnen blieb nichts anderes übrig. Wenn sie nach Taschkent ziehen wollten, mußten sie einen Mann aus Taschkent heiraten.

Der Usbeke: Was passierte mit den Mädchen?

Der Russe: Ihnen wurde die Zuzugsgenehmigung wieder abgenommen.

Nach der zweiten Flasche Wein fangen die zwei an, Witze zu erzählen: „Also, eines Tages kommt der Emir wieder ins sowjetische Usbekistan zurück und will Frauen für seinen Harem kaufen. Er erkundigt sich nach den Preisen. Eine Frau mit Hochschulbildung kostet tausend Rubel, sagt man ihm. Und eine ohne Hochschulbildung? fragt er. Hunderttausend Rubel..."

Am nächsten Tag erkundige ich mich bei Pjotr Koroljow, dem Intouristbüro-Juristen nach dem ,,Heiratsschwindler"-Urteil. Er weiß nichts Genaues. Allerdings stimme es, daß zur Zeit nicht einmal Bürger mit Diplom eine Zuzugsgenehmigung in die usbekische Hauptstadt erhalten. Taschkent sei so schnell gewachsen, daß die Behörden eine weitere Vergrößerung durch solche Reglementierungen in vertretbaren Grenzen halten müssen. Aber weil viele junge Leute gern in Taschkent leben möchten, sei es möglich, daß Mädchen, wenn ihnen ihr Facharbeiterbrief oder das Hochschulzeugnis nicht die Tore zur Stadt öffnen, einen Mann nicht aus Liebe heiraten, sondern weil er in Taschkent wohnt.

Ich frage Pjotr nach seinem letzten Fall. Außer Streitigkeiten mit Hühnerlieferanten, die spindeldürre Viecher ans Hotel verkauften, sei nichts gewesen; vor kurzem eine verhinderte Scheidungsklage, erinnert er sich. Die Frau eines Intourist-Busfahrers habe ihn aufgesucht, weil ihr Mann keine Nacht vor ein Uhr zu Hause gewesen wäre. ,,Bestimmt hat er eine Freundin, vielleicht auch zwei. Aber für seine Vielweiberei bin ich mir zu schade, ich werde die Scheidung beantragen."

Zwischenbemerkung des Juristen: Die Zahl der Frauen, die die Scheidung einreichen, steigt im Verhältnis zu der Zahl der männlichen Antragsteller. Die häufigsten Scheidungsgründe sind: Alkoholismus, Paschaverhalten der Männer, mangelndes sexuelles Verständnis.

Anhand des Fahrtenbuches kontrollierte der Jurist die Nachtschichten des Mannes. Er hatte wirklich gearbeitet. ,,Die Frau verzichtete auf ihre Scheidungsklage, drohte aber im selben Atemzug, daß sie den Betrieb anzeigen werde, wenn ihr Mann künftig nicht pünktlich nach Hause käme."

Babuschka Maksuda Wernina ist auch nicht pünktlich. Schon vor einer reichlichen halben Stunde wollte sie mit ihrem Paket hier auf dem Flugplatz sein. Ob sie irgendwo usbekischen Kognak besorgt? Hoffentlich, überlege ich, bäckt sie nicht noch Piroggen, denn die Fleischfüllung wird verderben, bis ich wieder in der DDR bin.

Ich schiele mit einem Auge immer zur Eingangstür und mit dem anderen lese ich weiter im Werbeprospekt: ,,*Fast die Hälfte aller in der gesellschaftlichen Produktion Tätigen sind in Usbekistan Frauen. Viele von ihnen arbeiten als Ingenieure, Techniker und sind bewährte Fachkräfte...*"

Maksuda Wernina hat fast ein halbes Leben lang als Weberin gearbeitet. Während des Krieges stand die damals schon Fünfzigjährige täglich zehn bis zwölf Stunden am Webstuhl. Sie webte wie alle im Werk Uniformstoffe. Als ihr einziger Sohn Chandor für drei Tage von der Front nach Hause kommen sollte, arbeitete Maksuda eine Woche lang sechzehn Stunden in der Fabrik. Dann lud sie die Nachbarn zur Feier ein. Als Chandor in das Haus eintrat, überschüttete ihn die Mutter mit Bonbons. Das ist eine alte usbekische Sitte. Sie soll dem Beschenkten Glück bringen. Nach drei Tagen fuhr

Chandor zurück. Maksuda hatte ihm Kuchen mitgegeben. Im Rucksack lag auch eine Tüte mit Bonbons. Ein Jahr später, im Frühjahr 1945, erhielten sie in Taschkent die Nachricht, daß er in der Nähe von Berlin gefallen sei. Und wieder ein Jahr danach starb seine Frau Vera. Maksuda nahm die Kinder – vier Töchter und Schuchrat. Sie dankte Allah, daß es vier Enkeltöchter waren und nur ein Enkelsohn. „Denn die Männer holt der Krieg zuerst", sagte sie. Die Großmutter arbeitete in einer kleinen Fabrik, bis die Enkel ihre eigenen Wege gingen. Damals war sie fast schon siebzig, und es fiel ihr schwer, die gerissenen dünnen Fäden zu knoten.

Ich besuchte mit Anatoli auch das größte Textilkombinat von Taschkent. Vor den Webstühlen sah ich viele Gesichter von alten Arbeiterinnen. Und ich glaubte, in jedem das der Babuschka Maksuda Wernina wiederzufinden.

Die Hallen des Werkes sind in einem Park zwischen hohen Bäumen versteckt. Auch das Pförtnerhäuschen, von Blumen und Stauden umgeben, ähnelt mehr dem Eingang zu einem Park als dem Tor zum Textilkombinat. Beim Pförtner wartet Tolstowa Anna Iwanowa, Chefingenieurin in der Technischen Lehrwerkstatt, auf uns. Sie war 1932 beim ersten Spatenstich zum neuen Textilkombinat dabei. Fahnenschwenkend zog die Dreizehnjährige mit anderen Schülern an die Peripherie der Stadt – heute fast das Zentrum Taschkents –, wo der Grundstein für das Werk gelegt wurde. Der Anmarsch war schwierig, denn in den Gassen der alten Stadt konnten sich nicht einmal zwei entgegenkommende Eselkarren aneinander vorbeiquetschen, geschweige denn ein transparentetragender Demonstrationszug und eine Kamelkarawane.

Anna Iwanowa lernte nach der Schule im Textilkombinat, dann studierte sie, wurde Schichtmeisterin und hat inzwischen über 30 Jahre im Betrieb gearbeitet.

Wir spazieren auf der Hauptstraße des Werkes, einer dichten Baumallee. Anna Iwanowa zeigt mir die im Grünen verborgenen Sozialgebäude der 14000 Textilarbeiter. Die Turnhalle. Die Milchbar. Die medizinische Kinderabteilung. Den Friseur. Die Diätspeisehalle. Den Fleisch- und Gemüsepavillon.

Am meisten beeindruckt mich im Kombinat die Weberei. In dem großen Saal stehen auch neue Maschinen. Aber viele Frauen arbeiten noch an vorsintflutlichen Webstühlen aus dem Jahre 1940. Die „Veteranen" lärmen wie schwere Maschinengewehre. In jeder Sekunde feuert jeder Webstuhl mehrere Schüsse ab. Hunderte Maschinen gleichzeitig. Sechzehn Stunden am Tag. Nach fünf Minuten halte ich mir die Ohren zu. Die Frauen nicken zur Begrüßung freundlich mit dem Kopf. Zu sagen ist nichts, denn ich höre nicht einmal das eigene Wort. Draußen frage ich eine der Weberinnen, wie sie diesen Höllenlärm aushält, ohne taub zu werden. Sie sagt mir: „Ich höre es sofort, sobald einer von den alten Webstühlen stillsteht. Nur wenn alle rattern und gesund sind, freue ich mich. Dann singe ich manchmal oder sage Gedichte auf – es hört ja niemand. Und eines Tages werden wir überall im Betrieb nur neue Maschinen haben."

Gleich, ob sie noch in Lehmhäusern wohnen oder schon in Neubaublocks, gleich, ob sie an alten Webstühlen stehen oder an neuen, sie arbeiten, wie sie sprechen, mit

Stolz und mit Würde. Ich bin sicher: Hätten diese Weberinnen alles, was sie je produzierten, nur für sich genutzt, dann gäbe es heute in Usbekistan kaum noch Lehmstraßen und auch keine veralteten Maschinen, keine Dörfer ohne Abwässerkanalisation mehr. Aber was wäre dann aus Vietnam geworden?

Anna Iwanowa zeigt mir jeden Winkel ihres Werkes. Unterwegs zu einem der fünf Speisesäle, in denen es, der Tradition entsprechend, zum Mittag immer Vorspeise, Suppe, Hauptgericht und Kompott gibt, begegnen wir einem alten Usbeken. Er brät auf dem Rost Kebab – zu Würstchen gerolltes Hackfleisch. Anna erklärt: „Und dahinter, ja, neben diesem Baum, das kleine Häuschen, ist unsere..." Und beim nächsten Wort verschlägt es mir fast die Sprache, „... unsere Tschaichana, Teestube." Habe ich recht gehört – eine in Usbekistan immer noch ausschließlich den Männern vorbehaltene Teestube in einem Frauenbetrieb? Das muß ich sehen.

Eine blätterumrankte Veranda, davor Samowar, Teekannen, henkellose Schalen. Die Teestube ist knüppeldicke voll. Zwar liegt man hier nicht auf Sofas, sondern sitzt, aber sonst... Nein, gar nichts ist wie sonst. Denn in der Tschaichana sitzen – Frauen. Sie sitzen. Schlürfen Tee. Und – schweigen? Nein, *sie* schwatzen.

Und Männer, frage ich, dürfen auch Männer in diese Tschaichana? Aber natürlich, sagt Anna Iwanowa. Wirklich, zwischen den bunten Kopftüchern entdecke ich zwei oder drei mit mandelförmigen Ornamenten bestickte Mützen der männlichen Textilarbeiter.

Ich bestaune die für mich sensationellste Teestube, die ich in Usbekistan sah.

Beim Abschied vom Betrieb zeigt mir Anna Iwanowa am Eingang zum Textilkombinat überlebensgroße Porträts von Frauen. „Das sind unsere besten Kolleginnen. Sie arbeiten jetzt schon ein Jahr vorfristig nach den Kennziffern des neuen Fünfjahrplanes."

Inzwischen hat sich der Saal im Flughafen merklich mit Wartenden gefüllt. Ich betrachte jeden einzeln, denn es wäre ja möglich, daß ich meine Babuschka an der Tür übersehen habe und sie mich nun hier sucht, um das Kuchen-Wein-Paket zu übergeben. Am Büfett hole ich mir einen Tee und erkundige mich bei der Verkäuferin, ob eine alte Frau nach einem Touristen aus der DDR gefragt habe. „Nein", sagt sie, „vielleicht nebenan." Nebenan ist BERIOZKA-SHOP: Pelze, Kaviar, Schnitzereien, kleine Samoware, Goldstickerei und andere exquisite sowjetische Erzeugnisse werden gegen frei konvertierbare Währung feilgeboten.

Dort sehe ich Maksuda auch nicht. Nur eine andere alte Frau – sie ähnelt mit ihrem schüchternen, bescheidenen Auftreten, dem dunklen Kopftuch und dem weiten schwarzen Rock ein wenig der alten Weberin (ist bestimmt auch Arbeiterin oder kommt vom Dorf) – steht am BERIOZKA-SHOP. Sie hält in der einen Hand einen sorgfältig verschnürten Pappkarton, in dem sie anscheinend ihr Reisegepäck aufbewahrt und in der anderen einige Rubelscheine. Sie schaut die Verkäuferin ungläubig an und sagt: „Aber Töchterchen, das ist gutes Geld und ehrlich verdient..."

Ich laufe von einem Verkaufsstand zum anderen, doch Maksuda finde ich nicht.

Ungeduldig setze ich mich wieder in den Ledersessel und lese in einem Prospekt über Taschkent: „*Im Morgengrauen des 26. April 1966 wurden durch die entfesselten unterirdischen Elementargewalten 78 000 Familien ihres Obdachs beraubt. Taschkent verlor durch das Erdbeben mehr als zwei Millionen Quadratmeter Wohnraum ...*"

Anatoli war in jener Aprilnacht erst um zwei Uhr ins Bett gegangen. Er arbeitete damals tagsüber als Schlosser und abends studierte er. Weil es aber in dieser Nacht unerträglich heiß war, legte sich Anatoli, wie die meisten Taschkenter, nicht ins Zimmer, sondern schlief auf dem Hof. „Das hat vielen das Leben gerettet. Als ich von der Erschütterung aufwachte, hörte ich zuerst, wie die Leute schrien: ‚Woina – Krieg! Der Krieg ist ausgebrochen!'"

Um 5.23 Uhr blieben die Sekundenzeiger stehen. Etwa 50000 Gebäude fielen in sich zusammen. Auch das Haus des Taschkenter Schmieds Schaachmed Schamachmudow wurde zerstört. Eine Frau aus Sewastopol, die davon erfuhr, schenkte den Schamachmudows daraufhin Geld für ein neues Einfamilienhaus. Der Anlaß für diese großzügige Geste liegt 30 Jahre zurück. Der Schmied und seine Frau hatten vier oder fünf Kinder (genau weiß es Anatoli nicht). Während des Krieges nahmen sie noch sechzehn Waisenkinder verschiedener Nationalität (auch Deutsche!) auf, teilten mit ihnen die karge Essenration und zogen sie groß. Aus allen zwanzig Kindern wurden – wie Anatoli sagt – prächtige Menschen. Der Schmied ist inzwischen gestorben. Eine Straße in Taschkent erhielt seinen Namen.

Fünf Stunden nach dem Erdbeben landeten die Genossen Breshnew und Kossygin in der Stadt. Am nächsten Tag trafen die ersten Bauzüge ein. Insgesamt 50000 Komsomolzen eilten zu Hilfe. Jede Sowjetrepublik baute in ihrem nationalen Stil ein Wohnviertel von Taschkent. Die Esten brachten für die Parkwege sogar einige Waggons Ostseesand mit in den Orient. Und während im Eiltempo gebaut wurde, lebten Zehntausende Taschkenter in Zelten. Geschäfte, Waschräume, Apotheken, Toiletten, Schulen – all das war in unverschließbaren Zelten untergebracht. Es gab keinen Fall von Diebstahl.

Ich bummelte – hier kann man wirklich bummeln – durch die wiedergeborene Stadt. Die neuen, unterschiedlich großen Häuser sind mit blauen Majolikakacheln oder traditionellen Ornamenten verziert, hinter Bäumen versteckt und allesamt farbenfroh verputzt. Vor den modernen, repräsentativen Verwaltungsgebäuden, im traditionellen usbekischen Stil gebaut, mit Nischen und Stuckarbeiten verziert, von Kuppeldächern behütet, gibt es Wasserspiele, Grünanlagen, Blumenrabatten, Sitzekken. Und mitten in den neuen Komplexen zahlreiche Tschaichanas. Ich entdecke auch den Basar mit einem alten und einem neuen Teil. Wie überall in Usbekistan verkaufen hier staatliche Händler die Waren billiger, allerdings nicht so frisch. Die Kolchosbauern dagegen bieten ihre privaten und genossenschaftlichen Produkte teurer an, dafür aber taufrisch. Am Kolchosstand kostet zur Erntezeit zum Beispiel ein Kilo Tomaten dreißig Kopeken. Am Tisch nebenan, beim staatlichen Händler, zahlt man dafür nur acht Kopeken. Und vor den Ständen der dritten Verkaufsform, dem staatlichen Selbstbedienungsladen, erhält man das Kilo für achtzehn Kopeken. Acht Kopeken kosten die Tomaten und zehn Kopeken kostet der Zellophanbeutel, in dem sie abgepackt sind.

Doch zurück in die neue Stadt, die heute Theater, Hochschulen, erdbebensichere U-Bahn, Eisstadion (bei 40 Grad plus Eishockey!), Hotels und andere Attribute einer Großstadt aufzuweisen hat. Anatoli spaziert mit mir in einem der schattigen Parks.

Zwei Stände sind dicht umlagert. An dem einen kann jeder beim „Haut-den-Lukas-Spiel" seine Kräfte beweisen, und am anderen muß der Spieler zwei an Federn befindliche Griffe so eng wie möglich zusammenpressen. Fünf Versuche kosten fünf Kopeken. Die jungen Männer mit stark entwickeltem Bizeps werden nach erfolgreicher Kraftprobe mit einem schrillen Klingelton des Apparates und beifälligem Kichern der umstehenden Mädchen belohnt. Auch Burschen, denen von vornherein klar ist, daß sie weder den Lukas zum Klingeln, noch die Mädchen zum Wundern bringen werden, versuchen es wieder und wieder. Ich habe Hemmungen, mich vor den Zuschauern zu blamieren.

Einen, der soeben fast 50 Kopeken für das Kraftspiel ausgegeben hat, frage ich, wie er seine Freizeit verbringt. Er sagt: „Meist stehen wir auf dem Boulevard und singen Schlager. Wenn die Milizionäre schlechte Laune haben, schimpfen sie und verbieten es, weil es nicht zum sozialistischen Alltag gehöre, auf der Straße ‚englischen Beat' zu singen." Als ich von der neuen Stadt zu schwärmen beginne, meint der Junge „Man hat sie uns geschenkt, aber nicht gefragt, was wir in der neuen Stadt machen wollen, wo wir einen Tanzklub und wo wir ein Lesecafé haben möchten. Deshalb spazieren wir lieber auf der Straße und singen und reden." Er sagt es, geht noch mal zum „Lukas", haut ihm für fünf Kopeken auf den Kopf, daß ihm Hören und Sehen vergehen. Und die Mädchen ringsum kriegen große Augen...

Schuchrat, der Enkel der Großmutter Maksuda Wernina, zur Zeit Soldat in der DDR, wird weniger Probleme mit seiner Freizeit haben. Wenn ich manchmal vor dem Aufstehen der Sonne und der Eltern aus dem warmen Bett meines Mädchens in den kalten Morgen des Herbstes hinaus mußte, fegten die Freunde schon mit dem Birkenreisigbesen den laubbedeckten Bürgersteig vor ihrer Kaserne...

Die Großmutter sagte mir, daß ihr Schuchrat genügsam und nicht verwöhnt sei. Bestimmt würde er sich gut eingelebt haben. Nur eines mache ihr Kummer: Sie hätte ihn im Glauben erzogen, daß es nur einen Gott gäbe – Allah sei Allah und Mohammed sein Prophet. Die alte Frau fragte besorgt, ob ihr Enkel bei uns am Freitag einen islamischen Gottesdienst besuchen könne.

Ich wußte auf ihre Frage genausowenig eine Antwort, wie ich mir einen Reim darauf machen konnte, als mich in Taschkent ein Vertreter der Verwaltung der Mohammedaner Mittelasiens und Kasachstans bat, alle Mohammedaner in der DDR zu grüßen. Weil ich nicht wußte, ob bei uns Mohammedaner leben, fragte ich nach der Reise im Staatssekretariat für Kirchenfragen an und erhielt folgende Antwort: ,,Unter den in der DDR bei den Staatsorganen registrierten Glaubensgemeinschaften gibt es die Mohammedaner nicht. Das schließt nicht aus, daß es einzelne Bürger dieses Glaubens gibt, die aber nicht in einer organisierten Gemeinschaft zusammengeschlossen sind. Bürger mohammedanischen Glaubens sind in der DDR vorwiegend unter den zeitweilig hier lebenden Ausländern zu finden."

Zur Ehre, die erwähnten Grüße überbringen zu sollen, kam ich, als wir die Mohammedanische Verwaltung und die Geistliche Hochschule in der Taschkenter Barakan-Medresse besuchten.

Ein Mitarbeiter, den Anatoli aus der Medresse geholt hat – er ist verantwortlich für Öffentlichkeitsarbeit und die Herausgabe der Zeitung ,,Die Mohammedaner des sowjetischen Orients" –, beantwortet höflich und bereitwillig meine Fragen.

Ich zeige auf den Spiegel neben der Gebetsnische – noch um 1900 galt auch die Abbildung des Menschen im ,,Zauberglas" als Todsünde wider die in Turkestan geltenden islamischen Gebote – und möchte wissen, ob die Mohammedaner inzwischen wegen der neuen Lebensbedingungen ihre Dogmen verändert haben.

Der Geistliche lächelt und antwortet diplomatisch: ,,Wissen Sie, der Islam war schon immer eine Religion des Fortschritts. Er bedient sich all dessen, was dem Menschen nützt."

Ich bitte ihn, Beispiele zu nennen.

,,Alle Moslems haben die Pflicht, täglich fünfmal zu beten und sich vordem zur rituellen Waschung einzufinden. Weil es aber in dieser Wüstengegend nicht genug Wasser gibt, paßt sich unsere Religion dem Leben an und gestattet den Gläubigen die Reinigung mit Sand."

Meine Frage, ob das fünfmalige Beten auch von mohammedanischen Produktionsarbeitern eingehalten wird, übergeht der Geistliche.

,,Oder nehmen Sie das Fasten zum Ramadan, dem heiligen Monat, in dem uns der Koran gesandt wurde. Das ist kein formales Glaubensgebot, sondern stärkt den Willen der Gläubigen, dient, wie das Verbot, Schweinefleisch zu essen, der Gesunderhaltung der Mohammedaner. Auch die geforderte Beschneidung der männlichen Vorhaut beugte lediglich – weil hier häufig Wasser zum Waschen fehlte – gefährlichen Entzündungen vor."

Vom Fasten möchte ich mehr wissen. Ich frage, ob es stimme, daß der Großmufti allen Kolchosbauern während der Ernte und den Arbeitern in den Großbetrieben generell das Fasten erlassen habe?

Der Mohammedaner nickt.

Und was waren die Gründe für den Beschluß?

,,In unseren etwa 300 geöffneten Moscheen beten noch Millionen sowjetischer Mohammedaner. Es wäre unverantwortlich, diese Menschen in Konflikt mit ihrer Arbeit zu bringen, sie davon abzuhalten, das Beste in ihren Wirkungsstätten leisten zu können. Außerdem steht schon im Koran geschrieben, daß Kranke oder Reisende auf das Fasten verzichten können und ‚zur Sühne einen Armen speisen' sollen."

Der Mitarbeiter der mohammedanischen Verwaltung verabschiedet sich mit einer angedeuteten Verbeugung und dem höflichen Gruß an alle Mohammedaner in der DDR.

Im Flughafensaal sind inzwischen die nächsten Touristen angekommen. Nun kann ich das Gewimmel nur noch mühsam überschauen und gebe allmählich die Hoffnung auf, die alte Maksuda Wernina noch vor dem Abflug zu finden. Weshalb nur ist sie nicht pünktlich? Vielleicht wollte sie „ihrem Ruhm" einen Brief schreiben? Aber das Schreiben fällt der Dreiundachtzigjährigen sicher sehr schwer. Maksuda ist fast noch Analphabetin. Sie erzählte, als wir uns zum erstenmal trafen: „Mein zweiter Mann hat mir das Schreiben viermal beigebracht; aber immer ein anderes Alphabet."

Zum Verständnis muß ich einige Sätze über die Entwicklung der usbekischen Schrift einfügen. Schon um 200 v. u. Z. gab es auf dem Gebiet des heutigen Usbekistans hochentwickelte Schriften. Doch als die Araber Mittelasien eroberten, zwangen sie die nomadisierenden Turkstämme, die islamische Religion und das arabische Alphabet anzunehmen. Erst nach der Oktoberrevolution versuchten fortschrittliche Usbeken, auch eine der usbekischen Sprache adäquate eigene Schriftform zu finden. Zuerst strichen sie einige überflüssige arabische Konsonanten und fügten Vokale ein (die im arabischen Alphabet völlig fehlen). Das war die erste Schrift, die Maksuda erlernte. „Es fiel schwer, mich mit dreißig Jahren noch auf die Schulbank zu setzen. Als ich es endlich beherrschte, sagte mir mein zweiter Mann – er war Lehrer, daß ich noch einmal von vorn beginnen müsse. Das arabische Alphabet wurde in Usbekistan abgeschafft und ein völlig neues, mit lateinischen Buchstaben, entwickelt. Damals arbeitete ich am Tag in einer kleinen Weberei, und nachts übte ich die lateinische Schrift, um wenigstens kurze Briefe schreiben zu können. Doch bald danach sagte mein Mann, es sei nötig, weiterzulernen, denn auch dieses Alphabet wurde vereinfacht und 1940 ganz und gar abgeschafft." Seitdem hat das usbekische Alphabet kyrillische – Maksuda sagt: russische – Buchstaben. „Mein Mann verlangte, daß ich nun noch einmal lernen sollte. Ich war fünfundvierzig Jahre und mühte mich sehr, doch kurz darauf starb er, und ich ließ die Sache mit dem Lesen und Schreiben wieder sein. Deshalb dauert es eine Ewigkeit, bis ich einen Gruß an meine Lieben fertig habe . . ."

Es bleibt die Frage, weshalb die Babuschka ihrem Enkel selbst schreibt und es nicht dessen Frau überläßt? Um das zu beantworten, muß ich erzählen, wie ich Maksuda Wernina kennenlernte. Ich traf sie, als ich abseits vom neuen Zentrum durch die Stadt bummelte. An einer Mauer hingen große Fotos von Männern und Frauen. Darunter stand: Unsere Vorbilder der Arbeit. Eine alte Frau schaute auf eines der Porträts, als wolle sie jeden Moment vor ihm auf die Knie fallen und beten. Dann ging sie näher und berührte mit den Fingern vorsichtig das abgebildete Gesicht. Ich störte sie nicht, wartete, bis sie sich umdrehte, und fragte erst dann: Wer ist das Mädchen auf dem Foto?

„Meine Tochter“, sagte sie. Später verbesserte sie sich. Nein, es wäre eines von ihren Enkeln, aber seitdem die weder Vater noch Mutter hätten, seien es alle ihre Kinder. Stolz erzählte mir Maksuda von ihren vier Enkeltöchtern. Die auf dem Foto arbeite als Automatendreherin und habe schon einen Orden bekommen. Die zweite studiere in Moskau Medizin. Die dritte habe einen Architekten geheiratet. Und die vierte sei Mechanisator im Kolchos. Maksuda machte eine Pause, seufzte und erzählte weiter. Nur ihren Liebling, „ihren Ruhm“, den Enkelsohn, habe das Schicksal mit Unglück gestraft. Aber er ahne noch gar nichts davon.

Ich fragte nicht, aber das Mütterchen erzählte von selbst: „Vor zwei Jahren heiratete er Anja, ein gutes und schönes Mädchen aus der Nachbarschaft. Unser Töchterchen Anjuschka, so nennen wir sie, studierte damals noch. Schon zwei Wochen nach der Hochzeitsfeier mußte er als Soldat in die DDR. Ein halbes Jahr später lernte Anjuschka einen anderen Mann kennen und bekam von ihm ein Kindchen. Doch sie wagte nie, es ihrem Mann zu schreiben, obwohl der andere längst verschwunden ist. Und mir, mir will das Herz brechen, wenn ich daran denke, was nun werden soll ...“

An diesem Tag versprach ich der alten Maksuda Wernina, für ihren Enkel ein Päckchen mitzunehmen.

Aber wenn sie nicht bald auftaucht, wird es wohl nichts werden. Höchstens zehn Minuten kann ich noch warten, denn mein Flug nach Aschchabad ist schon ausgerufen worden.

Um meine Unruhe zu unterdrücken, nehme ich mir wieder einen der vielen Prospekte, schlage wahllos eine Seite auf und lese: *„Der größte Reichtum Usbekistans sind seine fast unüberschaubaren Baumwollfelder ...“*

Ich hatte Anatoli überredet, mit mir aufs Land zu fahren.

Die Erde rechts und links der Asphaltstraße ist rissig und durstig. Sogar auf den von winzigen Gräben durchfurchten Reisfeldern entdecke ich kein Wasser. In meinen Vorstellungen waren Reisplantagen immer knöchelhoch mit Wasser überflutet. „Hier früher auch“, bestätigt Anatoli. „Aber bald wuchsen die Malariamücken schneller als der Reis. Denn ihre Larven entwickeln sich im warmen, stehenden Wasser besonders gut. Das fanden sie auf den Reisfeldern. Als die Einheimischen der Plage kaum noch Herr wurden, sagten die Wissenschaftler zu den Bauern: ‚Laßt das Wasser ab, dann verschwindet die Malariamücke.‘ Doch die Bauern schüttelten nur die Köpfe: ‚Dann tötet ihr auch den Reis.‘ – ‚Wir züchten euch eine Sorte, die fast ohne Wasser auskommt‘, antworteten die Wissenschaftler. Die Bauern schüttelten wieder den Kopf, aber Jahre später säten sie zum erstenmal die neue Sorte. Nun gedeiht der Reis fast ohne Wasser, und die Malariamücke ist verschwunden.“

Neben den Reisfeldern leuchten gelbreife Maiskolben. „Die zweite Ernte in diesem Jahr“, erklärt Anatoli. Später begegnen wir einem Usbeken, der wie Rumpelstilzchen von einem Stengelhaufen zum anderen rennt, sie anzündet und, sobald die Flammen lodern, froh umherspringt. Vielleicht dreißig brennen schon, und achtzig hat er noch vor sich. „Das sind die Stiele der Jute", sagt Anatoli. Er läßt den Fahrer halten, zeigt auf eine besonders rissige Fläche und sagt: „Hier hast du dein Baumwollfeld." Als ich herangehen will, um mir die Pflanzen aus der Nähe zu betrachten, hält mich Anatoli zurück und deutet auf eine Papptafel. Mit krakeliger Schrift steht dort geschrieben: „10 Tage nicht berühren – mit Chemikalien gespritzt!" An den Stauden sehe ich außer den vielen Kapseln nur wenige harte, ungenießbare Blätter und verstehe nicht, weshalb sie mit chemischen Giften gegen Ungeziefer geschützt werden sollen. Außerdem sind die Chemikalien so stark, daß ihr beißender Geruch mich nach zwei Minuten zu einem Dauerniesen reizt. „Die Pflanzen werden nicht mit Lauge besprüht, um sie vor Schädlingen zu bewahren", erläutert Anatoli, „sondern damit auch noch die letzten Blätter abfallen. Das erleichtert die maschinelle Ernte." Ich zähle an einem Strauch 30 bis 40 Kapseln. Einige weiße Blüten haben die Schalengefängnisse schon gesprengt und warten nun neugierig auf das Kommende. Das Kommende ist allerdings noch runde zwei Kilometer entfernt. Es sind Erntemaschinen von der Größe unserer Getreidekombines. Sie rattern nebeneinanderfahrend über ein endlos scheinendes Feld, auf dem der weiße Flaum sich schon aus den Kapseln befreit hat, um nun im Bauch der Pflückmaschinen aufs neue und endgültig seine Freiheit zu verlieren. Zwei Kilometer weiter steht ein Konvoi von „blauen Schiffen" untätig am Straßenrand. Nebenan bücken sich vermummte Frauen und sammeln die weißen Blüten auf baumlosen sonnenüberfluteten Feldern bei vielleicht 45 Grad mit der Hand. Fragend schaue ich Anatoli an. Am Feldrand stehen die Maschinen, deren Konstrukteure den Leninpreis erhielten – eine Maschine kann in der Saison, ohne einen Schweißtropfen zu vergießen, 150 Tonnen Baumwolle pflücken –, und hundert Meter entfernt schuften die Mädchen, von denen jedes in der Saison höchstens drei Tonnen schafft.

Anatoli zuckt mit den Schultern und sagt: „Sie ist schon eine sehr komplizierte Pflanze, diese Baumwolle." Er erläutert: Die Baumwolle gedeiht nur, wenn die Winde nicht zu heiß und nicht zu kalt wehen, der Boden nicht zu sandig ist und mindestens an der Hälfte aller Wachstumstage kein Wölkchen die Sonne stört. In sowjetischen Forschungsinstituten züchten Wissenschaftler gelb und blau blühende Sorten. Während der Ernte darf es nicht regnen. Vor 50 Jahren wog die in Mittelasien gezüchtete Blüte durchschnittlich zwei Gramm, heute wird sie bis zu acht Gramm schwer. Von der Aussaat bis zur Reife braucht die Baumwolle rund 150 Tage. Aus ihren Blüten, Samen und Stengeln werden über 200 verschiedene Produkte, auch Seife, hergestellt. Die DDR erhält jährlich aus der UdSSR 85 000 Tonnen Baumwolle. Müßten diese Mengen ohne Kombines gepflückt werden, wären allein damit 28 333 Frauen und Männer eine Saison lang beschäftigt. Um die Felder mit genügend Wasser zu versorgen, bauten die Usbeken seit der Revolution ein Kanalsystem von 150 000 Kilometern Länge.

Durch diese Informationen weiß ich zwar mehr von der Baumwolle, verstehe aber genauso wenig wie zuvor, weshalb neben dem Feld die Maschinen stillstehen und Frauen die weißen Blüten pflücken müssen. Ich möchte eine der Bäuerinnen danach fragen, doch Anatoli prophezeit: ,,Sie werden keine Zeit haben." Das glaube ich nicht. Nur ihre Vermummung, hinter der ich nicht erkennen kann, ob sie jung oder alt, schön oder häßlich sind, irritiert mich. Auf gut Glück spreche ich eine der Frauen an. Doch Anatoli hat recht. Sie richtet sich auf, stemmt die Hände ins Kreuz, reckt sich und sagt: ,,Jetzt kann ich nicht so lange herumstehen, aber wenn Sie möchten, treffen wir uns heute abend acht Uhr vor Ihrem Hotel." Ich frage, ob es nicht sehr umständlich sei, vom Kolchos hier draußen bis in die Stadt zu kommen. ,,Nein", entgegnet sie, ,,überall gibt es Taxis, und die sind billig." Dann pflückt sie beidhändig und flink weiter.

Um acht Uhr stehe ich aufgeregt vor dem Hotel, denn ich weiß weder wie sie heißt noch wie alt sie ist, geschweige denn wie sie aussieht. Endlich fragt mich eine Frau: ,,Warten Sie schon lange?" Die Kolchosbäuerin hat ein seidenes regenbogenbuntes Minikleid an, ist vielleicht 25 Jahre, hat ein schönes Gesicht, und in ihrem schwarzen Haar stecken rote, mir unbekannte Blumen. Nein, ins Restaurant wolle sie auf keinen Fall. Das zieme sich nicht, denn wir würden uns doch kaum kennen. Aber vielleicht möchte ich mich mit ihr in den Park setzen? Wir gehen über die Straße und sind schon mitten im promenierenden Menschengewimmel. Eine leere Bank allerdings finden wir nicht. Also setzen wir uns auf einen dicken Baumstumpf. Die Kolchosbäuerin breitet eine Zeitung auf der Erde aus und legt weißes Brot, Trauben, Konfekt und Wurstscheiben darauf. Zum Schluß dekoriert sie das Ganze mit den roten Blüten aus ihren Haaren. Sie freut sich wie ein Kind über mein Staunen und sagt: ,,Ohne zu essen läßt es sich schlecht reden." Also esse ich, und sie erzählt.

,,Um das, was Sie gesehen haben, zu verstehen, müßten sie eigentlich Igor Igorowitsch kennenlernen. Er war 30 Jahre unser Kolchosvorsitzender, liegt aber nun schon fünf Monate in einem Sanatorium am Schwarzen Meer. Das Herz ist krank." Sie knabbert an einem Konfekt, erzählt weiter: ,,Dabei war Igor Igorowitsch immer kräftig wie ein Bär. 1939 war er einer der 160 000 Freiwilligen aus ganz Usbekistan, die in sechs Wochen den 230 Kilometer langen Fergana-Kanal schaufelten. Sie hatten nur Schippen und Hacken. Im ersten Nachkriegsjahr, als es keine Traktoren und keine Pferde gab, aber das Saatbett bereitet werden mußte, spannte sich Igor Igorowitsch selbst vor den Pflug. Er war dreimal verheiratet. Seine Frauen schenkten ihm 16 Kinder. Die erste brannte mit einem anderen durch, als er an der Front war. Die zweite verließ ihn 1960, weil er – wie sie im Dorf erzählten – ein alter geiler Bock sei, der nicht sattzukriegen wäre. Und von der dritten trennte er sich, als er siebzig wurde, weil sie mit ihren fünfzig Jahren für ihn zu alt sei. Igor Igorowitsch war einer der wenigen Männer, die uns Frauen beim Pflücken der Baumwollblüten halfen. Dabei fluchte, schwitzte und lachte er zwar, doch er hielt Schritt mit den besten Pflückerinnen." Erneute Pause. Die junge Kolchosbäuerin holt aus ihrer Tasche eine Flasche Limonade. Wir trinken das rote und nach Bonbons schmeckende Wasser.

,,Einmal", so erzählt sie weiter, ,,wollte die Behörde unseren Igor Igorowitsch als

Vorsitzenden ablösen und ihn wohl auch einsperren. Das geschah in der Zeit, als es sich herumgesprochen hatte, daß die Taschkenter Arbeiter Maschinen bauten, die die Baumwolle automatisch pflücken konnten. Damals sagte der Vorsitzende: ‚Und wenn ich bis zu Väterchen Stalin gehen muß, solch ein Maschinchen hole ich uns. Wir lassen es arbeiten, und ihr Frauen sitzt am Feldrand und trinkt im Schatten grünen Tee.‘

Doch die ersten Kombines wurden in die größten Kolchosen geschickt. Vergeblich fuhr Igor Igorowitsch zu allen möglichen Vorgesetzten. Wir erhielten keine Baumwollpflückmaschinen. Da überredete er den Kolchosbuchhalter, ihm hundert Rubelchen gegen Quittung auszuhändigen. Davon kaufte Igor Igorowitsch Wodka und guten Kognak. Dazu ließ er ein Lämmchen schlachten, zehn Hähnchen rupfen, Weintrauben pflücken, Granatäpfel einpacken und fuhr damit nach Taschkent. ‚Ich kenne dort jemanden, der mit den Maschinchen zu tun hat‘, sagte er. Igor Igorowitsch hielt sein Versprechen. Nach einer Woche brachte er eine Baumwollpflückmaschine mit. Während er und eine junge Mechanisatorin mit der Kombine die ersten Reihen aberntеten, saßen wir am Rande des Feldes und tranken grünen Tee. Noch neun Baumwollpflückmaschinen kauften wir.

Im vorigen Jahr wurde unser Igor Igorowitsch sehr krank, und wir erhielten einen neuen Vorsitzenden, der irgendwoher aus dem Norden kam und in Moskau studiert hatte. Er ist etwa fünfunddreißig Jahre alt, aber hat noch keine Familie. ‚Kinder und Frau hindern einen Mann nur an der Karriere‘, sagte er, als ich ihn danach fragte. Der neue Vorsitzende veränderte nach und nach die Leitung. Ich blieb als einzige Frau im Vorstand. Vor der Baumwollernte hatten wir unsere erste Sitzung, es wurde gleich eine außergewöhnliche. Der neue Vorsitzende wollte wissen, ob wir den Plan für Baumwolle auch in den Jahren geschafft hätten, als wir nur mit der Hand pflückten. ‚Ja‘, sagten wir, ‚aber es dauerte länger.‘ Da machte er ein Rechenexempel auf. ‚Die Menge der Baumwolle ist gleich, egal, ob mit Maschinen oder mit Händen gesammelt. Aber handgepflückte Baumwolle hat natürlich eine viel höhere Qualität!‘ Das stimmt, denn die Fasern werden in der Maschine arg zerzaust. Daraufhin schlußfolgerte der neue Vorsitzende: ‚Je mehr hochwertige, mit der Hand gesammelte Baumwolle wir abliefern, desto mehr verdient unser Kolchos.‘ Er beantragte, in dieser Ernte vor allem mit der Hand zu pflücken und die Maschinen in Reserve zu halten. Erst war es minutenlang still im Büro. Einige Männer sagten: ‚Wenn du das so siehst und es mehr Geld für alle gibt . . .‘ Als ich mich von der Verblüffung erholt hatte, entgegnete ich ziemlich laut: ‚Und die Zeit – ist Zeit denn kein Geld? Und überhaupt, was heißt denn mehr Rubel für alle? Schinden sich alle auf den glutheißen Feldern oder nur wir Frauen?‘ Der Vorsitzende wollte mir weismachen, daß ich mich mit meinen Worten gegen die Kollektivinteressen des Kolchos stellen würde, denn durch die höheren Einnahmen für die handgepflückte langfaserige Baumwolle wachse der Wohlstand des Kolchos. ‚Sie machen Weiberpolitik‘, schimpfte er. Bei der Abstimmung war nur ich gegen das Handpflücken. Und nun stehen unsere Maschinen nicht nur dann, wenn die

Baumwollkapseln auf einigen Feldern ungleich reif sind. Zum Schluß der Sitzung habe ich den Vorsitzenden gefragt, ob er bei seinen Berechnungen auch an die Menschen denke, denn wir hätten die Maschinen gekauft, damit die schlimme Arbeit auf den Feldern endlich leichter würde. ‚Aber Sie haben wohl noch nie eine Stunde lang Baumwolle gepflückt', sagte ich. Seitdem spricht er nicht mehr mit mir."

Als die junge Bäuerin sieht, daß ich, während sie erzählte, alles aufgegessen habe, verfliegt ihr Ärger augenblicklich. Wir plaudern noch über ihren Liebsten und die Frauenmode in der DDR. Schließlich steht sie auf, steckt mir die roten Blüten – erst Haar-, dann Tafelschmuck – in die Hemdtasche, nimmt das Zeitungstischtuch, schüttelt die Brotkrumen auf die Erde, faltet das Blatt sorgfältig zusammen und verstaut es in ihrem Einkaufsbeutel. Sie würde heute nacht in Taschkent bei ihrer Freundin bleiben. Wenn ich möchte, könne ich mitgehen, sagt sie. „Morgen kommen noch Gusja und Swetlana aus unserem Kolchos in die Stadt. Um zehn Uhr sind wir im Sowjet angemeldet und werden dort über die nicht genutzten Maschinen sprechen."

Leider kann ich sie nicht zu ihrer Freundin begleiten, denn ich bin mit dem Chefredakteur der usbekischen Literaturzeitschrift verabredet. Als sie schon geht, dreht sich die junge Kolchosbäuerin noch einmal um und ruft: „Wenn Sie wieder zu uns aufs Baumwollfeld kommen und nicht wissen, ob eine Junge oder Alte, eine Hübsche oder Häßliche unter der Verkleidung steckt, brauchen Sie nicht erst so lange zu überlegen, wen Sie ansprechen: Alle sind jung und schön."

Ich erzähle dem Chefredakteur der usbekischen Literaturzeitschrift von meinem Gespräch mit der Kolchosbäuerin. Er sagt darauf etwas sehr Kluges, das ich wörtlich mitschreibe: „Manche Leiter, Partei- und Wirtschaftsfunktionäre behaupten, daß der bedeutendste Reichtum unseres Landes das weiße Gold, die Baumwolle, ist. Aber der größte Schatz Usbekistans sind seine Menschen, diejenigen, die säen, ernten und Maschinen bauen. Und das wertvollste Diadem in diesem Schatz ist die Schönheit der usbekischen Mädchen und Frauen. Diese Schönheit zu hüten und zu verhindern, daß sie auf den Baumwollfeldern vertrocknet oder in dunklen Fabrikhallen erlischt, das ist die verantwortungsvollste Aufgabe, die uns der Sozialismus gestellt hat."

Zwischenbemerkung über schon erledigte Aufgaben:

In fünfzig Jahren, von 1924 bis 1974, stieg die Baumwollproduktion in Usbekistan von rund 30 000 Tonnen auf 4 900 000 Tonnen. Dabei rangen die Menschen den Wüsten und Steppen über eine Million Hektar unfruchtbares Land ab und verwandelten es in blühende Felder. Das geschah zur gleichen Zeit, als die amerikanische Regierung, um die Preise hochzuhalten, jährlich etwa 150 Millionen Dollar Prämien an die Baumwollfarmer zahlte, damit sie ihre Äcker brachliegen ließen. Die unfruchtbare Wüste, die dadurch aus ehemaligem Kulturland entstand, ist in den USA fast zwei Millionen Quadratkilometer groß.

Anatoli hat mir versprochen, daß wir am letzten Tag in Taschkent noch das einzige Werk der UdSSR besichtigen, das Baumwollpflückmaschinen herstellt. Also ein

Werk, das im wahrsten Sinne des Wortes – wie der Chefredakteur sagte – für die Schönheit der usbekischen Mädchen und damit für den Reichtum des Landes mitverantwortlich ist.

Am Tor erwartet uns ein kleingewachsener, ziemlich hochgestellter Mann, der zweite Hauptkonstrukteur Juri Detinow. Er arbeitet seit über zwölf Jahren in dem 6000-Mann-Betrieb und führt uns durch alle Produktionsabteilungen. In Erinnerung bleibt mir die Montagehalle. Hier endet im Schneckengang der Aufbau-Kreislauf der blau-gelben Kombines, die später vier Baumwollreihen gleichzeitig abpflücken können. Mit welchem Tempo sie ernten, möchte ich wissen. ,,Gewöhnlich marschieren sie bei der ersten Ernte mit 3,5 Stundenkilometern über das Feld. Bei der zweiten Ernte, der Nachlese, erreichen sie schon 5,6 Kilometer pro Stunde", sagt Juri. Und bei der dritten? frage ich. ,,Da kommen die Studenten oder Arbeiter aus der Stadt, und deren Geschwindigkeit ist verschieden."

Auf dem Werkhof sind wie in einem Freilandmuseum die wichtigsten Baumwollpflückmaschinen, die bisher im Betrieb gebaut wurden, ausgestellt. 1931, erzählt Detinow, begannen wir, die ,,Großmutter aller sowjetischen Baumwollkombines" zu produzieren: einen Traktor mit spezieller Anhängevorrichtung, auf der acht Frauen saßen. Sie hielten jede einen dicken ,,Staubsaugerschlauch" in der Hand und versuchten, damit die Blüten zu sammeln.

Auch die neueste Maschine, die vierreihige, steht hier draußen. Bald wird sie, deren Traktor mit einigen Handbewegungen demontiert und zehn Monate im Jahr anderweitig eingesetzt werden kann, der sechsreihigen Platz machen müssen.

Als Detinow uns gerade weitere Einzelheiten erklären will und vorsichtshalber rät: ,,Gehen wir lieber aus der Sonne in den Schatten", findet sich auf dem Werkshof eine recht laute Gesellschaft ein: Bauern aus usbekischen Kolchosen. Sie begutachten die alten und neuen Maschinen, kriechen sogar unter ihre Bäuche und fachsimpeln über Fassungsvermögen, Motorstärke und Geschwindigkeit. Zwei von ihnen geraten sich dabei so lautstark in die Haare, daß ich auf alle weiteren technologischen Details verzichte und mich zu ihnen geselle.

Die zwei Streithammel, die abwechselnd vor den Maschinen für Baumwollreihen mit 60 Zentimeter Abstand und den Maschinen für 90 Zentimeter Abstand diskutieren, sehen fast gleich aus: braungebrannte Gesichter, Tjubeteikas auf den Köpfen, blütenweißes Hemd und schwarze Hosen. (Wenn man in die Stadt fährt, wird der Sonntagsstaat angezogen.) Nur an ihren Bärten lassen sie sich mühelos voneinander unterscheiden. Der eine trägt einen schon ergrauten Spitzbart. Er, so erfahre ich, stammt aus dem traditionellen usbekischen Baumwollgebiet, dem Ferganatal. Den anderen hat die Natur mit feuerroten Haaren beschenkt. Er arbeitet in einem Kolchos der Neulandgebiete Usbekistans.

Vom ,,Blumenreichtum" des Wortgefechts der zwei verstehe ich so gut wie nichts. Ich habe Mühe, das Wesentliche ihres Streites zu begreifen.

Der Graubärtige: ,,Seit ich mit Allahs Hilfe Baumwolle säe, haben unsere Pflanzreihen einen Abstand von 60 Zentimetern."

Der Rotbärtige: ,,Aber seit wir durch der Maschinen Hilfe Baumwolle anbauen, haben unsere Reihen den besten Abstand, und der beträgt 90 Zentimeter."

Der Graubärtige: ,,So vergeudet ihr den von Gott geschenkten Boden. 90 Zentimeter, und nichts wächst dazwischen . . ."

Der Rotbärtige: ,,Dafür können wir mit Maschinen in die Reihen fahren und besser hacken, pflügen, düngen . . ."

Der Graubärtige: ,,Ihr seid nur zu faul zum Arbeiten."

Der Rotbärtige: ,,Sag das noch mal, du Kulak!"

Sie gehen aufeinander los, als wollten sie im nächsten Moment die blutigste Schlägerei beginnen. Einige der Umstehenden mischen sich ein und halten sie fest. Doch sobald sich die beiden Kampfhähne abgekühlt haben, beginnt der Streit von neuem, diesmal in großer Runde. Auf der einen Seite stehen die großzügiger mit dem Boden wirtschaftenden Kolchosbauern der Neulandgebiete. Sie säen die Baumwolle in Reihen mit 90 Zentimeter Abstand, können sie mühelos maschinell pflegen und sind bei der Ernte fast doppelt so schnell. Auf der anderen Seite stehen die Bauern, die mit dem Boden geizen müssen, ihre Baumwolle nach der Art der Großväter in 60 Zentimeter Abstand säen, damit die Pflege- und Erntearbeiten verlangsamen, aber natürlich vom Hektar mehr Baumwolle pflücken als die Bauern der Neulandregionen.

Ich frage Juri Detinow, ob sie mehr Kombines für 60 oder für 90 Zentimeter produzieren. ,,Etwa halbe-halbe", sagt er.

,,Und könntet ihr nicht überall den Baumwollanbau über Nacht revolutionieren, wenn ihr nur noch Maschinen für 90 Zentimeter Abstände bauen würdet?"

Der Technologe lächelt nachsichtig. Das wäre wohl doch etwas zuviel des Guten an Agitation durch die Arbeiterklasse. Nützlicher sei es, solche Maschinen – auch sechsreihige – zu konstruieren, die schonend und sorgsam pflücken wie die Frauenhände, aber tausendmal schneller und leichter.

Und während sich die Mannschaften des Rotbärtigen und des Graubärtigen immer noch über neunziger oder sechziger Reihen streiten, verrät mir Juri Detinow: ,,Auf den werkseigenen Versuchsfeldern probieren wir zur Zeit, Baumwolle reihenlos wie Getreide zu säen und dann genauso mühelos zu ernten."

Anatoli kommentiert: ,,Sie ist eine komplizierte Pflanze, die Baumwolle."

Ich falte den buntbebilderten Prospekt zusammen und lege ihn wieder auf den Tisch, denn die Intourist-Dame des Flughafens läuft aufgeregt im Warteraum umher, fragt nach einem Mister Scherzer aus der GDR, der sofort zur Registration kommen müsse. Während ich mein Flugticket suche und zur Abfertigung gehen will, sehe ich eine Babuschka mit schwarzem Kopftuch, die noch viel aufgeregter und noch viel schneller als die Intourist-Mitarbeiterin einem nach dem anderen fragend ins Gesicht schaut. Das muß Maksuda Wernina sein. Als sie mich sieht, tut sie alles auf einmal: sie putzt sich die Nase, umarmt mich, drückt mir einen Umschlag in die Hand, entschuldigt sich für den verspäteten Bus, weint, wischt sich den Schweiß von der Stirn. Viel Zeit bleibt nicht, sie zu beruhigen. Endlich hat sie sich wieder soweit gefaßt, daß sie ruhiger redet: „Das hier behalten Sie als Andenken." Sie gibt mir eine Flasche Sekt. Und für den Enkel? Keinen Kuchen, keinen Wein? Sie deutet auf den Briefumschlag. „Der Brief ist für meinen Enkel, Sie vergessen es doch nicht? Und ...", sie sucht in ihrer Tasche, „dieses Schächtelchen geben Sie ihm auch." Ich verspreche, alles zu erledigen. Das Mütterchen trippelt noch bis zur Sperre neben mir her und sagt: „Ich habe den Brief und das Schächtelchen offengelassen. Schauen Sie ruhig hinein, damit Sie nicht denken, daß Sie etwas Verbotenes mit über die Grenze nehmen." Sie winkt, bis wir uns nicht mehr sehen können.

Als das Flugzeug zehn Kilometer von der Erde entfernt ist, hole ich Brief und Päckchen aus der Tasche. In dem Briefumschlag stecken ein Foto, auf dem eine junge Frau ein Baby auf dem Arm hält, und zwei aus einem Schulheft herausgerissene, mit ungelenker Hand usbekisch beschriebene Seiten. Wohl eine Stunde überlege ich, dann bitte ich doch meinen Nachbarn, von dem ich erfahre, daß er usbekisch, russisch und ein wenig deutsch spricht, den Brief zu übersetzen. „Mein lieber Schuchrat, Du mein Ruhm, meine Freude. Das ist der erste Brief, den ich an Dich schreibe, und bestimmt wird es der einzige bleiben. Ich schreibe ihn Dir, weil ich nicht mit Dir reden kann, denn Du bist in diesem anderen Land. Aber ich muß mit Dir sprechen. Als Dein Vater das letzte Mal im Krieg nach Hause kam, haben wir ihn zur Begrüßung – wie es Brauch ist – mit Geldmünzen und Bonbons überschüttet, damit ihn das Glück nie verlassen sollte. Er ist gefallen, und Deine Mutter, mein Schuchrat, starb bald danach. Aber auch unser Kummer und sein Tod haben geholfen, den Frieden zu bringen. Als unser Haus vom Erdbeben zerstört wurde – damals warst Du schon groß, mein Schuchrat –, haben wir sehr geweint. Nun ist unser Haus und die Stadt wieder aufgebaut. Das Leben ist nicht immer nur Freude, sondern oft auch Leid. Aber wir einfachen Menschen sind auch deshalb so stark, weil wir gelernt haben, das Leid mit Anstand zu ertragen.

Mein Sohn, was ich Dir sage, fällt mir schwer, aber ich weiß, daß Du, mein Einziger, es verstehen wirst. Anjuschka, Deine liebenswerte Frau und meine herzensgute Tochter, hat von einem anderen Mann ein Kindchen bekommen. Sie wohnt jetzt bei uns, weil ihre Mutter sie nicht aufnehmen will, und der andere Mann ist längst fortgelaufen. Bitte, mein Schuchrat, sei gütig und verzeih ihr die große Sünde. Wir haben dem Söhnchen Deinen Namen gegeben. Jeden Tag warten wir auf eine Nachricht von Dir, daß Du uns bald besuchen kannst. Beeil Dich, mein Schuchrat, denn meine Hände werden immer älter. Anjuschka schickt Dir dieses kleine Päckchen. Wir alle umarmen und küssen Dich ..."

Vorsichtig öffne ich das Päckchen. Eine Tüte kommt zum Vorschein. Und in der Tüte liegen eingewickelte Bonbons. Bonbons, mit denen in Usbekistan geliebte Menschen überschüttet werden, damit sie glücklich bleiben.

Notizen zur Geschichte

Nach der Februarrevolution spekulierten die Engländer mit den inneren Schwierigkeiten in Rußland und begannen, ihren alten Plan wieder hervorzukramen: den an Baumwolle reichen und strategisch wichtigen russischen Orient, die Gebiete um Buchara, Taschkent und Aschchabad, zu erobern.

Am 9. September 1917 schrieb die „Sunday Times" in bemerkenswertem Klartext: „Die Hoffnungslosigkeit der russischen Lage wird jetzt allgemein anerkannt. Wenn wir von Rußland nichts mehr zu hoffen haben, so haben wir ihm gegenüber bestimmt keine Verpflichtungen mehr. Da dies so ist, müssen wir uns ernstlich fragen, ob eine Neuorientierung unserer Politik im Orient nicht wünschenswert erscheint . . ."

Als die Arbeiter in Taschkent und Aschchabad die Sowjetmacht errichtet hatten, marschierten die Engländer in Sowjet-Turkestan ein. Sie unterstützten die Konterrevolutionäre, die am 14. Juli 1918 Aschchabad besetzten und ein furchtbares Blutbad unter den Kommunisten anrichteten. General Malmson stieß mit schottischen Soldaten tausend Kilometer in turkmenisches Gebiet vor. George McCartney, britischer Konsul in Chinesisch-Ost-Turkestan, schickte Waffenkarawanen in den „roten Orient". Reginald Tig-Jones, Captain Seiner Königlichen Majestät von Großbritannien, kommandierte in Annau die Hinrichtung der 49 Volkskommissare und Bezirksvertreter von Aschchabad, Baku und Taschkent. All das taten die britischen Ungläubigen „zur Rettung der gläubigen Mohammedaner gegen die russischen Ungläubigen". In einem Aufruf an die Bewohner der von den Engländern okkupierten Gebiete erklärte General Malmson: „Wir sind als Freunde hierher gekommen . . . Vereinigen Sie sich deshalb unter der Fahne der Freiheit und Unabhängigkeit, welche wir als Ihre Verbündeten mit Ihnen tragen . . ." Wenige Zeilen danach definierten die Briten „Freiheit und Unabhängigkeit", die sie meinten, präziser: „. . . In der Entwicklung der natürlichen Reichtümer Ihres Landes wünschen wir, Ihnen zu helfen."

Ein weiteres Dokument der englischen Aggressionsarmee, und zwar das vom 1. Dezember 1918, deutete bereits den Beginn vom Ende an. General Malmson rief darin die Bevölkerung Aschchabads auf, 500 Rubel-Bons mit seiner Unterschrift zu kaufen, damit er neue Waffen liefern könne. „Im Namen meiner Regierung verpflichte ich mich, aufgrund meiner Vollmacht, innerhalb von drei Monaten die Bons in Aschchabad mit Rubel einzulösen . . . Der Sieg ist nahe . . ."

Doch die Rote Armee war näher. Am 5. April 1919 floh Malmson mit seinen Truppen aus Aschchabad, und am 7. Juli 1919 befreiten die Rotgardisten die turkmenische Stadt. Nach der militärischen Niederlage setzten die englischen Militärs und Baumwollproduzenten ihre verbliebenen Hoffnungen, Pfundnoten und Karabiner auf die konterrevolutionären Banditen im Inneren des sowjetischen Orients. Einer der zwielichtigsten Führer dieser Banden war der Türke Enver Pascha. 1909 Mitinitiator des Staatsstreiches der Jungtürken, die Sultan Abdul Hamid stürzten; anschließend Militärattaché in Deutschland; 1914 – gerade zweiunddreißigjährig – Kriegsminister der Türkei; im ersten Weltkrieg auf deutscher Seite und nach der Niederlage zu Hause zum Tode verurteilt; Emigrant in Deutschland; ab 1920 in Sowjetrußland. Enver Pascha kämpfte in den Reihen der Roten Armee, bat Lenin, ihm bei der Befreiung der Türkei zu helfen und bildete eine türkische Exilregierung. Doch weil Sowjetrußland eine Intervention in der Türkei ablehnte, änderte Enver Pascha seine „revolutionäre Gesinnung". Als er 1921 von der Sowjetmacht nach Buchara geschickt wurde, wechselte der Türke die Farbe und trat zu den weißgardistischen Banden des Orients, den Basmatschen, über. Enver Pascha ernannte sich zum „Oberkommandierenden aller islamischen Armeen, Schwiegersohn des Kalifen, Stellvertreter des Propheten" und versprach, das Reich des Tschinggis-Chan wiederherzustellen. Dieser Führungsanspruch mißfiel jedoch Ibrahim Beg, dem einarmigen weißgardistischen Anführer aus dem Stamme der Lakai, und beide Banden begannen, sich untereinander zu bekriegen. Der „Nachfolger Tschinggis-Chans" floh in die Berge und wurde dort am 4. August 1922 von Rotgardisten erschossen. Die Bande von Ibrahim Beg überfiel noch bis 1931 sowjetische Ortschaften im Orient und tötete junge Männer, die als Lehrer arbeiteten, und Frauen, die den Schleier ablegten. Am 23. Juni 1931 wurde Ibrahim Beg, der letzte von den Engländern unterstützte weißgardistische Anführer, gefangen.

Drei Jahre vorher hatten die Baumwollhändler (!) Sir Kounghusband aus Großbritannien und Mister Schwab aus den USA von Kaschgar aus Basmatschen und Bais mit Geld und Waffen ausgerüstet. Sie sollten dafür im sowjetischen Orient einen Volksaufstand organisieren und den Engländern einen Grund zum Einmarsch bieten. Der „Aufstand" fiel allerdings wegen mangelnder Beteiligung aus, und die gekauften Banden griffen allein an. Sie wurden in kürzester Zeit von der Miliz vernichtet.

Damit endete der hundert Jahre andauernde Kampf der Engländer zur Eroberung des ehemaligen Turkestan, der heutigen mittelasiatischen Sowjetrepubliken.

Aschchabad

oder

Unvollständiges turkmenisches Tagebuch

Vorbemerkung: Aschchabad soll – so versicherte es mir die Dolmetscherin – „Stadt der Liebe" bedeuten.

Ich sitze in meinem provisorischen Arbeitszimmer, einer Gartenlaube in Dietzhausen, acht Kilometer von Suhl entfernt. Draußen haben sich Nebelschleier über das teilweise mißglückte Herbstgemälde dieses Jahres gelegt. Aber sie sind nicht so dicht und fein gewebt, daß sie im Fichtenwald auf der anderen Seite des Tales die roten Ahornflammen und das glänzende Birkengold verdeckten – ich kann vom Fenster aus mühelos jeden Baum und im Garten jedes Beet und sogar jede Blume erkennen. Am Zaun steht ein junger Apfelbaum, dessen Blätter sich schon vor zwei Monaten braun färbten und die nun schwarz und zusammengerollt an den abgestorbenen Ästen hängen. Winzig kleine, bereits im Kindesalter runzlig gewordene Äpfel haben sich noch nicht vom toten Holz getrennt, und auch kein Sturm konnte sie herunterschütteln. Das Gras wurde in diesem Jahr erst im Juli gemäht; später wuchsen lediglich die härtesten und holzigsten Stengel nach, und jetzt hat die Wiese zum ersten Mal kahle Stellen. Sogar den zweijährigen Erdbeeren fehlte die Kraft, sich zu vermehren, kaum eine Pflanze trieb junge Reiser ...

Die alten Dietzhäuser sagen: „Wie kann der Herbst den gewohnten Erntesegen bringen, wenn Frühling und Sommer die Erde nicht tränkten ..."

Im September 1975, genau vor einem Jahr, besuchte ich das orientalische Aschchabad. Damals sagte mir ein turkmenischer Bauer etwas Ähnliches: „Wenn du im Frühling des Lebens die Liebe nicht so behutsam pflanzt und pflegst, daß ihre Wurzeln kräftig genug werden, um Wasser aus der Tiefe des Wüstenbodens zu trinken, wirst du im Herbst des Lebens kein Glück ernten können. Aber Liebe bringt reiche Ernte, was hätte sie sonst für einen Sinn ..."

Vor mir auf dem Tisch liegen, sorgsam in Zeitungen gewickelt, meine Tagebücher aus Aschchabad. Ich bin unentschlossen, ein bißchen wehmütig ...

Das erste Heft ist bis zur letzten Seite mit Notizen gefüllt, das zweite nur bis zur Hälfte. Ich habe wie immer schnell und flüchtig geschrieben. Mühevoll entziffere ich den Text.

Interview mit dem Präsidenten der Akademie der Wissenschaften ... Gespräch mit

Die Medresse Mir-i-Arab in Buchara

Die Altstadt von Buchara

Das Kaljan-Minarett in Buchara

Usbekische Spezialität: weizenbrotähnliche Fladen

Schach-i-Sinda

Das Orientali

Schach-i-Sinda

Käufer und Verkäufer

Schwergewichtige Früchte auf usbekischen Basaren: ungezählte Sorten von Melonen

Helioenergetikern ... Dann in fremder Handschrift eine Telefonnummer und ein Mädchenname ... Besuch beim Propagandasekretär des ZK des Turkmenischen Komsomol ... Klassenmäßige Erziehung ... Dazwischen klein, aber sehr sorgfältig geschrieben: Hör endlich auf zu dolmetschen, ich möchte Dich lieber küssen. Die Antwort steht in der gleichen Schrift wie Telefonnummer und Mädchenname daneben: Warte einen Moment! ... Besichtigung des Biologieinstituts ...

Ohne alle Seiten überflogen zu haben, weiß ich, daß die Tagebücher mit ihren Interviews und Informationen unvollständig sind, denn ich schrieb keine Zeile über meine Gefühle und Empfindungen in Aschchabad.

Ich war verliebt in ein turkmenisches Mädchen. Sie hieß Maja. Das bedeutet auf deutsch: die Schöne ...

Aber all das gehört verdammt noch mal nicht zu dieser Reportage über Wüste, Wasser und Wein, gehört nicht in diesen Bericht von Sonnenforschern und Schafhirten, von turkmenischen Teppichen und Aschchabader Amurkarpfen.

Mein Tagebuch beginnt am Dienstag, dem 16. September 1975. Mit sechs Stunden Verspätung landet die Maschine in der turkmenischen Hauptstadt. Das Flugzeug war pünktlich gestartet, doch nach dem Zwischenaufenthalt in Tschardshou verkündete die Stewardeß, unsere Iljuschin müsse ihren planmäßigen Kurs ändern und nach Moskau weiterfliegen.

Nichtsahnend brachte ich meinen Koffer zum Flughafen und wurde vor dem Abfertigungsschalter Zeuge eines unbarmherzig und lautstark geführten Kampfes der zurückgelassenen Passagiere. Eine Babuschka beschimpfte im Verein mit ihren Hühnern, die sie im Weidenkorb unter dem Arm trug, einen ordengeschmückten Offizier als Tunichtgut, er werde doch Zeit haben, schließlich sei schon dreißig Jahre Frieden im Land ... Ein Arbeiter, der den Leuten mit seinem Dienstauftrag vor den Nasen herumwedelte, schrie: „Der Bau des Kara-Kum-Kanals muß gestoppt werden, wenn ich nicht mit der nächsten Maschine in Aschchabad eintreffe!" Eine robuste junge Frau brach in Tränen aus, weil ihr künftiger Mann es ihr nie verzeihen könne, wenn sie sogar zur Hochzeit nicht pünktlich käme. Ein Beamter berief sich auf Genossen Kossygin, den er schon höchstpersönlich durch einen Betrieb begleitet hätte ...

Die lautesten Schreier und kräftigsten Drängler erhielten nach zweistündigem Wettkampf die freien Plätze in der nächsten zwischenlandenden Maschine. Während dieser Zeit war es mir noch nicht einmal gelungen, in das Gesichtsfeld des Schalterfräuleins zu gelangen. Als ich endlich meinen Flugschein über den Kopf einer kleinen dikken Frau hinweg – die mich dafür bösartig anfauchte – bis zum Schalter bugsiert hatte, konnte die Deshurnaja mit dem ausländischen Ticket nichts anfangen und übersah mich hartnäckig. Nach zehn Minuten begann jene Frau, die mich eben noch wegen des „Vordrängelns" beschimpft hatte, am Schalter zu intervenieren. Schließlich sei ich Ausländer, Gast und so weiter ... Sie nahm meinen Flugschein, legte ihren gleich dazu und machte aus meinem und damit natürlich auch aus ihrem Weiterkommen eine Staatsaktion. Wir wurden daraufhin sofort zum Leiter des Büros geschickt, der meinen Schönefelder Schein bestätigte und uns im nächsten Flugzeug Plätze reservierte.

Es sollte erst in drei Stunden kommen, und ich lud Lilia, meine neue Bekannte, in das Flughafenrestaurant ein. Dort saßen der ordengeschmückte Offizier und die Oma – ohne ihre Hennen – freundlich miteinander plaudernd an einem Tisch. Und die zur Hochzeit zu spät kommende Braut trank mit dem Beamten, der Kossygin kannte, Sekt.

Am Nebentisch versuchte ein junger Mann – dem Aussehen nach Russe oder Ukrainer –, mit einer turkmenischen Schönheit und ihrer Mutter ein Gespräch anzuknüpfen. Doch nur der Junge redete, das Mädchen und die Frau schwiegen, ab und zu nickten sie mit dem Kopf und setzten sich schließlich demonstrativ an einen anderen Tisch.

Ich fragte Lilia, weshalb die zwei so stolz seien. „Der Junge weiß bestimmt nicht, daß sich ein turkmenisches Dorfmädchen nie mit einem Fremden einläßt. Es darf nur einen Turkmenen heiraten, das ist in manchen Gegenden hier ungeschriebenes Gesetz." Ich erfuhr von Lilia nicht, woran sie erkannte, daß das Mädchen in einer Kischlak, einer kleinen turkmenischen Siedlung, lebt, und verstand auch nicht, was diese Nationalitätentrennung in der Liebe heutzutage noch soll...

Als wir in Aschchabad landen, ist es schon Nacht. Die Intourist-Dolmetscherin sucht lange, bis sie mich auf dem Flugplatz findet und schaut dann so verdutzt, als hätte sie einen anderen erwartet. Sie stellt sich vor: „Ich heiße Maja Atamuratowa und werde mit Ihnen in Aschchabad arbeiten." Dann bringt sie mich vom Rollfeld ins Flughafengebäude, und ich kann mir meine Dolmetscherin bei Licht betrachten. Maja hat dunkle Augen, langes schwarzes Haar und gleichmäßig braune Arme und Schultern. Ihre dichten Brauen und die ausgeprägten Backenknochen verraten auf den ersten Blick die Asiatin. Sie ist zierlich und schlank, hat kleine Brüste und wohlgeformte Beine. Ich möchte ihr sagen, daß sie den Namen Maja zu Recht bekam, überlege aber, daß ihr dieses einfältige Kompliment bestimmt schon viele Touristen gemacht haben, und schweige. Auch sie sagt während der Fahrt kaum etwas. Nur: „Ich bin müde, denn der Chauffeur und ich haben sieben Stunden im Flughafen auf Sie gewartet."

Im Hotel verabschiedet sie sich so schnell und verlegen, als sei ihr irgend etwas peinlich. Ich frage den Fahrer danach. Er lächelt: „Maja hat heute früh den Intourist-Direktor angeschrien: ‚Ich will diesen Gospodin Scherzer nicht betreuen!'" Weshalb denn? frage ich erschrocken. „Sie sagte, ein Einzelreisender aus der DDR, aus der sonst nur Gruppen kommen, das werde garantiert ein ausgedienter Diplomat oder einer der letzten Kapitalisten sein, die dort noch existieren, oder ein verkalkter Herr, der kaum noch laufen könne. Mit solch einem alten Mann wolle sie nicht fünf Tage zusammen sein."

Ich freue mich noch im Bett meiner vierunddreißig Jahre.

Da sind die Tagebuchnotizen über den ersten Abend in Aschchabad. Habe ich Fakten und Beobachtungen vergessen? Nein. Aber da waren außerdem noch Gefühle, unaufschreibbar, nicht analysierbar . . .

Während der Fahrt zum Hotel saß ich hinter Maja. Ihre Haare dufteten nach mir unbekannten Blüten, und ihre nackten Schultern verwirrten mich. Ich wollte mich vorbeugen, bis meine Lippen wie zufällig ihre Haut berührten, aber ich wagte es nicht. Wenn ich es heute bedenke, interessierte mich von der ersten Stunde an nur ein Mensch in Aschchabad. Doch das begriff ich damals noch nicht . . . Schluß damit! Gefühle sind für diese Reportage, die ich schreiben will, unwichtig. Bleiben wir bei Tatsachen, bei meinen authentischen Tagebuchnotizen über Aschchabad.

Mittwoch, den 17. September 1975.

Morgens um halb sieben Uhr treibt mich die Hitze aus dem Bett. Auch das Wasser der Dusche wird nicht kalt. Nur der schattige Park neben dem Hotel hat ein wenig von der Nachtkühle aufgespart, und ich bummle bis zum Frühstück zwischen Platanen und mannshohen Sträuchern.

Maja wartet schon im Hotel. „Es tut mir leid“, begrüßt sie mich, „aber am Vormittag müssen Sie sich allein beschäftigen, ich werde inzwischen mit drei Touristen in die Wüste zum Baden fahren . . .“

Erst glaube ich, die Dolmetscherin will mir ein Märchen erzählen, doch als sie ihr „Komsomolzenehrenwort“ gibt, bitte ich mitfahren zu dürfen. Das sei unmöglich, meint sie. „Die drei Touristen haben ihre Badeexkursion zusätzlich bezahlt und es ist streng verboten, andere Leute mitzunehmen.“

Endlich verspricht sie, den Intourist-Direktor zu konsultieren. Der Chef staunt zwar, daß Maja, die tags zuvor fast heulend protestierte, diesen alten Herrn aus der DDR zu betreuen, sich nun für ihn einsetzt, aber er lächelt und genehmigt. Ich bedanke mich überschwenglich und frage ihn – ohne freilich an Verwirklichung zu glauben –, ob ich in Aschchabad einen Mitarbeiter des Wüstenforschungsinstitutes, einen Sonnenenergetiker, einen Biologen, einen Komsomolsekretär und einen Deputierten sprechen könne.

„Gut“, sagt der etwa fünfunddreißigjährige Turkmene, dem schon früh um neun Uhr die Schweißperlen auf der Stirn stehen, „nach dem Baden sehen wir weiter.“

Wir fahren verkehrswidrig zu sechst im Wolga. Ich biete Maja an, sie auf den Schoß zu nehmen. Sie schüttelt entrüstet den Kopf. Aber dann sitzen wir so eng, daß es meinem abgelehnten Angebot fast gleichkommt. Als wir schließlich von der Asphaltstraße abbiegen und, wie mir scheint, aufs Geratewohl, ohne daß ein Weg erkennbar ist, in die Wüste fahren, zweifle ich immer noch an der Badeprophezeiung. Die glutheiße Sandfläche verrät weder mit grünen Pflanzen noch mit Vögeln oder anderen lebendigen Wesen, daß es irgendwo in der Nähe Süßwasser gibt. Manchmal kurven wir um die Dünen herum, meist aber geht es nicht. Dann mahlt sich der Wolga wie ein

Wüstenjeep die Hänge hinauf, heult verzweifelt, ist nahe am Kippen. Wir fliegen von einer Seite auf die andere. Nach zwanzig Minuten Moto-Cross hält der Fahrer vor einem Abhang.

Zum erstenmal in meinem Leben sehe ich eine Fata Morgana. Bis zum Horizont erstreckt sich mitten in der Wüste ein See, schilfumsäumt. Auf einer Insel wächst Gras. Alte und junge Männer sitzen in Booten und angeln.

Ich renne zum Ufer und schöpfe das Wasser mit der Hand – es ist Wirklichkeit.

,,Wir speisen mit dem Wasser des Kara-Kum-Kanals viele kleine Stauseen", erklärt Maja mit naiver Selbstverständlichkeit, als würde sie sagen: Der Regen fällt von oben nach unten. Aber noch vor wenigen Jahren erschlugen sich in dieser Wüste Menschen wegen eines Burdjuk, eines mit Wasser gefüllten Ziegenlederschlauches . . .

Das Wasser ist warm und lehmbraun, doch es schmeckt frisch. Manchmal springen Fische. Maja erzählt, am Strand solle ein großes Intourist-Hotel gebaut werden, denn der See sei schon heute die beliebteste Aschchabader Badegelegenheit.

Außer uns und den Anglern sehe ich keine Menschenseele. ,,Die Saison ist zu Ende; See und Luft sind für die Turkmenen schon viel zu kalt", sagt Maja. Ich schätze das Wasser auf 30 Grad, die Luft hat ungefähr 45 Grad.

Um das für mich bestimmt einmalige Bad, mitten in der Wüste Kara-Kum, möglichst lange zu genießen, schwimme ich weit hinaus. Als ich nach einer knappen Stunde herauswate, schimpft die Dolmetscherin fürchterlich, denn schließlich sei sie für mein Leben verantwortlich.

Ich hätte gar keine Ahnung, was für Scherereien es gäbe und wie viele Formulare sie ausfüllen müsse, wenn ich sterben würde.

,,Wenn Sie mit ins Wasser kommen, schwimme ich nicht mehr so weit." Maja verschwindet hinter dem Auto und zieht sich um. Ihr knapper Bikini würde überall auf der Welt Aufsehen erregen. Vorsichtig und zitternd geht sie in das Wasser, krault dann aber schnell und ausdauernd, wie jemand, der am Meer und nicht in der Wüste aufgewachsen ist.

Von der Rückfahrt gibt es nichts zu berichten, aber im Intourist-Büro erlebe ich das zweite Wunder des Tages. Der inzwischen völlig in Schweiß gebadete Chef sagt nämlich: ,,Alles erledigt, in zwei Stunden haben Sie Ihr erstes Gespräch mit dem Institutsdirektor für Wüstenforschung; er ist außerdem Präsident der Akademie der Wissenschaften Turkmeniens. Essen Sie schnell."

Maja ißt gar nichts, sondern blättert aufgeregt in ihrem russisch-deutschen Wörterbuch.

Fünf Minuten vor 14 Uhr stehen wir in der Akademie. Maja bringt vor Ehrfurcht kaum ein Wort heraus. Es sind ihre ersten Wochen als Dolmetscherin; noch vor zwei Monaten war sie Studentin am pädagogischen Institut. Im Vorzimmer wissen sie Bescheid – der Präsident läßt bitten. Gott sei Dank, er sieht nicht wie ein Präsident aus. Erstens hat er keinen Schlips um, zweitens die Ärmel hochgekrempelt, drittens bietet er sofort lächelnd Tee und Konfekt an, viertens ist sein Arbeitszimmer beruhigend einfach – langer Tisch, Sessel, Schrank mit allen Leninbänden.

Als der Präsident merkt, daß Maja Schwierigkeiten mit dem Übersetzen hat, spricht er besonders langsam und deutlich.

„Ich lernte die Gefahren der Wüste bei vielen Expeditionen selbst kennen. 1949 verliefen sich einige von uns, und erst nach tagelangem Suchen fanden wir die verdursteten Kameraden. Sie hatten sich mit den Händen Löcher in den Sand gegraben, um wenigstens beim Sterben ein wenig Kühle zu spüren. Das Schrecklichste der Wüste sind jedoch nicht Durst und Sandstürme, sondern die Wanderdünen. Die ersten Eisenbahnen, die sich in die Wüste hineinwagten, hatten gleich hinter der Lok zwei Waggons, auf denen 40 Männer saßen, die notfalls die Gleise wieder aus dem Sand buddelten. Heute haben wir viele Dünen mit Beton, Erdöl und Pflanzen befestigt, aber der Kampf ist längst noch nicht zu Ende."

Präsident Babajew erzählt uns die Geschichte vom Saksaul.

„Saksaulholz ist so schwer, daß es nicht schwimmt. Aber das schwarze, schlecht zu hackende und wie Glas splitternde Geäst hat noch andere erstaunliche Eigenschaften. Innerhalb von zwei oder drei Jahren werden seine Wurzeln so lang, daß sie sogar große Wanderdünen befestigen. Leider besitzt Saksaul auch einen ganz profanen Wert: es brennt.

Und Brennholz brauchen die Hirten und Bauern in den neuen Wüstendörfern, um grünen Tee zu kochen.

Denn ohne durststillenden grünen Tee kann kein Mensch in der Wüstenhitze arbeiten.

Aber weit und breit wächst im Sand kein Holz.

Nur die Saksaulsträucher.

Und die haben wir mühevoll auf die Dünen gepflanzt, damit die neuen Dörfer in der Wüste nicht wieder vom wandernden Sand zerstört werden können.

Um Tee zu kochen, brauchen die Menschen in der Wüste Holz.

Und deshalb hacken sie die Saksaulsträucher wieder ab.

Und die Wanderdünen können wieder wandern, vielleicht das neue Dorf verschütten ..."

Und wie kann man den Teufelskreis sprengen? frage ich.

Der Präsident schmunzelt: „Sehr einfach. Wir fördern Gas und Erdöl in der Wüste. Damit kochen die Bauern nun ihren grünen Tee ..."

So etwa wollte uns Professor Babajew den Kampf mit den Sanddünen erklären. Aber in dieser Form war es nicht möglich. Denn Maja weiß zwar, was Wüste und Kamel heißt – das konnte sie schnell noch nachlesen –, aber Wanderdüne, Bodenerosion und andere Fachwörter hat sie kaum in russisch, geschweige denn in deutsch gehört.

Peinliche Stille im Raum.

Der Präsident hat eine Idee: Er läßt sich mein Notizbuch geben und zeichnet einen

Sandberg. Maja stilisiert den Sandsturm, und ich skizziere die Erosionsbewegung. So sitzen wir mit dem Präsidenten der Akademie der Wissenschaften, die Köpfe über mein Notizbuch gebeugt, und zeichnen wegen fehlender Worte wüste Wüstenprobleme.

Danach trinken wir Tee, und zum Schluß des „Gesprächs" zeichnet der Präsident sogar Kamele, obwohl Maja das russische Wort dafür weiß.

Beim Nachhausegehen erholt sich Maja sehr schnell vom ersten Schreck und antwortet lachend auf meine Fragen: Nein, einen Mann habe sie nicht. Sie wohne allein. Was sie könne? Nun, essen, schlafen, ein bißchen reden, schwimmen, tanzen . . . Kochen? Überhaupt nicht. Wenn ihre Freunde sie besuchten, würden die kochen und sie setze sich dann nur noch an den Tisch. Was später würde, wenn ihr Mann auch nicht kochen könne? Ja, das sei eine echte Frage, aber da werde ihr schon noch was einfallen.

Im Moment fällt ihr ein, daß sie Durst hat. Wir suchen einen der dickbäuchigen Kesselwagen mit der Aufschrift „KWAS". Anschließend fällt ihr ein, daß sie unbedingt zum Schneider muß. Sie habe sich zwei lange Kleider machen lassen.

Weshalb gleich zwei? frage ich. „Weil mir eines davon garantiert nicht gefällt", sagt sie. Vor der Maßschneiderei soll ich warten. Alle Männer müßten vor einem Damenatelier warten, beschwichtigt sie. Ich weiß nicht, ob auch alle fast eine geschlagene Stunde auf- und abgehen.

Als sie herauskommt, lobt sie mein Ausharren mit keinem Lächeln. Aber ihr Gesicht deutet an, daß sie nicht nur eins, sondern alle beide Kleider gräßlich findet.

An der nächsten Ecke ist die Mode allerdings vergessen, und Maja sagt, daß bald Feierabend sei und ich zum Hotel zurückgehen solle. Die Leitung sehe es nicht gern, wenn die Dolmetscherinnen nach dem Dienst mit Touristen, vor allem mit einem einzigen Touristen und noch dazu einem Mann, zusammensein würden. „Denn ein Dolmetscher darf weder Er noch Sie sein – ein Intourist-Dolmetscher ist ein Es, ein Neutrum."

Ende der Notizen vom Mittwoch, dem 17. September 1975.

Über den Nachmittag und Abend steht nichts im Tagebuch. Eine Seite mit den Wüstenzeichnungen ist herausgerissen und liegt lose im Heft. Wie war das doch? . . .

Der Präsident ging für einen Moment hinaus, um Fotos zu holen. Ich skizzierte eine furchterregend hohe Sanddüne und rechts und links daneben zwei hilflose Menschen, die vergeblich versuchen, den Berg zu besteigen, um zusammenzukommen. Darunter schrieb ich Majas und meinen Namen, malte ein dickes Fragezeichen darüber, riß das Blatt heraus und gab es ihr. Sie nahm den Kuli und grub einen Gang durch den Berg . . .

Noch ein Zettel – aber einer, der zwei oder drei Tage später geschrieben wurde – liegt zwischen den Seiten. Es ist Majas Schrift. „Bevor Du schlafen gehst, rufe mich an, damit ich weiß, daß Du den Weg von mir zum Hotel gefunden hast."

Lassen wir endlich dieses Thema, alles, was dazu gesagt werden mußte, ist gesagt, und in meinen Aschchabader Tagebüchern habe ich einige wichtigere Gespräche und Informationen notiert...

Donnerstag, den 18. September 1975.

Beim Frühstück setze ich mich zu einem jungen Turkmenen, der mir – kaum, daß ich ihn begrüßt habe – wortreich erläutert, daß er Allaberdy heißt, zum zweiten Mal in diesem wunderbaren Hotel schläft, früher seinem Vater in der Wüste beim Schafehüten half und heute den Kara-Kum-Kanal, den längsten Kanal der Welt (das stimmt nicht, der 486 vor der Zeitrechnung eröffnete Große Kanal in China mißt 1700 km), baut. Er sagt nicht: Wir bauen ... Er sagt: ,,Ich baue den 1400 Kilometer langen Lenin-Kanal durch die Wüste."

Weil ich lächle, fragt er, in welchem Beruf ich arbeite, und berichtigt nach meiner Antwort: ,,Nun, ich baue nicht direkt den Kanal, jedoch die Brücken. Weißt du, das kam so ..." Und nun gerät Allaberdy wieder in Fahrt.

,,Ich ging auf eine Brückenbauerschule nach Kiew, und meine Mutter weinte jeden Tag, weil Allah unserer Wüste keine Flüsse geschenkt hatte. Denn wo es keine Flüsse gibt,werden keine Brücken gebaut, und ich, ihr einziger Sohn, könnte nie zu Hause arbeiten. Deshalb weinte sie um mich, ihren Allaberdy. Doch noch bevor ich ausgelernt hatte, begann der Bau des Kara-Kum-Kanals in unserem Gebiet. Je weiter das Wasser des Lebens in die Wüste vordrang – die alten Turkmenen knieten am Ufer und beteten –, um so mehr Hirten beschwerten sich bei der Kanalverwaltung. Sie sagten: ,Unser Dorf liegt auf der einen Seite des heiligen Wassers, die Weideplätze für die Schafe jedoch auf der anderen. Bitte baut auch eine Straße über den Kanal!' So geschah es, daß in der Wüste Brücken entstanden ..."

Heute haben sich die Bauleute mit ihren Bulldozern und Baggern schon fast eintausend Kilometer in die Wüste hineingefressen. Die Menschen, die in der baumlosen Gluthitze arbeiten, gehören siebzig verschiedenen Nationalitäten des Sowjetvolkes an.

Auf den Millionen Hektar Land, das sie der mittelasiatischen Wüste abgerungen haben, können sich Menschen, Tiere und Pflanzen satt trinken.

Aber nun beginnt der Aralsee zu schrumpfen! Denn in manchen Jahren erreichen weder der Syr-Darja noch der Amu-Darja den See. Sie werden unterwegs von Kanälen, Stauseen, Bewässerungsanlagen und Badeteichen leergetrunken.

Deshalb muß jetzt, obwohl der erste gigantische Plan noch nicht voll verwirklicht worden ist, schon ein neues Kanalvorhaben projektiert werden. Es ist das kühnste und größte, das Menschen sich je vorgenommen haben: Wasser aus den sibirischen Flüssen Ob und Jenissei soll in die trockenen Steppen Kasachstans und die durstigen Wüsten Turkmeniens fließen.

Dann braucht man den Amu-Darja und den Syr-Darja nicht mehr bis zur Neige anzuzapfen, der Aralsee wird nicht austrocknen, und Steppen und Wüsten werden in blühende Gärten verwandelt. Allaberdy kennt ein paar Zahlen des Projektes. Der Kanal soll mit 3000 Kilometern fast so lang wie die Wolga werden, zwölf bis fünfzehn Meter tief und unüberschaubar breit sein.

Unversehens gerät der Brückenbauer ins Träumen. Er beschreibt mir endlose Baumwollfelder, Zitronenplantagen, Eukalyptushaine und Fischteiche in der heute noch unbewohnten Wüste. ,,Wenn du einmal wiederkommst, wirst du Turkmenien nicht mehr erkennen."

Ich frage ihn, wann alles fertig sein soll.

,,Vielleicht kann erst mein Sohn dieses achte Wunder der Welt vollenden", sagt er.

Wieviel Söhne hast du?

,,Einen, aber es werden mehr!"

Wie heißt er?

Und der Brückenbauer Allaberdy – das bedeutet auf deutsch: *von Allah geschenkt* – sagt: ,,Er hat einen Namen, den es jetzt fast in jeder turkmenischen Familie gibt, er heißt *Kanalgeldy*." Was soviel bedeutet wie: *vom Kanal geschenkt* oder *als der Kanal zu uns kam.*

Maja, die plötzlich neben uns steht, unterbricht den jungen Turkmenen, denn ihr Direktor hätte eine wichtige Mitteilung für mich. Sie läßt mir kaum Zeit, do swidanija zu sagen, und bezahlen solle ich am nächsten Morgen . . .

Der Direktor ist aufgeregt, denn der Vizepräsident der Turkmenischen Akademie der Wissenschaften und Leiter des Instituts für Helioenergetik hat angerufen: ,,In zehn Minuten erwartet er Sie. Der Wagen steht schon vor der Tür."

Am Restauranteingang steht der Brückenbauer und ruft mir zu: ,,Ne sabud, ja Allaberdy, postroju kanal Lenina, samy bolschoi kanal mira." – Vergiß es nicht, ich – Allaberdy – baue den Leninkanal, den größten Kanal der Welt.

Als ich diese Episode in meinem Aschchabader Tagebuch entziffere, muß ich lachen, denn das ,,Ich und Lenin" hatte ich in einer anderen Variante schon einmal gehört, aber nicht notiert.

Am Tag zuvor, als Maja sich verabschieden und mich zum Hotel zurückschicken wollte, überredete ich sie, mit mir noch im Park spazierenzugehen. Wir sprachen über alles mögliche, auch über das Erdbeben, das Aschchabad im Oktober 1948 erschüttert hatte.

Zehntausende Tote soll es damals gegeben haben, doch die Meldungen darüber waren seinerzeit sehr widersprüchlich, und ADN berichtete fünf Tage nach dem Unglück in einer Sieben-Zeilen-Nachricht von der Katastrophe. Maja wußte auch nichts Genaues, wir wechselten das Thema.

In der Mitte des Parks steht auf einem ornamentverzierten Sockel Wladimir Iljitsch Lenin.

,,Dieses Denkmal blieb bei der Naturkatastrophe 1948 stehen, alle Häuser und Fabriken im Zentrum stürzten ein", sagte Maja beiläufig, machte eine Pause und behauptete: ,,Lenin war genauso kräftig wie ich. Auch ich blieb stehen, oder anders gesagt: ich bin sofort wieder aufgestanden."

Aber du warst doch 1948 noch gar nicht geboren? sagte ich.

Maja erklärte, enttäuscht über meine schwache Phantasie: ,,Ich meine ja auch, als mich ein Auto überfuhr. Ich sah die rotierenden Räder genau über mir, doch ich war wie unser Lenin-Denkmal bei den furchtbaren Erschütterungen nicht unterzukriegen; habe mich kurz geschüttelt und bin weitergegangen."

Und sie griente zu Wladimir Iljitsch hinüber: Ich und Lenin . . .

Wir liefen zur Hauptstraße zurück. Im Kinotheater wurde ,,Front ohne Flanken", ein zweiteiliger Film über sowjetische Partisanen im zweiten Weltkrieg, gespielt. ,,Gut", sagte Maja, ,,kaufen wir zwei Karten. Aber vorher mußt du noch etwas essen, denn die Vorstellung dauert mindestens drei Stunden."

Also suchten wir den nächsten Schaschlikstand. Er kündigte sich schon hundert Meter vorher mit allen Wohlgerüchen des Orients – vor allem Knoblauchduft – an. Zwar hatte ich Hunger, aber ich zögerte wegen des Knoblauchs. Vielleicht stört sich eine Turkmenin nicht an diesem Geruch, doch vorsichtshalber aß ich erst, als Maja auch zwei, drei Bissen vom Fleisch genommen hatte.

Das Kino war bis auf den letzten Platz gefüllt. Neben mir saß ein vielleicht fünfzigjähriger Mann, der zähneknirschend, schwitzend und fluchend alles noch einmal durchlebte. Manchmal fragte er mich etwas. Doch ich blieb stumm, hatte Angst, meine Nationalität zu verraten. Auch Maja schwieg. Als faschistische deutsche Panzer Kinder zermalmten, faßte sie nach meiner Hand. Wir schauten uns nicht an, blickten starr geradeaus . . .

Draußen war es noch hell. Maja wollte nach Hause. Ich begleitete sie und nahm ihre Hand.

,,Nein", wehrte sie ab, ,,meine Mutter und mich kennen viele Leute. Sie würden erzählen, daß ich mit einem Fremden zusammen war – für ein oder zwei Tage, wie ein schlechtes Mädchen – verstehst du . . . Meine Mutter möchte, daß ich mir einen turkmenischen Mann suche, keinen Fremden, und mit ihm glücklich werde . . ."

Was für einen Beruf hat deine Mutter?

,,Sie ist Gebietsvorsitzende, Vorsitzende des Rates des Bezirkes, wie ihr sagen würdet."

Maja wohnt in einer der nach dem Erdbeben gebauten Siedlungen, außerhalb des Zentrums. Obwohl es inzwischen dunkel geworden war, konnte man die Alterserscheinungen der grauen zweistöckigen Häuser nicht übersehen: bröckelnder Putz, dunkle Regenflecken an den Wänden, farblose Fensterrahmen.

Wir standen vor der Tür und sprachen über den nächsten Tag. Maja gab mir die Hand, um ,,auf Wiedersehen" zu sagen.

Ich hielt sie fest.

Wie nennen dich deine Freunde?

,,Maika."

Sie machte sich los und ging ins Haus.

Ich war in eine mir fremde Welt eingebrochen. Am Anfang hatte ich nur das dunkelhäutige, schwarzhaarige Mädchen – schön und exotisch wie aus einem orientalischen Märchen – gesehen. Dann, als ich anfing, meine Gefühle preiszugeben, spürte ich, daß sie anders dachte und empfand. Sie war scheu wie ein Kind, ohne sich zu zieren, sie wollte die Liebe nicht im Vorbeigehen mitnehmen, sondern sie wie eine Blume pflegen und behüten.

,,Aber das verstehst du nicht", hatte sie vor der Tür gesagt.

Außer dem Lenin-Denkmal sah ich in Aschchabad noch eine andere Statue. Nicht so heroisch, schlicht in der Form, der Gesichtsausdruck des Mannes fast traurig.

Wer ist das? fragte ich Maika.

,,Unser Dichter Machtumkuli. Er lebte von 1733 bis 1783."

Was hat er geschrieben?

,,Wunderbare Liebesgedichte, die schönsten, die ich kenne."

Für wen?

,,Für seine Liebste, sie hieß Mengle, das bedeutet: ein Mädchen mit einem Stern auf der Stirn. Er liebte nur sie, doch er konnte sie nicht heiraten, weil er zu wenig Geld hatte, um den Kaufpreis für sie zu bezahlen."

Wie viele turkmenische Mädchen hatten nie lieben dürfen, erfuhren nie, was dieses Wort bedeuten kann? Mit zwölf Jahren wurden sie an einen alten reichen Mann verkauft, bei ihm ein Leben lang eingeschlossen und mußten das Gesicht vor jedem fremden Mann verschleiern . . . In dieser Zeit der Zwangsehe und des Kaufpreises war die erfüllte Liebe der kostbarste Schatz, den ein Mensch geschenkt bekommen konnte.

Zwangsehe und Frauenkauf wurden nach der Oktoberrevolution abgeschafft. Aber die Liebe ist für die Kinder und Kindeskinder das geblieben, was sie für die Eltern war: etwas Einmaliges und Kostbares, sorgsam zu Hütendes.

Vom Hotel aus wollte ich Maika anrufen. Sie sprach gerade. Auch nach einer Stunde war ihr Apparat noch besetzt. Ich grübelte die halbe Nacht, mit wem sie solange telefoniert haben könnte.

Doch diese Grübelei war nutzlos für mich. So nutzlos wie meine jetzigen sentimentalen Erinnerungen. Blättern wir also lieber weiter in meinen Aschchabader Tagebüchern.

Wir sind pünktlich im Institut für Helioenergetik. Oras Owezelnikow, Chef der ,,Sonnenforscher" und Vizepräsident der Akademie, begrüßt uns in seinem Arbeitszimmer. Er hat Jackett und Schlips über die Stuhllehne gehängt, die Hemdsärmel bis zu den muskulösen Oberarmen hinaufgekrempelt. Rechts und links von ihm sitzen zwei Frauen in traditionellen bunten Seidenstoffkleidern und zwei junge Männer, die höflichkeitshalber – oder weil sie noch keine Chefs sind – ihre Jacketts anbehalten haben.

Zuerst spricht der Institutsdirektor über ihren gemeinsamen Forschungsgegenstand: die Sonne. ,,Sie liefert in jeder Minute für jeden Quadratzentimeter unserer Erde eine Wärmekalorie . . .“

Während er referiert, unterhalten sich die zwei Frauen – ich kann es hören, denn ich sitze direkt neben ihnen – über ihre Kleider.

Die erste Frau (leise): ,,Den Stoff habe ich selbst gewebt, aber die jungen Mädchen heutzutage . . .“

Der Direktor (laut): ,,Mit Sonnenenergie werden wir das Kaspische Meer entsalzen, die Wüste fruchtbar machen, Metalle schweißen und klimatisierte Räume schaffen . . .“

Die zweite Frau (leise): ,,Der Seidenstoff muß bunt wie ein Regenbogen sein. Meine Mutter hat mir diese Webkunst beigebracht . . .“

Der Direktor (laut): ,,Es ist keine Utopie – eines Tages, dann, wenn die herkömmlichen Arten der Stromerzeugung zu teuer oder ganz und gar unmöglich sind, werden Turkmenien und die anderen mittelasiatischen Republiken die wichtigsten Energielieferanten für die Sowjetunion sein. Die Welt wird von dem Sonnenstromgiganten in der Wüste sprechen. Bedenken Sie dabei auch, welche Perspektiven sich für die heute noch industriell rückständigen, aber mit reichlich Sonne bedachten Entwicklungsländer ergeben. Wie weit das Problem der Energiegewinnung aus der Sonne inzwischen gediehen ist, werden Ihnen anschließend unsere Mitarbeiter erklären . . .“

Die zwei Frauen, die gerade noch die Köpfe zusammensteckten und Erfahrungen über turkmenische Seidenstoffe austauschten, schlagen ihre Notizbücher auf.

Gekürzter Bericht der ersten Frau: ,,Ich konstruiere klimatisierte Häuser für die Wüste. Durch Ausnutzung der Helioenergie ermöglichen wir, daß in den Räumen trotz plus 50 Grad Außentemperatur kontinuierlich 20 Grad herrschen. Das erste Haus mit solch einer Anlage bauten wir in der Wüste Kara-Kum. Es sieht den anderen dreistöckigen Gebäuden zum Verwechseln ähnlich. Nur das Dach unterscheidet sich. Es wurde mit rund 200 Quadratmeter Sonnenzellen ausgelegt. Die Energie, die sie einfangen, wird benutzt, um Wasser in einem kühlschrankähnlichen System zu verdampfen. Zur Zeit arbeiten wir an einem Projekt, das 128 Zimmer hat – denn je größer die Häuser sind, desto rentabler wird die Sache. Ich glaube, daß wir bald Städte in der Wüste bauen können, in denen nur noch sonnenenergetisch klimatisierte Häuser stehen. Und später werden wir in den kälteren Gebieten die Wohnungen mit Heliostrom heizen.“

Ergänzung (nach einer Frage von mir): ,,Ich bin auf dem Dorf groß geworden. Der Vater arbeitete als Hirt, und wir waren fünf Geschwister. Alle haben inzwischen eine Hochschule absolviert.“

Gekürzter Bericht der zweiten Frau: ,,Wir versuchen, die Wüste mit Hilfe der Sonne zu entsalzen. Durch Sonnenenergie angetriebene Pumpen schöpfen das Wasser ab, das verdunstet wird, bis nur noch Natriumchlorid in kristalliner Form übrigbleibt. Außerdem bauen wir Sonnen-Gewächshäuser für den Winter. Dabei gibt es allerdings noch ein Problem, überhaupt das komplizierteste bei der Nutzung der Helioenergie: Was sollen wir tun, wenn die Sonne von Wolken verdeckt wird? Deshalb arbeiten wir jetzt daran, die Sonnenkraft für ‚finstere Tage' in großen Batterien zu speichern."

Ergänzung (nach einer Frage von mir): ,,Ich kann kochen, weben, sticken und Teppiche knüpfen. Die Kinder dagegen vergessen immer mehr von diesen nationalen Fertigkeiten. Sie sind nur noch Wissenschaftler, unterscheiden sich nicht von den usbekischen, tatarischen, russischen, kasachischen . . ."

Gekürzter Bericht von Bairschew Anakurban, einem der zwei jungen Männer: ,,Wir nutzen die Sonnenenergie unter anderem zum Schmelzen, Schweißen und Schneiden von Metallen. Dazu bündeln wir die Sonnenstrahlen mit silber- und glasbeschichteten Hohlspiegeln, die einen Durchmesser bis zu zwei Metern haben. Im Brennpunkt der Strahlen erreichen wir schon Temperaturen von rund 3000 Grad. Allerdings sind die Schweiß- und Schneidgeräte, die nach diesem Prinzip arbeiten, noch zu teuer."

Ergänzung (nach einer Frage von mir): ,,Meine Frau arbeitet auch als Wissenschaftlerin am Institut. Wir haben einen kleinen Sohn, und es bleibt keine Zeit für Handarbeiten, Weben oder Teppiche knüpfen."

Der Institutsdirektor prophezeit: ,,Vielleicht wird sein Sohn schon im Sonnenstaat leben, in dem die Helioenergie Mittelasiens die Grundlage für die Industrie unseres Landes ist."

Maja lächelt skeptisch, doch Professor Owezelnikow entgegnet: ,,Die Entwicklung geht schneller, als wir es uns vorstellen. Wenn mir vor dreißig Jahren – als ich in einem Wüstendorf noch Karakul-Schafe hütete – einer prophezeit hätte, daß ich einmal Vizepräsident der turkmenischen Akademie sein würde, hätte ich ihn genauso ungläubig angeschaut."

Der Vizepräsident – früher ein Schafhirte.

Hirte von Karakul-Schafen.

Sie gehören zu den wertvollsten Tieren der Erde, denn aus ihrem Fell werden Persianer hergestellt. Das heißt, die begehrten Pelze erhält man von Karakul-Lämmern, die spätestens drei Tage nach ihrer Geburt getötet werden müssen. (Später verlieren die feingekräuselten Mohärlocken ihre Dichte.) Noch kostbarer als die Persianer sind die sogenannten Breitschwänze, die sich jedoch nur aus den Fellen frühgeborener Lämmer gewinnen lassen.

Jahrzehntelang wurden hauptsächlich von den amerikanischen und englischen Plüschfabrikanten, die imitierte Pelze anboten, blutrünstige Geschichten über diese Breitschwänze, die Frühgeburten der Karakul-Schafe, verbreitet.

Vor dem ersten Weltkrieg schrieb ein gewisser Lesnewski im „Turkestan Courir", daß die turkmenischen und usbekischen Hirten die tragenden Mutterschafe an Pfähle binden und sie so lange prügeln würden, bis sie die Lämmer als Frühgeburt zur Welt bringen würden. „... Ich möchte bis zur Bewußtlosigkeit schreien: Das ist kein Persianer, den ihr tragt, das ist Blut ... Schreiet, alle Staaten der Welt, über dieses Blutvergießen ..." Ob Lesnewski ein Wort über das Blutvergießen im kurz danach beginnenden ersten Weltkrieg verloren hat, ist nirgendwo nachzulesen. Seitdem erfanden alle möglichen Tierschutzvereine und politischen Organisationen, meist dann, wenn Massenabschlachtungen von Menschen vorbereitet oder praktiziert wurden, neue Storys über die grausame Behandlung der Karakul-Mutterschafe in Mittelasien. 1934, als die Faschisten begannen, Menschen in Konzentrationslagern zu massakrieren, schwangeren Frauen die Kinder aus dem Leib zu prügeln, fühlte sich der nach Hitlers Machtantritt neugegründete deutsche Tierschutzverein für das Schicksal der sowjetischen Karakul-Schafe verantwortlich. Denn, so schrieb schon fünf Jahre vordem Gräfin Elisabeth von Montgelas in den „Süddeutschen Monatsheften": „... In diesem besonderen Fall muß man auch noch den tiefen Kulturstand der halbwilden Bucharen in Betracht ziehen..."

Allerdings ließ eine deutsche Pelzgesellschaft 1909 bei den „halbwilden Bucharen" 260 reinrassige Karakul-Schafe stehlen und über die russische Grenze schmuggeln. Die Tiere wurden nach Deutsch-Südwest-Afrika gebracht und sollten den Stamm für eine deutsche Karakul-Zucht bilden.

Davon weiß der Institutsdirektor nichts, aber bitte sehr, sagt er, wenn ich mich außer für die Sonne auch für seine frühere Arbeit mit den Schafen interessiere, könne er noch fünf Minuten Zeit opfern, aber nicht mehr. Also drei oder vier Fragen.

Erste Frage: Wodurch entstehen die einzigartigen gekräuselten kurzen Locken des Karakul-Felles?

„Das hängt mit unserem heißen trockenen Klima und der Wüstenvegetation zusammen. Die Tiere ernähren sich nur von sehr salzhaltigen, dürren Kräutern, können also kaum Fleisch ansetzen und entwickeln dieses besondere Fell."

Zweite Frage: Das wertvollste Fell, den Breitschwanz, erhält man nur von zu früh geborenen Lämmern. Versuchen die Hirten, durch Gewalt oder Schock Frühgeburten bei den Tieren auszulösen?

„Nein, das ist streng verboten. Außerdem genügt eine einfache Rechnung und jeder begreift, wie unsinnig solch eine Methode ist, denn sie gefährdet das Leben der Mutterschafe. Ein Hirt, der für eine Breitschwanz-Frühgeburt das Leben eines Muttertieres riskiert, wäre ein Vollidiot. Das Mutterschaf einer guten Herde kostet viermal mehr als ein Breitschwanzfell; das Tier einer Zuchtherde sogar fast zehnmal soviel."

Dritte Frage: Wie kommt es zu den Frühgeburten, denn jährlich werden Breitschwänze auf den Pelzauktionen angeboten?

„Vor allem durch extreme Temperaturunterschiede in der Wüste. Manchmal schwanken die Temperaturen um vierzig Grad zwischen Tag und Nacht und können eine Fehlgeburt auslösen.“

Vierte Frage: Werden auch künstliche Eingriffe vorgenommen?

„Es gab Versuche. Man spritzte den hochtragenden Schafen ein Serum ein, das den Abortus stimulierte. Aber das geschah meist nur bei alten Muttertieren, die sowieso gemerzt werden sollten.“

Ich habe keine Fragen mehr. Nur Maja will noch einmal wissen, ob die Lämmer wirklich drei Tage nach der Geburt getötet werden müssen, damit sie gute Persianer liefern. „Geboren, um sofort wieder getötet zu werden?“

Der Vizepräsident nickt.

„Und können die Lämmer mit ihren drei Tagen schon sehen, oder sind sie noch blind?“

Das weiß der Professor nicht genau.

Wir verabschieden uns.

An dieser Stelle habe ich in meinem Notizbuch zwei Seiten frei gelassen. Wollte ich etwas einfügen oder Erlebnisse unterschlagen, überblättern, vergessen ... ?

Kaum waren wir aus dem Institutsgebäude heraus, zeigte Maika auf eine alleeähnliche Nebenstraße und bat: „Komm, wir gehen dorthin.“ Sie setzte sich auf eine baumumstandene Bank und weinte. Ich sagte, die Sache mit den Lämmern sei doch nicht so tragisch, streichelte ihre Haare. Schließlich legte sie ihren Kopf an meine Schulter.

Nach einer langen Weile stand sie auf, putzte sich die Nase und lief dann schweigend neben mir her.

Später fragte ich, ob sie oft weint.

Sie schüttelte den Kopf.

Und wann zum letzten Mal?

„Als ich zum Neujahr allein war, obwohl meine Mutter versprochen hatte, zu mir zu kommen. Ich habe eine Flasche Kognak getrunken, die ganze Nacht allein getanzt und geweint.“

Maika holte ein Foto aus ihrer Handtasche, küßte es zuerst und zeigte es mir dann. Eine Frau vor einem Jeep, der Fahrer steht daneben. „Das ist meine Mutter, irgendwo an der Grenze auf Inspektionsfahrt. Sie heißt mit Vornamen Ogulkurban, das bedeutet: ein Mädchen, das eigentlich ein Junge werden sollte.“

Maika holte ein anderes Foto aus ihrer Handtasche, küßte es und zeigte es dann. Ihre Mutter während einer Konferenz am Rednerpult.

Maika holte ein anderes Foto aus ihrer Handtasche, küßte es wieder. Die Mutter sitzt vor einem orientalischen Häuschen unter schattigen Bäumen.

„Das ist unser Heimatdorf. Die Großeltern leben noch dort und viele andere Verwandte.“ Maika sagte: „Nascha familija.“ Unsere Familie. Wenn sie davon sprach, tat sie es liebevoll, fast zärtlich. In Turkmenien leben nach wie vor Großfamilien in einem Haus zusammen. Das ist ökonomisch und entspricht dem Gemeinschaftsgefühl der orientalischen Völker. Die alten Leute hüten die Kinder und pflegen den Garten, die jungen verdienen das Geld für die Familie. ,,Ich fühle mich nirgends so geborgen wie in unserer Gemeinschaft: Großeltern, Mutter, Tanten, Geschwister... Leider sind viele durch die neuen Berufe und die neuen Fabriken in die verschiedensten Himmelsrichtungen verstreut worden."

Maikas Mutter wohnte früher in Aschchabad. Sie wurde jedoch als Vorsitzende in ein anderes Gebiet geschickt. Später will sie zurückkommen, und damit sie die Wohnung inzwischen nicht verliert, ließ sie ihre Tochter in der Republikhauptstadt.

,,Das ist der größte Schmerz meines Lebens, doch ich werde hier allein in diesen vier Zimmern warten, solange es meine Mutter möchte."

Sie küßte die Fotos und steckte sie wieder in die Handtasche.

Während wir zum Hotel gingen, erzählte sie mir die Liebesgeschichte einer jungen Frau aus ihrem kleinen turkmenischen Heimatdorf.

,,Sie heißt Aina. Das bedeutet Spiegel oder verliebtes Mädchen, denn die Augen eines verliebten Mädchens sind klar wie ein Kristallspiegel und können nichts verschweigen. Aina ist nicht viel älter als ich. Schon seit drei oder vier Jahren liebt sie einen Jungen aus dem Dorf, in dem meine Großeltern leben und in dem meine Mutter aufwuchs. Der Junge möchte Aina heiraten, doch sie können sich nur heimlich treffen. Manchmal, wenn die Komsomolzen eine Veranstaltung organisieren, halten sie sich in unbeobachteten Augenblicken an den Händen. Aina sagt, daß sie nie einen anderen Mann küssen wird. Und er kann nie ein anderes Mädchen lieben. Doch sie dürfen trotzdem nicht heiraten."

Hier beendete Maika ihre Geschichte. Für sie war alles klar. Doch ich verstand nichts und fragte, weshalb Aina ihren Liebsten nie heiraten wird.

Wegen der Nationalitäten, sagte Maika.

Aber sie sind doch beide Turkmenen, entgegnete ich.

Ja, bestätigte Maika, und erzählte weiter: ,,Durch das kleine turkmenische Dorf fließt ein Bach. Auf der rechten Seite des Flüßchens wohnen die Mitglieder eines alten turkmenischen Stammes, und auf der linken Seite die Angehörigen eines anderen turkmenischen Stammes. Aina wurde auf der rechten Seite wie meine Mutter und alle unsere Verwandten geboren. Ihr Freund aber lebt links des Flüßchens. Seine Eltern verlangen, daß er die alten Gesetze achtet und nur ein Mädchen seines Stammes, das auf der linken Seite des Flusses geboren wurde, heiratet."

Maika schwieg plötzlich und ermahnte sich: ,,Wenn ich so gedankenlos daherplappere, werde ich nie eine gute Intourist-Dolmetscherin. Ich rede viel zu viel über Dinge, die man besser für sich behalten sollte, denn du wirst sie doch nicht verstehen..."

Sie beantwortete keine meiner Fragen mehr und wollte statt dessen wissen, ob es bei uns möglich ist, daß ein Mann heute diese Frau liebt, morgen jene, übermorgen wieder eine andere, vielleicht sogar Vater wird, die Frau mit dem Kind aber allein läßt und wieder zu einer anderen geht; die junge Mutter sich einen neuen Mann sucht, eine Weile bei ihm bleibt, später fortgeht und so weiter...

„Ist so etwas wirklich möglich bei euch?"

Ich bejahte.

„Ihr habt eine andere Moral als wir. Bei uns in Turkmenien lieben sich die Mädchen und Jungen nur, wenn sie auch heiraten wollen und eine Familie werden, in der sich die Kinder geborgen fühlen und gut behütet aufwachsen können."

Maika machte eine Pause und philosophierte: „Die Liebe muß fruchtbar sein. Was hätte sie sonst für einen Sinn?"

Sie blickte mich fragend an. Ich verstand und schaute auf die Erde...

Verdammt, wenn ich nur in nutzlosen Erinnerungen krame und vom Tagebuch abschweife, werde ich meine Aschchabader Notizen nie bis zum Ende wiedergeben können. Also weiter in der Chronologie: Donnerstag, 18. September 1975. Letzte Exkursion des Tages – die Besichtigung einer Teppichweberei.

Im großen Produktionsraum ist es leise und sauber, nur eine Weberin singt ein melancholisches Lied. Manufakturähnliche Technologie. An den Webstühlen, die so groß wie eine Leinwand im Kino sind, sitzen jeweils drei Frauen. Außen zwei ältere, in der Mitte eine junge. Sie knüpfen die traditionellen turkmenischen Muster ohne Vorlage, und das Mädchen in der Mitte schaut sich die Erfahrungen der Älteren ab.

Turkmenische Weberinnen stellten auch den größten Teppich der Welt her. Vom 13. Juli 1941 (einundzwanzig Tage nach jenem schrecklichen 22. Juni) bis zum 13. Februar 1942 knüpften vierunddreißig Frauen (was dachten sie über den Sinn ihrer Arbeit?) den 193,5 Quadratmeter großen Teppich. Er war als Vorhang für das Moskauer Bolschoi gedacht. Doch heute hängt er nicht im Theater, sondern im Aschchabader Museum. Als Vorhang war er zu schwer geraten.

In den Jahren 1965 und 1966 erhielten turkmenische Teppiche in Leipzig Messegold, und als ich in der Weberei die wunderbaren Teppichmuster bestaune, sagt Maja: „Alles nur Export."

Auch in Maikas Wohnzimmer lagen bunte orientalische Teppiche. Ich fragte, ob sie aus Aschchabad stammen. Lachend drehte sie eine Ecke des „turkmenischen Teppichs" um, und ich las: „Hergestellt in der DDR."

Maika hatte mich abends mit nach Hause genommen. Sie wollte mir Haarshampoo holen – ich sollte vor der Haustür warten. Als ich aber mit den Nachbarn, die neugierig aus den Fenstern schauten, zu reden begann, schrie sie von oben herunter: „Muß denn das ganze Viertel erfahren, wer du bist! Komm schon hoch!"

An der Wohnungstür baumelte eine dicke Vorhängekette. Der Flur war eng, und an der Wand hing ein Spiegel so tief, daß ich mich bücken mußte, um hineinschauen zu können. ,,Den hat meine Mutter extra für mich angebracht", erklärte Maika. Dann schickte sie mich in das Zimmer. Ich trat nicht verlegen von einem Bein auf das andere, denn die Wohnung verängstigte mich mit keinen spiegelblanken Fenstern, staublosen Schränken, fusselfreien Teppichen und frischgestärkten weißen Tischdecken. Man spürte sofort, daß jemand darin wohnte. Auf dem Fußboden lagen Bücher, auf dem Sessel Platten mit Musik von Schostakowitsch und den Beatles. Nebenan in der Küche verdarben Tomaten und Melonenscheiben, und der Abwasch stand bestimmt schon zwei Tage.

Maika hatte sich umgezogen. Im Ausschnitt der nur halb zugeknöpften Kittelschürze sah man ihre kleinen Brüste.

Sie begann nicht aufzuräumen, sondern setzte sich auf das Sofa und fragte, ob ich Musik hören möchte.

Ja – Händel.

Händel hatte sie nicht, aber Telemann.

Als Maika die Platte auflegen wollte, klingelte es. Der Freund ihres Bruders kam und kündigte an, daß Aina noch vorbeischauen wolle und er inzwischen etwas zu essen und zu trinken kaufen würde. (Wahrscheinlich wußte er, daß Maika selten Vorräte im Hause hatte.)

Zehn Minuten später – es war schon 21 Uhr – brachte er ein Netz voll Tomaten, Weißbrot, Wurst, Käse und Kognak. Weil kaum noch Teller und Tassen im Schrank standen, spülten Maika und ich in der Küche das schmutzige Geschirr. Als der erste Teller auf dem Boden zerklirrte, schmiß sie mich aus der Küche,

Ich probierte mit dem Freund ihres Bruders den Kognak. Er war gut, und der junge Mann erzählte, daß er früher, wie Maikas Bruder, ein leidenschaftlicher Maler gewesen sei.

Weshalb früher und heute nicht mehr?

,,Jetzt habe ich keine Zeit dafür. Ich muß als Lehrer arbeiten, um Geld zu verdienen, denn alle meine Geschwister studieren, und unsere Familie ist mir wichtiger als die Malerei: die kann warten."

Er sagte es lächelnd und ohne eine Spur von Groll.

Gegen zehn kam Aina. Maika hätte sie nicht vorstellen brauchen, ich wußte sofort, daß es nur sie sein konnte.

Aina schaute uns eine Sekunde lang grüßend an, dann blickte sie verschüchtert auf ihre Füße und blieb unbeweglich stehen. Alles an ihr war märchenhaft, das lange weiße Kleid, die glatt auf die Schultern fallenden pechschwarzen Haare und das ruhige, ebenmäßig schöne Gesicht mit den niedergeschlagenen Augen. So hatte ich mir als Kind Prinzessinnen vorgestellt.

Sie gab mir die Hand, und in diesem Moment mußte ich an meine Jugendidole –

Romeo und Julia – denken. Ja, so muß Julia Capulet ausgesehen haben.

Julia Capulet, Komsomolzin und Studentin in Aschchabad.

„Sie wohnt nicht mehr in unserem Heimatdorf und arbeitet auch nicht mehr als Buchhalterin in der Kolchose. Seit drei Wochen studiert sie am polytechnischen Institut in der Hauptstadt."

Aina bat Maika um einen Konspekt über Lenins Buch „Was tun?". Und während sie im Nebenzimmer las, überlegte ich krampfhaft, was ich tun sollte: sie nach ihrer unglücklichen Liebe fragen oder es höflichkeitshalber unterlassen?

Später, beim Essen und Trinken, sprach ich mit dem unsagbar stillen und unbeschreiblich schönen Mädchen über ihr Dorf.

Der Fluß fließt noch durch die Siedlung?

„Ja – die Sonne hat ihn nicht ausgetrocknet."

Und Sie lieben Ihren Freund noch, der auf der anderen Seite wohnt?

Sie nickte.

Werden Sie auf ihn verzichten, weil seine Eltern es wollen?

„Ich achte seine Eltern, es sind gute und kluge Menschen. Bestimmt möchten sie das Beste für ihren Sohn, wenn sie sagen, daß er sich eine Frau seines Stammes nehmen soll . . ."

Wir tranken auf die Liebe.

Aina und Maika nippten nur an ihren Gläsern. Der Maler und ich leerten sie bis zur Neige.

Kurz vor zwölf drängelte Maika: „Du mußt jetzt gehen. Im Hotel wird man dich vermissen." Sie nahm mich mit in ihr kleines Zimmer, küßte mich, wie man ein Kind küßt, und sagte: „Aina und der junge Lehrer bleiben so lange hier, bis du gehst. Es sind meine Freunde, sie gehören zur Familie, und sie möchten nicht, daß ich wegen einer Nacht unglücklich werde. Versteh das doch . . ."

Ich verabschiedete mich.

Wegen einer Nacht unglücklich werden . . . Ich würde zurückfahren, und ihre für mich so andersartige Welt wäre in wenigen Wochen vom Alltag meines Lebens überschwemmt, in Vergessenheit geraten.

Als ich im Hotelzimmer lag, rief sie an. „Meine Mutter hat gerade mit mir telefoniert. Sie wird übermorgen, am gleichen Tag, an dem du abfliegst, in Aschchabad ankommen. Ich freue mich und werde trotzdem weinen."

Meine Eintragungen im Tagebuch sind kürzer geworden, so als hätte ich nicht mehr das rechte Interesse für Interviews, wissenschaftliche Probleme und Betriebsbesichtigungen.

Freitag, den 19. September 1975.

Das Aschchabader Biologie-Institut kannte ich schon von meinen Recherchen im

Spreewald. Dort hatten die Fischer und Meliorationsleute den grasfressenden Weißen Amur aus der UdSSR in die Spreekanäle bei Lübbenau und Burg eingesetzt. Er sollte die verkrauteten Fließe freifressen und tat es auch. In Aschchabad gelang es, diesen Weißen Amur zum erstenmal auf der Welt künstlich zu vermehren.

Das Institut für Biologie ist nicht weit vom Hotel entfernt. Wir laufen. Der Direktor und zwei Mitarbeiter erwarten uns. Sie erzählen leidenschaftlich und schnell von der selbst für Wissenschaftler sensationellen künstlichen Vermehrung des Weißen Amur. (Vorher hatte man es unter anderem erfolglos in Israel und England versucht.) Maja kommt kaum mit Übersetzen nach. Sie hat keine Zeit, rot zu werden, als die Wissenschaftler berichten, daß man den Fischweibchen wie allen Frauen den Bauch kitzeln muß, damit es mit dem Nachwuchs klappt.

In der UdSSR wurden die jungen Amurfische vorher aus China und Japan importiert. Dort vermehrten sie sich auf natürliche Art. Der Weiße Amur frißt täglich bis zu 25 Kilogramm Wasserpflanzen und Kraut. Ein Meliorationsarbeiter, den man anschließend auch noch verspeisen kann. Nach dem Bau des Kara-Kum-Kanals drohte eine Verkrautung des Wasserlaufes. Die Aufzucht des grasfressenden Fisches wurde dringendstes Problem. Man schickte die Aschchabader Biologen in die Wüste. Rückkehr erst, wenn Erfolgsmeldung. Versuche mit verschiedenen Wassertemperaturen, Chemikalien, Eipulver als zusätzliche Nahrung für die Fische ... Schließlich gelang durch Einspritzen eines Serums in die Kiemen der Laichprozeß unter künstlichen Bedingungen. Seitdem Vermehrung des wertvollen Fisches mit fast industrieller Technologie. In turkmenischen Stauseen schwimmen schon 250 000 Zentner grasfressende Fische. Gewinn: jährlich 25 Millionen Rubel. Und in den Aschchabader Läden liegen kapitale Fische, wie ich sie weder auf dem Saßnitzer noch auf dem Rostocker Fischmarkt sah.

Damit sind die Notizen in meinem zweiten Heft fast zu Ende.

Draußen vor dem Fenster der Gartenhütte haben die dürren krakligen Äste der Obstbäume das Gespinst des Nebels zerzaust. Ihre Spitzen bohrten Löcher in seine flauschige Decke, bis er sich mißmutig verzog. Nun regnet es. Das herbstlich spärliche Laubdach der Bäume ist undicht. Manche Blätter fallen zusammen mit den Regentropfen. Dabei tanzen sie nicht unbeschwert wie an den Sonnentagen zur Erde, sondern fallen gradlinig und schnell.

Regen im Herbst macht mich traurig.

Aber auch das kann bei anderen Menschen in anderen Ländern anders sein.

Am vorletzten Tag regnete es in Aschchabad ...

Maika hatte mich abends zum Bahnhof mitgenommen. Einige ihrer Verwandten, auch Aina, wollten in das kleine turkmenische Dorf fahren. Im Wartesaal des Bahnhofs umarmte Maika etwa zehn Frauen und Männer, dazu ein Dutzend kurzgeschorener, schwarzhaariger und dunkeläugiger kleiner Jungen. Der Maler, den ich bei ihr zu

Hause getroffen hatte, schleppte Koffer, Kisten und dicke Taschen. Aina, die stille Schöne, stand abseits vom Familientrubel.

Der Abschied dauerte fast eine Stunde.

Keiner kam nur aus Anstand oder der Form halber auf den Bahnhof. Eine große Familie verabschiedete sich für drei Tage. Maika bat unzählige Male, die Großmutter zu grüßen, und die Tanten trugen ihr auf, ein bißchen nach den daheimgebliebenen Kindern zu schauen und sie am Wochenende gründlich zu baden. Ich erlebte eine Familie, in der noch alle Beziehungen natürlich, unverkrampft und intakt waren.

Der Zug fuhr an. Aina stand am Fenster und lächelte. Eine Hand hatte sie an die Scheibe gelegt. Sie fuhr zum erstenmal, nachdem sie mit dem Studium begonnen hatte, nach Hause. Es hatte lange nicht geregnet, trotzdem würde der Fluß in ihrem Dorf nicht ausgetrocknet sein . . .

Die Zurückbleibenden der großen Familie gingen zusammen nach Hause. Nur Maika und ich sonderten uns ab. Sie schwieg. Plötzlich aber begann sie zu rennen, sprang in die Luft, lachte, tanzte und sang. Erst verstand ich nicht, weshalb das alles, dann aber warf sie den Kopf und die Haare zurück, schloß die Augen, öffnete den Mund. Es regnete. „Seit sechs Monaten zum erstenmal wieder!" Maika war glücklich, nahm mich an der Hand und drehte sich im Kreis. Ich umarmte und küßte sie mitten auf der Hauptstraße. Fremde Leute und ihre Bekannten schauten sich nach uns um, und Maika wurde augenblicklich zornig. „Du bist hier nicht bei dir zu Hause! Vor allen anderen Menschen küssen, das tut man nur, wenn man sich heiraten will . . . Du wirst mich nie verstehen!"

Bevor ich antworten konnte, rannte sie weg.

Ich lief lange durch die Stadt, dann ging ich zu ihrer Wohnung. Klingelte. Sie öffnete die Tür einen Spalt breit.

„Ich wollte dir noch gute Nacht sagen."

Ihr Haar war zerwühlt, die Augen gerötet. Hatte sie geweint?

Wir standen und schwiegen.

Sie lächelte froh und wickelte eine Haarsträhne um den Zeigefinger.

Ich ging.

Der letzte Tag.

Sonnabend, den 20. September 1975.

Besuch bei einem Abgeordneten des Stadtsowjets. Probleme: Wohnungsknappheit . . . Fehlende Bushaltestellen . . . Straßennamen in der Neubausiedlung am Flugplatz. Für Dichter- und Heldenbezeichnungen waren die Straßen dort zu klein, also ordnete der Verantwortliche im Stadtsowjet folgende Namen an: „1. Flugplatzavenue", „2. Flugplatzavenue", „3. Flugplatz . . ." Das gefiel den Leuten nicht, und sie beschwerten sich beim Abgeordneten. Er arbeitet im Dienstleistungsbereich und wurde in den Sowjet der turkmenischen Stadt gewählt, obwohl er kein Turkmene, sondern ein Ukrainer ist. Seine Frau ist Russin. Sie kamen wie Hunderttausende nach dem Krieg in die Turkmenische SSR, um eine neue Heimat zu finden. Damals erste große Verschmelzung der Nationalitäten in Turkmenien. Die zweite dann beim Bau des Kanals und bei der Industrialisierung der Wüste.

Die jüngste Tochter des Abgeordneten studiert und wird einen Turkmenen heiraten.

Frage: Der Vater ein Ukrainer, die Mutter eine Russin – welche Nationalität hat die Tochter? Ein sowjetisches Mädchen, zur Hälfte Ukrainerin, zur Hälfte Russin? Angenommen, sie heiratet ihren turkmenischen Freund und bekommt eine Tochter. Welche Nationalität hat die Kleine? Ein sowjetisches Mädchen, zu einem Viertel Ukrainerin, zu einem Viertel Russin und zur Hälfte Turkmenin; vorausgesetzt die Eltern des jungen Vaters sind beide Turkmenen . . .

Vom Abgeordneten fahren wir zum Propagandasekretär im Zentralkomitee des turkmenischen Komsomol. Er ist ungefähr dreißig. Die Sonne scheint ihm ins Gesicht, aber er rückt an seinem Schreibtisch keinen Zentimeter zur Seite, bleibt mit dem Stuhl akkurat in der Mitte sitzen.

Er berichtet von Turkmeniens Vergangenheit – vor der Revolution konnten nur 0,7 Prozent der Einwohner lesen und schreiben –, informiert mich über Stauseen in der Wüste, Kanalbauten, Jugendobjekte . . .

Ich erzähle die Liebesgeschichte der Komsomolzin Aina. Er schüttelt den Kopf. „Das ist erfunden, das gibt es bei uns nicht mehr. Wir haben die ökonomischen Verhältnisse geändert, also änderten sich auch die alten Traditionen und Heiratsgesetze."

Ich will fragen, ob diese Heiratstraditionen nur in rückständigen ökonomischen Verhältnissen verwurzelt sind, oder ob sie nicht auch positive Erfahrungen des Volkes enthalten und vielleicht dem Schutz der nationalen Eigenheiten dienen. Aber Maja schaut böse, sie hatte mich gebeten, nirgendwo über Ainas Probleme zu sprechen.

Themawechsel. Klassenmäßige Erziehung der Jugend . . . Aitmatow . . . Baikal-Amur-Magistrale . . . Gedichte . . .

Mit diesem Gespräch endete das Exkursionsprogramm, das der Intourist-Direktor für mich organisiert hatte. Im Hotel wartete schon eine soeben angekommene DDR-Touristengruppe auf Maika.

Begrüßung und Tagesplan. „Wir fahren zuerst zum Badesee in die Wüste."

Ich bat Maika, mich mitzunehmen. Sie schüttelte den Kopf, war jetzt nur noch Intourist-Dolmetscherin. Verantwortlich für 20 ausländische Gäste.

„Schau dir inzwischen die Stadt noch einmal an. Nachmittag sehen wir uns", tröstete sie. Aber ich hatte keine Lust, allein auch nur einen Fuß vor die Hoteltür zu setzen, und ging in mein Zimmer. Der „Schlüsselmutter" sagte ich, mir sei schlecht, es solle niemand stören. Angezogen legte ich mich aufs Bett.

Vielleicht würde ich die Zeit bis zum Nachmittag einfach verschlafen können.

Aber daran war nicht zu denken. Ich war eifersüchtig auf die Touristen. Nein, Maika würde nicht mit ihnen ins Wasser gehen. Doch alle könnten sie sehen, könnten mit ihr sprechen . . .

Mit ihr sprechen. Ich würde ihr sagen, daß ich hierherkam mit meinen „modernen" Vorstellungen über Liebe, Moral und Sexualität. Ich wollte zwar nicht vergleichen, die turkmenische Lebensweise nicht an meinen Erfahrungen prüfen und beurteilen. Aber ich tat es doch. Unwillkürlich, unbewußt. (Auch wenn ich immer wieder die Geschichte, die Religion, die Entwicklung dieses Landes zu begreifen versuchte.) Aber wie lange muß ein Fremder mit einem ihm unbekannten Volk leben, um es aus seinen ureigensten Traditionen heraus zu verstehen und Urteile nicht von subjektiven Vergleichen abhängig zu machen.

Ich hatte gelächelt, als Maika mir einmal sagte, im Menschen werde eines Tages das Gefühl für die große einzige Liebe aufgebraucht sein, wenn er ständig nur sucht und probiert. „Wir entscheiden uns einmal, und das ist für immer. Denn die Kinder brauchen eine Familie und das Glück."

Wie gesagt, ich lächelte damals darüber.

Später mußte ich an die Weltrekord-Scheidungsquote bei uns zu Hause denken, an manche Mädchen und Jungen, die nicht wissen, wo sie hingehören, im Kindesalter Entwicklungsschäden erleiden, asozial werden oder bestenfalls ein Leben lang gehemmt oder gefühlskalt bleiben. Haben wir Grund, über Moralauffassungen fremder Völker zu lächeln? Sollten wir nicht lieber ernsthaft darüber nachdenken?

Als ich an einem der ersten Tage in Aschchabad Allaberdy traf, der „den größten Kanal der Welt baut", fragte ich den jungen Turkmenen nach seiner Frau.

„Sie ist eine Turkmenin aus meinem Dorf."

Weshalb hast du keine Russin oder Lettin genommen?

„Weil sie unsere Sprache spricht, unsere Speisen kocht, unsere Lieder singt, unsere Tänze kennt und meinen Sohn so erzieht, wie ich von meinen Eltern erzogen wurde."

Allaberdy machte mir den Nationalitätenunterschied innerhalb der großen sowjetischen Gemeinschaft an einem Beispiel plausibel, und ich begann, die Dimensionen zu ahnen.

„Wenn bei uns ein Russe oder ein Ukrainer eine Turkmenin heiratet, dann ist das etwa so, als wenn bei dir zu Hause (von der Gesellschaftsordnung einmal abgesehen) ein Mann eine Ägypterin oder Perserin zur Frau nimmt. Das geht selten gut."

Solche Dimensionen hat dieses Land.

Aber die Kilometerentfernungen sind schuldlos, wenn das Zusammenleben eines Weißrussen mit einer Turkmenin oder eines DDR-Bürgers und einer Ägypterin nicht funktioniert.

Was ist entscheidend?

Wenn zwei Menschen, durch sehr verschiedene kulturelle Traditionen geprägt, heiraten, muß einer auf seine Welt verzichten. Er wird wie ein Baum aus dem ihm vertrauten Boden herausgerissen, entwurzelt und muß in eine fremde Welt, mit einer anderen Geschichte, anderen Traditionen, anderen moralischen Verhaltensweisen, anderen Eßgewohnheiten hineinwachsen. Es kann nur gelingen, wenn sowohl bei ihm als auch in der neuen Umwelt – in die er sich einfügen soll – großes Verständnis, Toleranz und vor allem das Wissen um die damit verbundenen Anpassungsschwierigkeiten vorhanden sind. Sonst klappt es nicht. Schlimmer noch, er wird auch seinen Partner mit in die Isolation des Fremdseins hineinziehen ...

Sollte der Wunsch von Maikas Mutter, sie möge nur einen Turkmenen heiraten, keine überholte nationale Moralauffassung sein, sondern ein kluger Rat, eine Garantie für das künftige Eheglück der Tochter? Schutzfunktion?

Ich war so in Gedanken versunken, daß ich das Klopfen überhört hatte. Maika brachte mir das Mittagessen.

„Die Deshurnaja sagte mir, daß du krank bist."

„Nein, ich bin nicht krank und bin trotzdem krank."

Sie verstand.

Wir verabredeten uns für den Abend.

Ich kaufte inzwischen eine Flasche Sekt und klaute im Restaurant zwei Gläser.

Sie kam pünktlich. Ohne daß es einer vorgeschlagen hatte, gingen wir beide zum Park. Er liegt in der entgegengesetzten Richtung ihrer Wohnung.

Als wir fast wortlos eine halbe Stunde gelaufen waren, sagte Maika: „Genug, es ist genug, mein Lieber, ich werde jetzt gehen."

Jetzt?

Heute, am letzten Abend?

Sie fragte, ob ich nicht mehr wüßte, was sie den Tanten, die mit Aina zur Großmutter gefahren waren, versprochen hatte? Ich erinnerte mich nicht, und auch Maikas Antwort habe ich jetzt, während ich das aufschreibe, nicht mehr genau im Kopf.

Maika sagte: „Ich gehe in die Wohnung der Tante mit den sechs Kindern, nehme drei mit ..."

Und dann?

„Und dann gehen wir in die Wohnung der Tante mit den vier Kindern, nehmen zwei mit ..."

Und dann?

„Dann gehen wir in die Wohnung der Tante mit den fünf Kindern, nehmen drei mit ..."

Und dann?

„... fahre ich mit den Kindern zur Wohnung der dritten Tante, es ist eine Neubauwohnung mit warmem Wasser, und bade alle Kinder, schlafe mit ihnen dort."

Sie schluckte, und ihre Stimme wurde sehr leise: „Das mußt du verstehen, ich habe es der Familie versprochen."

Sie küßte mich flüchtig und ging.

Ich stellte die noch verschlossene Flasche Sekt auf eine Parkbank. Mir war es gleich, ob sie ein Pärchen oder ein Trunkenbold finden würde.

Die allerletzten Sätze meines Aschchabader Tagebuches.

Sonntag, den 21. September 1975.

Ein sehr ruhiger Flug. Obwohl ich am „Fenster" sitze, kann ich fast nichts von Turkmenien erkennen. Eine dicke Wolkendecke schwebt unter uns. Nur manchmal reißt sie auf ...

In einem der Notizbücher liegen zwei Briefe von Maika.

„... Ich habe schon wieder einen Teller beim Geschirrspülen zerschlagen, weil ich weinen mußte ..."

Und:

„... Aina wohnt jetzt bei mir. Wir sprechen oft über ihre Zukunft. Vielleicht wird sie nach dem Studium auf eine Großbaustelle gehen und dort mit ihrem Liebsten zusammen leben ..." Es waren die einzigen Briefe, die Maika schrieb. Später antwortete sie nicht mehr.

Notizen zur Geschichte

Heutzutage, im Zeitalter der Düsenflugzeuge, beginnen viele Reiseberichte über Sibirien ungefähr so: „Irgendwo im Uralgebirge, zehntausend Meter unter uns steht jener Grenzstein, der Europa und Asien trennt; der uns den Weg weist nach Sibirien, diesem faszinierenden, unbekannten, geheimnisvollen Land, von dem ich kaum eine Vorstellung habe. Zu Hause warnte man mich vor der Kälte, und ich kaufte mir dicke Wollsocken..."

Intourist sei Dank, daß ich nur von Mittelasien nach Nordasien fliege. Ich brauche also nicht über den Erdteilgrenzstein zu meditieren und muß mich nicht naiv ahnungslos stellen, damit der Leser auch gespannt auf jenen legendären Teil von Asien wird, auf dieses „geheimnisvolle Sibirien".

Ich kenne die Weltrekordleistungen der sibirischen Kraftwerke. Ich notierte mir die unermeßlichen Gas- und Ölvorkommen bei Tjumen und Tomsk. Ich las, daß die Arbeiter in den sibirischen Kälteregionen bis zu 100 Prozent mehr verdienen als die Moskauer und daß rund 50000 Geologen die sibirischen Bodenschätze erkunden. Ich sah Fernsehfilme über den Bau der Baikal-Amur-Magistrale und des Industriekomplexes von Ust-Ilimsk.

Aber ich weiß noch nicht, wie die Sibirjaken, die Bewohner dieser eisigen Schatzkammer, leben, wie sie das Land verwalten und verwandeln. Mich interessiert, wie die Helden der weltgrößten Baustelle arbeiten und ob sie alle Helden sind; welche Kämpfe sie heute gegen sich und für dieses Land ausfechten, um es zum zweitenmal zu erobern.

Die erste Eroberung begann Mitte des 16. Jahrhunderts. Damals vertrieb Zar Iwan der Schreckliche die Tataren aus Kasan und Astrachan bis hinter den Ural. Ihr Alleinherrscher Chan Ediger schloß 1555 mit Rußland einen Pakt. Der Zar versprach, den Chan nicht weiter anzugreifen und ihn gegen innere Feinde zu schützen. Ediger verpflichtete sich dafür, dem Moskauer Hof jährlich so viel Pelze als Steuern zu liefern, wie männliche Einwohner in seinem Sibirien leben. Allerdings glaubte der Zar nicht an die von Ediger angegebenen Zahlen und schickte anstelle von hilfreichen Soldaten zwei Steuerprüfer zum Chan. Als sie eintrafen, war Ediger schon gestürzt, und hinter dem Ural regierte inzwischen Chan Kutschum, der sich „Zar von Sibirien" nannte. Kutschum verlegte zuerst seine Hauptstadt vorsichtshalber weiter nach Osten, dann verweigerte er Rußland die Steuern, und schließlich ließ er 1571 die Gesandten des Zaren töten.

In dieser verfahrenen Situation erinnerten sich die Ostexperten des Zarenhofes an die berühmteste russische Familie in Sibirien, das Kaufmannsgeschlecht der Stroganoffs. Denn lange vor den Soldaten waren mutige russische Kaufleute nach Sibirien gegangen, um bei den Eingeborenen Pelze einzutauschen. Sie handelten nicht schlecht, und bald war Luka Stroganoff, der geschäftstüchtigste unter ihnen, so reich, daß er im Auftrag des Zaren den gefangenen russischen Großfürsten Wassili den Dunklen für 30000 Rubel beim Chan der Kasaner Tataren einlösen konnte. Zar Iwan IV. schenkte Anika Stroganoff, dem Enkel des Luka, im Jahre 1558 ,,aus Dankbarkeit" das Permer Land. Er rechnete mit dem Expansionsdrang des Kaufmanns und hoffte ihn bei der weiteren Eroberung Sibiriens für seine Interessen einsetzen zu können. Der russische Zar täuschte sich nicht. Als Chan Kutschum keine Steuern mehr zahlte, versprach Stroganoff, den sibirischen Zaren zur Räson zu bringen. Dafür verlangte der Kaufmann Teile des zu erobernden sibirischen Landes. Man wurde sich einig, und das Handelshaus dingte für die Strafexpedition die ,,wildesten Burschen Rußlands": entflohene Leibeigene, die sich in der Einöde an den Unterläufen von Don, Dnepr und Wolga niedergelassen hatten, um vor dem Zugriff des Zaren geschützt zu sein – Kosaken. Im Auftrag der Stroganoffs begannen 800 Kosaken, unter Führung des Hetman Jermak das von den Tataren beherrschte Land zu erobern. Auf Flößen stakend, drangen sie immer tiefer in Kutschums Reich ein und besetzten am 26. Oktober 1582 die Hauptstadt Kaschlyk oder Sibir – was schlafendes Land bedeutet. Kutschum floh. Nachdem der Zar die Siegesmeldung erhalten hatte, schickte er als erstes sofort zwei Provinzverwalter in die sibirische Hauptstadt. Sie sollten ihm die Pelzsteuern künftig pünktlich eintreiben.

Die Tataren konnten noch zu einem Gegenschlag ausholen – 1584 töteten sie Jermak –, aber bald errichteten die Kosaken ihre Ostrogs (Holzfestungen) immer östlicher, kamen sie in Gegenden, die noch nie ein Kartograph des Zarenhofes betreten hatte. 1586 Tjumen. 1587 Tobolsk. 1594 Surgut. 1600 waren die ersten Kosaken am Jenissei. 1604 in Tomsk. 1620 drangen sie zur Lena vor. 1643 erreichten sie den Baikal und 1648 den Amur. Im gleichen Jahr umsegelte der Kosak Deshnew die Landspitze im äußersten Nordosten Asiens. Sibirien war erobert. Der erste Feldzug, der militärische, wurde beendet. Gleichzeitig begann der zweite, ein ökonomischer Feldzug zur Urbarmachung der sibirischen Natur. Er ist heute noch nicht beendet.

An ihm waren und sind beteiligt: Holzpflüge, Eisenketten, Dreifelderwirtschaft, Lederpeitschen, Dorfschulen, Holzhäuser, Pelzhandlungen, Steinkirchen, Goldbergwerke, Eisenbahnen, Seuchenseren, Kohlegruben, Panzerfabriken, Kriegsgefangenenlager, Motorsägen, Geologenzelte, Bohrtürme, Wasserkraftwerke, Großblockhäuser, Atomeisbrecher...

Nowosibirsk
oder
Das Abschiedsgeschenk des Geologen Pjotr Poljanikow

Ich friere. In Aschchabad waren noch 35 Grad plus; hier in Nowosibirsk verkriecht sich die Quecksilbersäule schon in die Minusregion. Also hole ich im Hotel die Wintersachen aus dem Koffer. Auf der Straße drehen sich die Leute verwundert nach mir um. Ich habe mir einen dicken Rollkragenpullover und den Skianorak angezogen; die Nowosibirsker gehen noch ohne Mütze und Mantel, in Strickjacke und dünnem Kleidchen. Gleich neben dem Hotel verkauft ein schnauzbärtiger Sibirier Melonen und Weintrauben im Freien. Hundert Meter weiter Gedrängel am Eisstand, und selbst der Kwashändler macht gute Geschäfte. An einem Kiosk erstehe ich (im wahrsten Sinne des Wortes) zwei mit süßer Nußmasse gefüllte Hörnchen. Auf meine erstaunte Frage „Frieren Sie denn nicht?" lacht die Verkäuferin in ihrer kurzärmligen Bluse: „Kein Schnee, kein Frost – es ist noch Sommer..."

Ich friere.

Deshalb interessiert mich bei der ersten Bekanntschaft mit Sibiriens Hauptstadt nicht das weltberühmte, 3000 Besuchern Platz bietende Opernhaus, nicht der mächtige Fluß Ob und nicht der wie eine nach dem Osten fahrende grün-weiße Lok aussehende Transsib-Bahnhof. Ich befrage auch keine Leute, wie sie in Sibirien leben, und versuche nicht, herauszukriegen, ob sich Kraftwerke und Schwefelfabriken mit Bären, Pilzen und dem wertvollen Zobel in der Taiga vertragen. Statt dessen suche ich eine kleine Gaststätte, in der ich einen heißen Tee und sto gramm trinken kann.

Zehn Minuten laufe ich eine breite Geschäftsstraße entlang und entdecke alles mögliche. In den Lebensmittelgeschäften sind Wein und Sekt bis eineinhalb Rubel teurer als im Süden der Sowjetunion. Dafür verkaufen Händler, die Bücher und Zeitungen auf Brettertischen am Straßenrand anbieten, das „ND" nach 8000 Kilometer Transport etwa fünf Pfennige billiger als zu Hause. In auffallend vielen Schmuckläden schubsen sich auffallend viele Leute, die minutenlang drängeln müssen, bevor sie bis zu den goldenen Uhren und den silbernen Ketten in den Auslagen vorgedrungen sind. Sogar Blumenhändler, die „am Morgen in Alma-Ata taufrisch gepflückte Rosen" anpreisen, finde ich. Nur kein kleines Restaurant.

Immer noch frierend suche ich weiter und stehe plötzlich am Ob. Nein, vom Fluß ist nichts zu sehen, nur ein Geflecht aus Stahlarmen ragt in den Himmel – die vor 80

Jahren gebaute Brücke der Transsib. Die Monteure dieser Eisenbahnbrücke waren die Gründer der kleinen Siedlung Alexandrowsk, des späteren Nowonikolajewsk und heutigen Nowosibirsk. Als „Vater der Stadt" nennt die Geschichtsschreibung den Ingenieur Nikolai Garin-Michailowski. Er bestimmte, daß die Brücke wegen des granitharten Untergrundes hier an dieser Stelle zu errichten sei und verteidigte den Standort auch dann noch, als ihm die Tomsker einige tausend Rubel zahlen wollten, damit er die Brücke und die Eisenbahnlinie in der Nähe ihrer Stadt bauen ließe. Doch der Tomsker Grund war sumpfig und Nikolai unbestechlich. In fünfzehn Jahren legten er und zehntausend andere einen 7500 Kilometer langen Schienenstrang von Tscheljabinsk bis nach Wladiwostok quer durch Sibirien. (Bis 1861 gab es im gesamten Rußland 1600 Kilometer Bahngleise.) Ich stehe vor der alten mächtigen Brücke, über die gerade ein Zug in Richtung Stiller Ozean rollt, und versuche mir vorzustellen, wie die sibirischen Kolonisatoren den Stahlkoloß vor 80 Jahren ohne moderne Technik über den Ob balancierten, wie sie Schwellen und Schienen durch Sümpfe und Schneestürme schleppten. Meterweise. Schwellen für ein neues Jahrhundert, für die Eroberung Sibiriens. Freunde von mir, die mit der Transsibirischen Eisenbahn bis zum Ozean gefahren waren, erzählten, daß in manchen unendlich scheinenden Wäldern Gedenksteine und Holzkreuze für Arbeiter und Ingenieure stehen, die beim Bau der Transsib ums Leben kamen.

Während ich die Straße auf der anderen Seite zurückbummle und noch an die Schwellenträger und Brückenkonstrukteure denke, fährt mir der Duft von Suppe und Gebratenem und der Rauch billiger Zigaretten in die Nase und lotst mich sicher in eine kleine Stolowaja. Die Regale sind mit vielen Sorten von Kuchen und Pasteten überfüllt, die Suppentöpfe dampfen, geöffnete Wodka-, Kognak-, Mineralwasser- und Saftflaschen paradieren neben der Spülschüssel und dem Rechenbrett. Die Leute schwatzen, schmatzen und schlürfen, als würden sie dafür bezahlt. Im äußersten Winkel des Raumes sitzt ein flachsblonder Bursche, der weder ißt noch trinkt und auch nicht redet. Vor ihm stehen eine Karaffe mit Wodka und ein Teller mit Räucherfisch und Zwiebelringen. Er stiert vor sich hin. Ich setze mich zu ihm, er erwidert meinen Gruß nicht. Nun merke ich auch, daß der junge Mann, wenn schon nichts gegessen, so doch ein reichliches Quantum getrunken haben muß. Die Äderchen seiner Augen sind rot, und auf der Stirn stehen kleine Schweißperlen. Ich hole mir einen Tee und hundert Gramm. Als ich „sa sdorowje" zu ihm sage, gießt er sich aus der Karaffe sein Glas voll und trinkt mit. Dann bietet er mir von dem Räucherfisch an. Der Grätenlose ist scharf und trocken, macht Hunger und Durst. Also stoßen wir noch einmal an. Diesmal sagt er: „Ich heiße Pjotr. Pjotr Poljanikow." Ich frage ihn nach seinem Beruf. Er verzieht die Mundwinkel zu einem Grienen, als er antwortet: „Ein umherziehender Steinsucher, Geologe. Zur Zeit arbeite ich an der Baikal-Amur-Magistrale, fälle Bäume. Und jetzt habe ich Urlaub." Während er das sagt, gießt er sich wieder ein, kippt den Schnaps und murmelt etwas, das wie „Vergiß es!" klingt.

Ich bitte ihn, mir zu erzählen, wie sie draußen an der BAM leben. Anstelle einer Antwort zeigt er die Innenflächen seiner Hände. Sie sind so dick mit Hornhaut bewachsen, daß die Finger auseinanderstehen und er sie nicht zusammenkriegt. „So ist das Leben dort." Aber zu erzählen gäbe es davon nichts, nein, gar nichts.

Ich möchte ihn nicht reizen. Wir reden über den Orient, dort war er als Tourist, aber unvermittelt schlägt er vor: „Wenn du willst, erzähle ich dir ein paar Geologenerlebnisse."

Ohne mein Ja oder Nein abzuwarten, beginnt er mit seiner ersten Geschichte: „1969 sollten wir östlich des Baikals, dort, wo selten Fremde hinkommen, Basen für eine größere Expedition suchen. Die Karten stimmten nicht, doch das störte uns wenig. Es war Sommer, in den Bächen tummelten sich so viele Fische, daß wir glaubten, nicht Wasser, sondern flüssiges Silber plätschere darin. Zu essen und zu trinken hatten wir genug und lebten fast wie im Urlaub. Wir fanden zwei Dörfer, doch sie waren zu weit vom Expeditionsziel entfernt. Am fünfzehnten Tag erreichten wir eine Siedlung, die als Basis geeignet schien. Aber die Bewohner begrüßten uns kalt, fast feindselig. Wir standen vor den Häusern und staunten. Obwohl es im Umkreis von vielleicht 100 Kilometern kein anderes Dorf gab, hingen hier große, stabile Vorhängeschlösser an den Türen. Nirgendwo in den winzigen, einsamen alten Dörfern mitten in der Taiga hatte ich vorher verschlossene Türen gesehen. Hinter den Häusern entdeckten wir dann eine gerodete Fläche, die vielleicht fünfmal so groß wie ein Fußballfeld war. Vor Jahren hatten dort Leute Holzbaracken aufgestellt. Jetzt wuchsen schon junge Birken zwischen den dachlosen Wänden. Wir fragten einen Alten, und er brubbelte: ‚Vor euch waren schon solche Vagabunden hier. Sie wollten ein Holzkombinat bauen. Aber sie haben nur getrunken und unsere Frauen geschwängert. Wir jagten sie zum Teufel.'

Noch am gleichen Abend zogen wir weiter.

In den nächsten Tagen kamen wir in eine Gegend, von der wir annahmen, daß sie unbewohnt wäre. Um das unwegsame Taigadickicht zu meiden, liefen wir hintereinander am steinigen Ufer eines kleinen Flusses entlang. Als der erste von unserer Gruppe ‚Häuser!' schrie, glaubten wir, er habe den Taigakoller. Doch wahrhaftig: rechts und links vom Wasser drängten sich zwanzig oder dreißig Holzhütten. Aber die Kinder rannten uns nicht, wie anderenorts, neugierig entgegen, sie pirschten sich vorsichtig heran. Der mutigste Junge brachte uns zu einem weißhaarigen Mann – wir nahmen an, es sei der Vorsitzende des Dorfsowjets. Doch es war der Priester, der Schamane."

Pjotr Poljanikow gießt aus der Karaffe die Gläser voll, sieht mein zweifelndes Gesicht und stößt mit mir auf das Wohl des Schamanen an.

Ich weiß zwar, daß die Schamanen – mit den Medizinmännern bei den Indianern zu vergleichen – die Mittler zwischen den Göttern und den Stammesangehörigen waren. Aber ich glaube nicht, daß in Sibirien noch welche leben. Pjotr lenkt ein: „Vielleicht war er der letzte." Er erzählt weiter: „Abends, nach dem Fest, das die Dorfbewohner uns zu Ehren gaben, schliefen meine Freunde sehr schnell ein. Ich ging noch einmal zu dem Schamanen. Wie alt er war, konnte ich nicht schätzen, denn seine Haut ähnelte einem faltigen braunen Lederbalg, so daß er siebzig sein konnte, aber auch schon hundertzwanzig. Wir unterhielten uns zwei Stunden. Das Gespräch begann so:

Ich: Die Kaninchen haben sich eine dicke Fettschicht angefressen. Es wird einen strengen Winter geben.

Er: Ja, die Warzen an den Händen sind im Frühjahr schnell gewachsen, der Schnee kommt zeitig.

Ich: Kennt Ihr ein sicheres Mittel gegen die Warzen?

Er: Nimm eine Kartoffel, zerschneide sie in zwölf Teile, reibe jedes gegen die Warze, binde dann alle zwölf Stücke in einem Tuch zusammen und vergrabe sie in der Erde.

Ich bedankte mich, und er fragte, an welchem Zeichen ich ein nahendes Gewitter erkennen würde. ‚An den Ameisen, die sich in ihren Haufen zurückziehen', sagte ich.

Schließlich wollte er wissen, wann es Regen gibt. ‚Wenn die Nacht klar war und kein Tau auf den Gräsern liegt.' Der Schamane war mit den Antworten zufrieden. Nach diesem guten Anfang wagte ich es, ihn um ein Ritual zu bitten. Er sagte weder ja noch nein, aber am nächsten Tag kündigte er einen großen Zauber an, mit dem die Götter ihn wissen lassen würden, wo goldenes Metall zu finden sei.

Am Abend saßen wir im Dunkeln beisammen. Der Schamane hockte am Feuer. Auf dem Kopf trug er den Schädel und das Geweih eines Hirsches. Langsam begann er, auf einer Trommel aus Rentierhaut den Takt zu schlagen. Immer lauter und schneller, bis er aufstand und dazu tanzte. Ich weiß nicht, ob der weise Alte sich durch den Tanz oder durch ein Rauschmittel (Vogelbeeren und Fliegenpilz?) in einen ekstatischen Taumel versetzte. Nach zwanzig Minuten jedenfalls lag er zuckend neben dem Feuer, ahmte Tierlaute nach, verharrte dann, stand auf und sprach: ‚Ihr Fremden sollt dort suchen, wo der Fluß den Felsen geöffnet hat.'

Wir gruben am nächsten Morgen an dieser Stelle, fanden golden glänzendes kupferhaltiges Gestein und beschlossen, in dieser Siedlung die Hauptbase für künftige Expeditionen zu errichten. Der Schamane war einverstanden, aber stellte eine Bedingung. Wir sollten drei Jungen des Dorfes, die begabtesten, mit in die Stadt nehmen, damit sie dort studieren könnten. Der eine sollte, so bestimmte es der Schamane, Zoologe werden, der andere Geologe und der dritte Botaniker.

„Bei der nächsten Expedition war ich gerade in Moskau zum Lehrgang", erzählt Pjotr, „aber ein Freund berichtete mir hinterher, daß sie bald am Fluß Kupfer fördern würden. Zunächst jedoch würden die Geologen in der Siedlung des Schamanen eine neue Schule, ein Ambulatorium und einen Kinoraum bauen."

Der Zigarettenqualm, der warme Essengeruch und der Wodka haben uns müde gemacht. Pjotr schlägt vor, die Beine zu vertreten.

,,Hast du Nowosibirsk schon besichtigt?"

Nur den Ob, sage ich, und die alte Eisenbahnbrücke.

,,Dann komm, ich zeige dir die Stadt."

Pjotr bummelt nicht gemütlich wie die anderen, würdigt auch die Mädchen keines Blickes, sondern läuft zielstrebig, schweigsam und so schnell, daß ich Mühe habe, Schritt zu halten. Vor einem großen, freien Platz bleibt er stehen, deutet auf die Gegenseite, wo überlebensgroße Figuren vor einem gewaltigen Kuppelbau stehen: ,,Unsere Oper, die größte der Sowjetunion", erklärt er stolz. Der Geologe zeigt auf die steinernen Soldaten und sagt: ,,Schade, daß ich so spät geboren bin – das waren Helden, die Sibirier. Mitten im Großen Vaterländischen Krieg bauten sie dieses gigantische Haus, dieses sibirische Kolosseum. Der Kronleuchter im Saal wiegt allein zwei Tonnen. Genau am 8. Mai 1945, dem Tag des Sieges, eröffneten die Nowosibirsker das größte dem Frieden dienende Bauwerk, das jemals während eines Krieges errichtet wurde. Die Einwohner der Stadt sollen sich sogar Eier vom Munde abgespart haben, die sie als Bindemittel verwendeten, weil es keinen Beton gab. Solche Menschen waren die Sibirjaken."

Ich weiß nicht, was an Pjotrs Bericht Legende und was Wirklichkeit ist. Doch ohne daß mir Zeit zum Fragen bleibt, erzählt der Geologe weiter (immer mit dem bedauernden Unterton, daß er damals noch nicht lebte): ,,Als die Faschisten sich vor Moskau festbissen, lieferten sibirische Traktoren-Fabriken die ersten Serien Panzer für die Front. Aber viele von unseren Soldaten rissen vor den eigenen Kettenfahrzeugen aus, sie hatten noch nie solche Ungetüme gesehen. Nur die Rotarmisten der sibirischen Divisionen rannten nicht weg, obwohl viele von ihnen aus abgelegenen Taigadörfern kamen, wo es nicht mal einen Traktor gab. Sie fürchteten sich auch vor dem Leibhaftigen nicht und saßen auf den Panzern, als wären sie schon ein Leben lang Mot.-Schützen gewesen. Solche Leute sind die Sibirjaken."

Und du bist ein Sibirjak?

Er tut, als hätte er meine Frage überhört.

Vielleicht ein Aufschneider, denke ich.

Nachdem mir Pjotr die Oper gezeigt hat, erlischt sein Interesse als Stadtführer schlagartig. Nur vor der Buchhandlung (,,die größte Sibiriens") fragt er, ob ich sie besichtigen möchte. Wir gehen hinein, und ich kaufe das Kinderbuch eines Kollegen, der in Suhl drei Straßen neben mir wohnt, für 60 Kopeken. Hoffentlich ist er froh, daß seine Geschichten in Sibirien viel billiger als in der DDR verkauft werden. Dann entdecke ich noch ein bei uns schon lange vergriffenes Buch über Benno Besson und verschiedene Böll-Ausgaben. Pjotr kommt mit einem halben Meter hohen Bücherstapel zurück. Polewoi, Aitmatow, Diderot, auch Böll, Shakespeare und sowjetische Autoren, die ich nicht kenne. Ich will ihm tragen helfen, aber er lehnt ab. Wegen der Bücherschlepperei wird natürlich nichts mehr aus der Stadtbesichtigung. Nur von weitem zeigt mir Pjotr noch die Neubauviertel und kommentiert: ,,Sie sind eine Wohltat für die Menschen aus den alten Holzhäusern. Aber ich könnte nicht in der Stadt leben, ich muß raus in die Taiga." Sagt es und zieht mich hinein in die nächste Gaststätte. „Ich trinke noch nicht lange", entschuldigt er sich. „Erst seit ein paar Wochen." Ich frage ihn nach dem Grund.

Er fährt sich hastig und nervös durch die Haare und gießt die Gläser wieder randvoll.

Weshalb trinkt er? überlege ich. Warum hat er nichts Besseres zu tun, als während seines Urlaubs von der BAM in der Stolowaja zu hocken?

Wir trinken aus, und plötzlich hat es Pjotr sehr eilig. Er steht auf, klemmt seine Bücher unter den Arm und bringt mich zum Hotel. Unterwegs schwärmt er: „Weißt du, die Sibirjaken sind ein Menschenschlag, wie du ihn sonst nirgendwo findest. Sie kamen hierher und hatten nichts weiter als den Wunsch nach Freiheit. Um sie zu erobern, besaßen sie Hände, Feuer, Beil, Spaten und nur manche ein Gewehr. Damit verteidigten sie sich gegen Schneestürme, Wölfe, Bären, Sümpfe, Mücken, Dürre. Auch heute kann in Sibirien nur ein ganzer Kerl bestehen."

Nach dieser Rede – er hat deklamiert, als spräche er vor dem Komsomolkongreß – verabschiedet sich Pjotr, lädt mich für morgen mittag zu einem Spaziergang an den Ob ein und schleppt seine Bücher nach Hause. Ich schaue ihm nach. Je weiter er sich entfernt, desto weniger scheint er zu schwanken.

Die Nacht ist, im Gegensatz zum Orient, wo ich sogar nackt und ohne Decke schwitzte, angenehm kühl. Ich schlafe so gut, daß ich die Frühstückszeit verpasse. Das Telefon weckt mich. Eine weibliche Stimme sagt in fast akzentfreiem Deutsch: „Ich heiße Natascha und werde Sie in Nowosibirsk begleiten." Dann fragt sie, ob ich zum Schauen oder zum Schlafen nach Sibirien gekommen sei. „Wenn Sie Lust haben und sich beeilen, könnten wir jetzt durch die Stadt fahren. Aber schnell, schnell, ich warte in der Hotelhalle. Sie erkennen mich an meiner roten Mütze."

Meine Armeezeit habe ich schon hinter mir. Exerziergriffe und Paradeschritt vergaß ich rasch wieder, doch die trickfilmhafte Schnelligkeit des Um- oder Anziehens bei Alarm klappt noch. Ich stehe zehn Minuten nach dem Anruf in der Hotelhalle, entdecke ein Mädchen mit knallrotem Barett auf dem Kopf, frage: Natascha? und stelle mich nach dem bejahenden Nicken vor. Sie schaut mich mit großen Augen an und sagt: „Das Auto kommt aber erst in dreißig Minuten." Dann lächelt sie: „Viel wissen Sie noch nicht von Sibirien. Wir sagen: Hundert Werst sind bei uns keine Entfernung, hundert Rubel ist kein Geld, sto gramm kein Wodka, und hundert Stunden sind keine Zeit."

Wir warten. Natascha Kowalenko erzählt, daß sie 29 Jahre alt ist und als Lehrerin für Deutsch am Bauingenieur-Institut arbeitet, ihr Mann, auch 1946 geboren, gerade über seiner Mathematik-Dissertation sitzt, ihr Vater, Nikolai Petrowitsch Osinin, ein bekannter sibirischer Kinderbuchautor war, sie selbst noch keine Kinder habe, aber trotz komplizierter Fehlgeburten hoffe, daß es einmal gutgehen werde...

Die Spur der BAM

KDB15п

Schwellen und Schienen für ein neues Jahrhundert …

… und Wege in die sibirische Abgeschiedenheit

Bilder aus dem Lebenslauf der sibirischen Stadt Nowosibirsk

Das kleine Dorf – Wiege der „echten Sibirjaken"

Baikalidylle... *... und die Fußspuren eines „wilden" Besuchers*

Am „Heiligen sibirischen Meer"

Seemann und Seetouristen

Ansichten von der Gebietshauptstadt Irkutsk und der „Kreisstadt" Bratsk, in der „nur" 250000 Menschen wohnen.

Nächste Seite:
An der Angara

Der schwarze Wolga – auch in Sibirien ist Schwarz Intourist-Modefarbe – holt uns pünktlich ab. Wir fahren kreuz und quer durch Nowosibirsk. Eineinviertel Millionen Menschen leben hier. Was ich gestern beim Bummel mit Pjotr nur flüchtig sah, kann ich heute in Ruhe studieren: Die Stadt ähnelt einem Bild, an dem Zeit- und Stilgenossen von Michelangelo, Picasso, Rembrandt, Sitte, Dürer und Mattheuer gleichzeitig gemalt haben. Klotzige kubistische Bauten drängeln sich zwischen russischen Holzhäusern mit filigraner Ornamentschnitzerei. Betonhochhäuser stehen neben säulengestützten und kuppelbehüteten Prunkbauten der Stalinzeit. Sibirische Blockhäuser machen sich mit ihrer Einfachheit lustig über futuristische Formspielereien oder Häuserfassaden im Jugendstil. Dazwischen ducken sich grüngestrichene Baracken. Nirgendwo sonst sah ich alte und neue Architektur so nah beieinander. Vor einem Grundstück, das von einem wackligen Holzzaun umgeben ist, bitte ich den Fahrer zu halten. Direkt an der Straße steht ein altes Häuschen ohne Trinkwasser- und ohne Abwasserleitung, dafür mit Schwengelpumpe und Backofen. Im Hof dieser Holzhütte haben die Bauarbeiter schon das Hinterhaus hochgezogen – einen fünfgeschossigen Betonklotz, zwar ohne Backofen und Pumpe, dafür mit Fernheizung und warmem Wasser. Bald erhält das Hinterhaus den Status des Vorderhauses und die Hausnummer, die jetzt für beide gültig an der sibirischen Blockhütte hängt.

Zur Zeit wohnen in der Stadt – so weh es dem Bürgermeister auch tun mag und so fleißig die Maurer auch bauen – manche Bürger noch in barackenähnlichen Unterkünften. Um die notwendigen Arbeitskräfte für das Kusnezk-Becken und die weitere Erschließung Sibiriens anzusiedeln, mußte Nowosibirsk in der weltkürzesten Frist zur Millionenstadt wachsen. Moskau benötigte dafür 750 Jahre, New York 200 Jahre und Chicago, der bisherige Weltrekordhalter, 85 Jahre. Der sibirischen Metropole reichten 70 Jahre. 1897, als Lenin verbannt wurde, sagte er: „Sibirien ist ein in den Schmutz getretener Diamant." Damals lebten im heutigen Nowosibirsk 8000 Menschen. 1964 wurde der einmillionste Bürger geboren. Aber es ging Nowosibirsk wie einem Mädchen, das während der Pubertät zu rasch in die Höhe schoß: Es blieb lange Zeit recht schmal über der Brust. Noch 1917 war jeder dritte Einwohner der Stadt ein Händler, weil selbst die einfachsten Waren des täglichen Bedarfs aus dem europäischen Teil Rußlands geholt werden mußten. Inzwischen ist jeder dritte Bürger der Stadt ein Arbeiter. Als der persönliche Berater für Energiefragen des amerikanischen Präsidenten Kennedy, Dr. Ellender, das Wasserkraftwerk Bratsk besuchte und dort die weltgrößten 225000-Kilowatt-Turbinen sah (in den USA gab es damals lediglich 146000-Kilowatt-Turbinen), glaubte er nicht, daß die Giganten in Sibirien hergestellt worden seien. Die sowjetischen Begleiter setzten den Präsidentenberater kurzerhand in eine Chartermaschine, flogen mit ihm nach Nowosibirsk und besichtigten das Turbinenwerk. Nach Bratsk zurückgekehrt, schrieb Dr. Ellender in das Gästebuch: „Nun glaube ich, daß es solche Betriebe in Sibirien gibt."

Wir fahren durch die ältesten Stadtteile. Hier stehen nur Holzhäuser. Keine

Schnitzereien zieren ihre Fenster, und auch die Balken wurden nicht stilvoll und kunstgerecht zusammengezimmert. Die Hütten sind häßlich und baufällig. Hier wünsche sogar ich, der sonst eine Schwäche für schöne russische Holzhäuser hat, den Bulldozer herbei. Die Bauleute können mit den neuen Häusern der jährlichen Zuwachsrate von 70000 Menschen noch nicht entsprechen. ,,Aber in fünf Jahren sind wir soweit", versichert Natascha.

Am Rande der Siedlung zeigt sie mir tiefe, breite Gräben, die ,,Schluchten von Nowosibirsk". Sie sind so schmal, daß kaum Licht ihren Grund erhellt, und ich erkenne die Hütten, die in den Schluchten begraben sind, nur undeutlich. Windschief und löchrig ähneln sie kaum noch menschlichen Behausungen. Ich frage Natascha, weshalb sich Menschen ausgerechnet in diesen finsteren Gräben ihre Hütten gebaut hätten, denn ringsum ist Platz genug, wie überall in Sibirien.

,,Vor der Revolution kostete der Boden Geld", erklärt Natascha. ,,Nur die Grundstücke in den Schluchten erhielten die Armen kostenlos, denn sie lebten ja nicht auf, sondern unter der Erde."

Ich glaube nicht, daß immer noch Menschen hier wohnen. Aber dann sehe ich, daß zu den meisten Baracken neue Stromleitungen führen. Natascha beruhigt mich: ,,Wir haben Garagen daraus gemacht. Garagen, die im Winter nicht zu heizen sind, sind undenkbar in Sibirien. Also legten wir Strom in die Schluchten."

Ich bin froh, daß wir in die Neubauviertel – dort wohnen rund 70 Prozent der Nowosibirsker – fahren. Die elenden Hütten noch vor den Augen, freue ich mich über die hellen, großen Häuser. Natascha ist kritischer: ,,Sie ähneln sich alle zu sehr, und sogar mit Farben geizten die Bauleute. Wir Sibirier hungern immerzu nach grellem Grün, Rot, Gelb und Blau." Das ist doch ganz egal, möchte ich entgegnen, Hauptsache, die Menschen wohnen endlich menschlich; bei der nötigen Eile ging Zweckmäßigkeit vor Schönheit. Doch ich komme nicht zum Reden, denn Natascha reagiert ihren Ärger über die ,,Schlafkästen" mit einem ununterbrechbaren Redeschwall ab: ,,Die Menschen werden hier in den Satellitenstädten, wo sich die Großblockbauten wie ein Ei dem anderen gleichen, von der Umgebung zu genormten, nicht mehr voneinander zu unterscheidenden Wesen geformt. Wie die Häuser, so die Leute." Und sie erzählt die beliebteste Nowosibirsker Neubauviertel-Anekdote: ,,Ein junger Mann läuft spätabends, aber nüchtern nach Hause. Er sucht seinen Wohnblock. Als er die Tür aufschließen will, steht sie wie immer weit offen. Auch der Fahrstuhl funktioniert wie immer nicht. Seine Frau liegt wie immer schon im Bett. Er zieht sich aus, holt sich wie immer noch ein Bier aus dem Kühlschrank. Im Bett sprechen sie wie immer zuerst davon, sich scheiden zu lassen. Dann beschließen sie, weil die Nachbarstochter jetzt zum Eiskunstlauf geht, auch die eigene Tochter neben dem Klavierunterricht noch zum Eistraining zu schicken. Und zum Schluß schlafen sie wie immer miteinander, weil sie ja noch verheiratet sind und es sich für ein anständiges Ehepaar gehört, miteinander zu schlafen. Am Morgen, als es hell wird und der Mann seine Frau sieht, erschrickt er zu

Tode. Er liegt bei einer fremden Frau, in einer fremden Wohnung, in einem fremden Bett. Er hat sich im Block des Neubauviertels geirrt."

Ich frage, ob Natascha auch schon einmal Block und Bett verwechselt habe.

„Nein", lächelt sie stolz, „wir wohnen noch in einem Haus mit dicken Ziegelsteinwänden." Sie sagt es, steigt mit mir in den wartenden schwarzen Wolga und zuckt zusammen, als der fremde Fahrer sie anfaucht: „Sie sind falsch hier, ich fahre die französischen Touristen."

Unser schwarzer Wolga steht gegenüber.

„Das sind schon Probleme", seufzt Natascha.

Es gibt für Sibirien schwierigere.

Zehn Sätze über sibirische Probleme.

Erster Satz: Die größten Anpassungssorgen bei 90 Grad Temperaturunterschied – Sommer plus 30, Winter minus 60 – haben in Sibirien nicht die Menschen, sondern die Maschinen, denn diese Extreme verträgt kein herkömmlicher Stahl.

Zweiter Satz: Beim Hausbau benötigen die Maurer Spezialbeton, der auch bei extremer Kälte bindet.

Dritter Satz: Zur Zeit versuchen Wissenschaftler, den Boden Sibiriens elektrisch aufzutauen.

Vierter Satz: Unter der gefrorenen sibirischen Erde ist an vielen Stellen vulkanische Wärme gespeichert, die benutzt werden kann, um riesige Gewächshäuser zu beheizen.

Fünfter Satz: Erst 1954 bis 1956 begannen Zehntausende Komsomolzen, Neuland im unwegsamen Sibirien zu erschließen und auf 15 Millionen Hektar Gemüse und Getreide anzubauen, doch die Ernten wurden anfangs wegen der extensiven Bewirtschaftung von Jahr zu Jahr geringer.

Sechster Satz: Neue Industriezentren wie Tjumen liegen mitten in Sumpfgebieten, wo keine Viehzucht möglich ist und jedes Kilogramm Fleisch über Hunderte und Tausende Kilometer herangeholt werden muß.

Siebenter Satz: Trotz neuentwickelter, sehr schnell reifender, frostbeständiger Getreidesorten, Gewächshäuserkomplexe und industrieller Geflügelmast bei Irkutsk kann sich Sibirien heute erst (beziehungsweise schon!) zu 65 Prozent mit landwirtschaftlichen Produkten selbst versorgen.

Achter Satz: Die Gärtner der sibirischen Großstädte bestellen Blumensamen aus den Höhenregionen der Anden, um den nur zwei Monate dauernden Sommer farbenfroh zu verlängern.

Neunter Satz: Für die Erschließung Sibiriens werden noch Hunderttausende Menschen gebraucht, jedoch kostet es in manchen Gegenden bis zu 25000 Rubel, um einen Arbeiter anzusiedeln.

Zehnter Satz: Etwa 15 Prozent des sibirischen Wassers soll künftig in die Steppen und Wüsten Mittelasiens geleitet werden, aber niemand weiß genau, wie sich dann die Natur und das Klima in Sibirien verändern werden.

Als wir von der Stadtrundfahrt zurückkommen, steht Pjotr Poljanikow schon vor dem Hotel und winkt. Trotz seines wettergebräunten Gesichtes sehe ich ihm die Spuren des gestrigen ,,Begrüßungstrunkes" auf den ersten Blick an. Seine Augen sind verquollen, die Stimme klingt rauh. Wahrscheinlich hat er noch nicht viel Übung im Wodkatrinken. Er bittet um Entschuldigung, aber aus unserem vereinbarten Obspaziergang werde nichts, er müsse dringend etwas Dienstliches erledigen.

,,Ich dachte, du hast Urlaub von der BAM?"

,,Hab ich ja auch, trotzdem..."

Er spricht nicht weiter.

,,Wie lange bist du schon ein Bamowjez?"

Er murmelt unwirsch: ,,Neun Monate..."

,,Haben sie dich gleich genommen?"

,,Klar, obwohl noch über hunderttausend Anträge bei der Auswahlkommission liegen. Geologen hatten sie schon genug. Deshalb steckten sie mich zu den Holzfällern in eine der schwierigsten Gegenden. Mit meiner Taigaerfahrung würde ich es schaffen, meinten sie."

Als ich ihn wieder frage, wie es sich an der BAM arbeiten und leben läßt, wird er abweisend wie gestern abend. Ärgerlich sagt er: ,,Hier, lies doch, steht alles genau drin." Er drückt mir eine Zeitung in die Hand und bestellt mich für abends in die kleine Stolowaja. Pjotr geht, und ich lese auf der ersten Seite der regionalen Zeitung: ,,Die BAM ist die Bewährung einer Generation, denn wenn die hunderttausend Komsomolzen in acht Jahren den 3200 Kilometer langen Strang durch 600 Kilometer Sümpfe und über 500 Kilometer Gebirge bei Minusgraden um 50 Grad gelegt, wenn sie sich 16 Kilometer durch das 2400 Meter hohe Seweromuisk-Gebirge gegraben, wenn sie 142 Brücken über 100 Meter Länge gebaut haben werden, wird jeder von ihnen eine Spur hinterlassen, die Bestand für alle Zukunft besitzt."

Zum Mittagessen gibt es köstliche sibirische Pelmeni, die mir noch jetzt, wo ich mich daran erinnere, das Wasser im Munde zusammenlaufen lassen.

Anschließend fahren wir im schwarzen Wolga nach Akademgorodok. Natascha erzählt von einem Malheur, das ihr als Dolmetscherin passierte: ,,Touristen fragten mich einmal: ‚Wie tief ist der Ob bei Nowosibirsk?' Ich wußte es nicht genau, aber weil in Sibirien alles ungewöhnliche Ausmaße hat, antwortete ich: ‚Er ist über zehn Meter tief.' Die Touristen schrieben es ehrfürchtig in ihre Notizbücher. Zu Hause fragte ich Sascha, meinen Mann: ‚Weißt du, wie viele Meter der Ob...?' Er sagte: ‚Höchstens sechs.' Wir wälzten die große Sowjetenzyklopädie. Dort stand, daß der Ob bei Nowosibirsk eine Tiefe von vier Metern hat."

Der Ob liegt hinter uns. Wir fahren schon eine Viertelstunde durch die Taiga, aber von Akademgorodok ist nichts zu sehen. Von 1965 bis 1970 hat Natascha in diesem ,,Wissenschaftlerstädtchen" studiert. Sie schwärmt noch heute davon. ,,Wenn eine Studentin Geburtstag hatte, kamen die Professoren und feierten mit, sie waren nicht viel älter als wir. Am meisten freuten wir uns auf den ,Tag der Freiheit' im Mai, denn da regierten wir Studenten das Städtchen. Wir verkleideten uns – ich ging einmal als Nonne im Superminirock –, tanzten und sangen 24 Stunden lang und wählten die Schönheitskönigin von Akademgorodok. Jede Fakultät konnte eine Kandidatin nominieren. Meine kleine Schwester, ein reizendes Kind, war einmal von den Historikern nominiert worden. Doch obwohl sie die hübscheste Bewerberin war, gewann sie nicht die Krone, denn der Wahlmodus ist sehr undemokratisch: Königin wird das Mädchen, bei dem die Studenten am längsten und lautesten lärmen. Und am lautesten schrien und schreien in diesem Wissenschaftsstädtchen nun mal die Mathematiker und Physiker. Sie besitzen die absolute Mehrheit. Die Fakultäten für Geschichte und Sprachen wurden in Akademgorodok nur gegründet, damit die mathematische, physikalische und die anderen naturwissenschaftlichen Fakultäten endlich den Titel Universität erhielten – und ein paar Mädchen mehr für die Freizeitgestaltung der Mathematiker und Physiker da waren."

Natascha lacht und sagt: ,,Wie hätte mein Sascha sonst eine Frau bekommen?"

Dann weiter über das ,,Städtchen": ,,Weißt du, außer dieser Dewotschka-Wahl funktionierte an dieser Uni jedoch vieles außergewöhnlich demokratisch. Als sich zum Beispiel die Tochter des ersten Rektors zum Studium bewarb, wurde sie abgelehnt. Stell dir vor, die Tochter des Rektors, ein Wort von ihm hätte genügt. Aber sie erreichte bei den Aufnahmeprüfungen nicht die nötige Punktzahl. Und Zahlen bedeuten in diesem Städtchen der Mathematiker und Physiker mehr als die dicksten Beziehungen und Namen. Gleich wirst du unser Städtchen sehen. 50000 wohnen dort. Nur einen wiesen die Bürger bisher aus, er hatte ein Eichhörnchen getötet." Je länger wir fahren, um so aufgeregter wird die Dolmetscherin. Sie freut sich, mir ,,ihr" Städtchen zu zeigen. ,,Dort, siehst du, dort ist Akademgorodok."

Ich sehe nur Birken. Unschuldiges Stammweiß und neidvolles Blättergelb, denn die nebenstehenden Kiefern verfärben sich nicht. Von einer Stadt bemerke ich beim besten Willen nichts.

,,Schau doch genauer hin!"

Ich luge durch die Bäume, und wirklich, hinter den Birken, Kiefern und Lärchen, mitten im Wald, stehen villenartige Häuschen und langgestreckte Fertigteilbauten. Plötzlich besitzt die Asphaltstraße auch kleine Ableger, die sich schnell zwischen den Bäumen verlieren. Immer noch glaube ich, durch einen aufgeräumten Taigawald zu fahren. Aber wir sind schon mitten in der sibirischen Stadt der Wissenschaften, in Gorod nauki.

Zehn Sätze über die Wissenschaften in Sibirien gestern und Akademgorodok heute.

Erster Satz: 1555, das war die Zeit, als Stroganoffs Kosaken begannen, Sibirien zu erobern, erließ Zar Iwan IV. auf dem Kirchenkonzil zum Thema ,,Trunksucht und Völlerei unter der Geistlichkeit" auch ein Gesetz über die Verbreitung von Wissenschaft und Bildung in Rußland.

Zweiter Satz: Erst 1745 wurde mit dem Fischersohn Michail Lomonossow nach vielen „eingekauften Ausländern" wie Eulèr und Bernoulli der erste Russe Mitglied der Russischen Akademie.

Dritter Satz: 1898 existierten in Sibirien nur zwei Fakultäten, eine für Medizin und eine für Jura – beide in Tomsk.

Vierter Satz: Vor dem ersten Weltkrieg gab es in Rußland 95 Hochschulen, davon nur drei in Sibirien – in Tomsk.

Fünfter Satz: 1957 wurde begonnen, Akademgorodok – die erste wissenschaftliche Basis für die Erschließung Sibiriens – zu bauen.

Sechster Satz: Schon wenige Jahre, nachdem sie die Arbeit aufgenommen hatten, meldeten die Wissenschaftler von Akademgorodok Weltsensationen – ihnen gelang mit Hilfe von Computern zum erstenmal in der Welt die Entzifferung der Maya-Schrift, sie entwickelten Wasserkanonen für den Bergbau und schweißten Metalle durch Detonationen.

Siebenter Satz: Jährlich werden im „Städtchen" die begabtesten sowjetischen Mathematikschüler drei Wochen lang in einem Spezialistenlager geprüft, die Besten erhalten hier Studienplätze.

Achter Satz: Den Chirurgen von Akademgorodok sind komplikationslose Herzoperationen ohne Herz-Lungen-Maschine am abgeklemmten, „trockenen, stillstehenden Herz" gelungen.

Neunter Satz: Beliebter Sport der Jugendlichen in Akademgorodok sind Autorennen, bei denen jeder sein Fahrzeug selbst gebaut haben und dabei wenigstens eine „Neuentwicklung" vorweisen muß.

Zehnter Satz: Der Jugendklub im Städtchen heißt „Unter dem Integral", und die Musikfavoriten der abendlichen Tanzveranstaltungen sind nach wie vor die „Rolling Stones".

Wir steigen aus und bummeln durch Akademgorodok.

Zwischen den kleinen Wohnhäusern finde ich Heidelbeersträucher und mannshohe Farne. Ein paar Schritte von der Hauptstraße entfernt zeigt mir Natascha Pfifferlinge. Ich frage die Dolmetscherin, ob die Stadt so ideal in den Wald, ohne die Bäume dazwischen abzuholzen, gebaut wurde, weil hier die Kapazitäten der Wissenschaften arbeiten und wohnen?

„Nein, Angarsk, eine neue Industriearbeiterstadt, sieht ähnlich aus."

Zum „Städtchen" gehört auch ein Badestrand. Zwei Millionen Kubikmeter weißen Sand haben die Bauleute an das Ufer des Stausees gefahren. Er ist grau und stürmisch wie der Himmel. Unsere Fußstapfen sind heute die einzigen. Am Ufer leuchtet der Wald in den Verwandlungsfarben des Herbstes. Natascha pflückt einen Ahornstrauß. Wir schauen auf den schwarzen, schaumgekrönten See und haben keine Lust mehr, über biologische Rhythmen unter sibirischen Kältebedingungen oder über Spektralanalysen zur Erforschung der Bodenschätze zu sprechen. Statt dessen erzählt Natascha von ihrer Familie, den Eltern, Schwiegereltern und von ihrem Mann Sascha.

Über die Eltern:

Mein Vater stammt aus dem Smolensker Gebiet. Er studierte in Tomsk und unterrichtete dann als Lehrer für Literatur. In der Schule sah er Mutter, die dort Mathematiklehrerin war. Zwei Tage nachdem er ihr zum erstenmal begegnet war, heiratete er sie.

Über die Schwiegereltern:

Der Vater meines Mannes lernte seine Frau im Krieg kennen. Sechsmal wurde er schwer verwundet, sechsmal pflegte sie ihn wieder gesund. In Deutschland heirateten sie. Sascha wurde in Eberswalde geboren. Für ihn ist die tiefe Liebe seiner Eltern das erstrebenswerteste Ideal des Lebens.

Über Sascha:

Er sah mich beim Tanz in Akademgorodok. Damals studierte er Mathematik. Heute behauptet er, daß er sich sofort in mich verliebt habe. Aber wir heirateten nicht nach zwei Tagen. Als wir ein Jahr zusammen gegangen waren, wollten wir zum Standesamt. Doch meine Eltern sagten, wir sollten es uns noch einmal überlegen, so etwas dürften wir nicht übereilen. Da beschlossen wir, ohne Wissen und Segen der Eltern im „Städtchen" zu heiraten. Eines Morgens machten wir uns mit den besten Freunden auf den Weg zum Standesamt. Vor der Tür hing ein Schild: „Wegen Urlaub geschlossen." So ein böses Vorzeichen – ich heulte stundenlang. Am nächsten Tag probierten wir es noch einmal. Die neue Beamtin gab sich viel Mühe mit uns, denn wir waren das erste Pärchen, das sie traute. Anschließend verriet ich es meinen und Saschas Eltern. Sie riefen sich gegenseitig an: „Wissen Sie schon?" – „Ja, wir wissen es schon... Da sind wir also Verwandte. Wollen Sie mal bei uns vorbeikommen?" Nur seine Mutter, sie war damals Parteifunktionärin, schimpfte: „Weshalb habt ihr vordem nichts gesagt? Ich hätte den großen Festsaal bestellt und einen Film drehen lassen."

Ihr schüchterner, stiller Sohn bei der Hochzeit als Schauspieler, das wäre nichts geworden.

Nach dem Stausee zeigt mir Natascha die einzelnen Institute, mit dem Herz des Städtchens, dem Kybernetischen Institut. Sie führt mich zu den Datschen der berühmten Professoren.

„Der Professor, der hier wohnt, spendierte uns jedesmal, wenn wir zum Nowy god zampernd bei ihm vorbeizogen, fünf Flaschen Sekt."

Nächste Datsche: „Der Professor, der hier wohnt, ist eigentlich ein Physiker, aber er hält tolle Vorlesungen über Moral und Liebe."

Nächste Datsche: „Der Professor, der hier wohnt, spielte in der Tanzkapelle die Schlaggitarre."

Nächste Datsche: „Der Professor, der hier wohnt, ist der beliebteste Beichtvater, wenn es in jungen Ehen nicht klappt."

Nächste Datsche: „Und hier wohnte lange Zeit der ‚Vater des Städtchens', der weltberühmte Professor Lawrentijew."

Lawrentijew sagte dem Schriftsteller Saint George einmal folgendes: „Wir wählen die Leute, die hier wohnen sollen, sehr sorgfältig aus. Es genügt nicht, daß jemand ein brillanter Wissenschaftler ist; er muß auch intelligent sein. In dieser Gegend gibt es hunderttausend Quadratkilometer unberührten Taigawald. Wir müssen ihn vor Feuer, Schädlingen und – was uns hier direkt betrifft – vor Fachidioten schützen."

Auf dem Rückweg halten wir zwischen Nowosibirsk und Akademgorodok. Der Fahrer schwört, daß in dieser Gegend die meisten Steinpilze wachsen. Natascha verspricht, vorausgesetzt, wir würden fleißig sammeln, die Griby zu braten. Als wir nach dreißig Minuten immer noch keinen Eßbaren, dafür aber viele genauso erfolglose Sammler gefunden haben, lacht sie: „Wir hätten lieber im Städtchen Pilze suchen sollen. Dort stehen die prächtigsten Burschen gleichsam unter Naturschutz, und hier schneiden sie jeden noch so mickrigen ab."

Also essen wir zum Abend keine Griby, sondern sibirische Hähnchen. Ich beeile mich, verzichte auf Eis und Tee, denn ich möchte Pjotr Poljanikow noch treffen. Vielleicht erfahre ich heute, weshalb er trinkt, ohne an das Trinken gewöhnt zu sein, warum er allein im Restaurant sitzt und warum er nie von der BAM erzählt.

Er wartet schon auf mich. Vor ihm steht die obligatorische Wodkakaraffe und eine Flasche Mineralnaja woda, dazu, wie gestern abend, ein Teller mit Räucherfisch, einer mit Brot, einer mit Tomaten, einer mit Zwiebeln. Wir trinken zweimal sto gramm hintereinander. Pjotr ist heute weniger betrunken und trotzdem gesprächiger.

Ich frage ihn, ob er ein Mädchen hat.

„Nein", wehrt er ab. „Wenn du acht Jahre lang als Geologe durch die Taiga gezogen bist, hast du dir die Spielerei mit den Mädchen abgewöhnt. Die Jungs an der BAM sind da besser dran als wir. Nach Swjosdny, einer der ersten Siedlungen an der Strecke, kamen vor zwölf Monaten rund 600 Jungen und hundert Mädchen – dewotschki. Von den hundert blieben sieben übrig – alle anderen sind inzwischen schon shenstschiny, verheiratete Frauen."

Weshalb sagst du „die an der BAM"? Schließlich gehörst du dazu.

„In unserer Brigade arbeiten elf Jungen. Erst waren wir vierzehn. Dreizehn und ein Mädchen. Als sich zwei wegen ihr schlugen, wurden sie nach Hause geschickt: die zwei Jungen und das Mädchen. Obwohl sie nichts dafür konnte, außer, daß sie ein Mädchen war und Brüste hatte und Schenkel..."

Was bedeutet für dich Glück, Pjotr, wenn du kein Mädchen und keine Familie, nur die Taiga und die Wildnis hast, die vor dir vielleicht noch nie ein Mensch betrat? Was ist dein Glück?

„Die Taiga und die Wildnis, die vor mir vielleicht noch nie ein Mensch betrat."

Ich verstehe ihn nicht und zucke mit den Achseln. Pjotr versucht, es zu erklären: „Ich bin in einer Holzfällersiedlung mitten in der Taiga aufgewachsen. Mein Vater war ein sibirischer Waldarbeiter. Im Lager lebten mehr als tausend Leute. Eine Schule gab es, einen Arzt, einen Klub – aber keinen Polizisten und auch keinen Bürgermeister. Wer sich nicht an die allgemeinen Regeln hielt, wurde einfach aus dem Lager gewiesen. Das bestimmte der Rat der Ältesten. Noch als Kind lernte ich dort, mit Pfeil und Bogen Zobel und andere Pelztiere zu schießen. Später nahm mich mein Vater auch zur Bärenjagd mit. Als ich das Tier sah, es kam gerade auf uns zu, zitterte ich vor Angst. Da hat mir mein Vater, bevor er schoß, erst eine Ohrfeige runtergehauen. Wir wohnten in einem Holzhaus. Wer nicht verheiratet war, schlief in den Gemeinschaftssälen für Männer und Frauen. Sobald eine Hütte fertig war, meldeten sich sofort ein Junge und ein Mädchen, die auf der Stelle heiraten wollten, wenn sie dafür das Häuschen bekämen, in dem sie endlich nachts allein sein konnten. Den Wodka tranken wir bei uns nach einer besonderen Art. Er wurde so lange mit reinem Sprit verstärkt, bis er die Prozente hatte, die dem Breitengrad entsprechen, auf dem wir lebten; es war der fünfundsechzigste Breitengrad."

Pjotr gießt ein. ,,Das hier ist dagegen die reinste Limonade."

Ich sage: Trinken wir auf dich, Pjotr, und deine Arbeit an der BAM!

Er schüttelt den Kopf: ,,Nein, trinken wir lieber auf den Mann, der schon vor fast vierzig Jahren mit ein paar Gleichgesinnten den Bau der BAM begann. Denn er besaß nicht nur Mut, sondern auch Disziplin. Freiwillig diszipliniert sein ist viel schwerer als nur Mut beweisen."

Und Pjotr erzählt mir die Geschichte eines Mannes, von dem er annimmt, daß er Kommunist gewesen ist: ,,Kurz vor dem zweiten Weltkrieg versuchten er und seine Weggefährten, am Kilometer 7313 der Transsibirischen Eisenbahn eine Schneise in die Taiga zu schlagen und Schienen zu montieren. Ihr Ziel war Tynda, die künftige Hauptstadt an der heutigen Baikal-Amur-Magistrale. Dazwischen lagen Schneestürme, Hunger, Sümpfe, reißende Flüsse, zu Eis gefrorener Boden und Einsamkeit, lähmende Einsamkeit. Aber diesen Kommunisten und seine Männer hatte vierzig Jahre vor uns der Traum gepackt, einen zweiten Schienenstrang in die sibirische Unwegsamkeit zu bauen und die Spuren ihres Lebens für kommende Generationen unauslöschlich zu machen. Manchmal wird aus einem Traum eine fixe Idee, eine selbstgestellte Aufgabe, die nicht mehr zurückzunehmen ist, ohne daß man sich selbst aufgibt. Keiner von ihnen gab auf. Wie viele dabei ihr Leben ließen, weiß ich nicht. Ihr Schienenstrang erreichte Tynda. Unter unsagbaren Strapazen, ohne moderne Technik wie Hubschrauber und Funkgeräte hatten sie die ersten hundert Kilometer der künftigen BAM gelegt. Es war für viele von ihnen die Krönung ihres Lebens.

Da erhielt der Bauleiter dieser BAM-Pioniere einen neuen Befehl: Die Strecke sofort wieder abreißen und die Schienen und Schwellen nach Stalingrad transportieren! Es war im Jahr 1942... Sie rissen die Gleise wieder aus dem gefrorenen Boden, verluden sie in Richtung Front."

Pjotr schweigt einen Moment, dann sagt er leise, so, als spräche er nur mit sich selbst: „Ich weiß nicht, was heldenhafter war: ihr Mut, in wenigen Jahren eine Bahn durch die Taiga zu legen, oder ihre Disziplin, in wenigen Tagen die Gleise wieder zu demontieren.“

Wir stoßen auf jenen Kommunisten und seine Männer an.

Und heute, frage ich Pjotr, was ist heute sehr schwer an der BAM?

Die Kälte?

Dagegen helfen Pelze, und noch besser ist es, sich bei der Arbeit zu bewegen.

Die Sümpfe?

Wer hat nicht schon einmal im Leben einen halben Meter im Dreck gestanden – alles Gewohnheitssache.

Der fehlende Komfort?

Ein Mensch kann doch nicht gleichzeitig mit allen Vorteilen dieser Erde gesegnet sein: mit der Vergünstigung, sich in freier Natur bewähren und dazu noch in Klubs, Kaffees, Konzerte und Kinos gehen zu können.

Die Bären und Wölfe?

Sie haben mehr Angst vor uns als wir vor ihnen.

Die Mückenschwärme?

Ja, die Mückenschwärme sind lästig.

Die Einsamkeit?

Matrosen leben auch monatelang ohne Mädchen.

Die Schneestürme?

Jeder noch so große Schreihals verliert mal die Puste.

Was dann, Pjotr, was ist für dich das schwierigste an der BAM?

Er will die Frage wieder mit einer Handbewegung abtun. Dann jedoch wird sein zuerst ablehnendes Gesicht plötzlich ernst, fast nachdenklich, und er sagt: „Das schwerste ist die Disziplin.“

Und weil ich nicht sofort begreife, was er meint, sagt er: „Ich werde dir noch eine Geologengeschichte erzählen.“ Als er beginnen will, stockt er, überlegt einen Moment und sagt dann leise: „Ich hatte bisher immer geglaubt, es sei Romeos Geschichte – Romeo nannten wir den kleinen Ukrainer –, aber vielleicht ist sie inzwischen auch meine geworden.

Es passierte vor drei Jahren. Etwa 800 Kilometer nordöstlich von Bratsk hatte man uns mit einem Hubschrauber abgesetzt. Wir waren zu sechst, Mascha und fünf junge Männer. Das Mädchen blieb im Lager. Wenn wir nach fünf oder sechs Tagen von der Erkundung zurückkamen, heizte Mascha die Badestube und kochte das Essen. Es war schon Herbst, und wir sollten noch vor dem Wintereinbruch ein verdammt wichtiges Metall finden, das die Wissenschaftler in dieser Ecke vermuteten. Wir kannten uns alle von vielen Erkundungen, nur einen Neuen hatten wir dabei, einen schwarzhaarigen zierlichen ukrainischen Studenten. Ich lernte ihn in Moskau kennen, und als er hörte, daß ich Geologe und der Natschalnik einer Gruppe sei, bettelte er so lange, bis ich versprach, ihn zu einer Expedition mitzunehmen. Die ersten Tage ging es auch gut mit ihm. Er konnte zwar nicht schießen, aber dafür hatten wir Igor, einen am Jenissei aufgewachsenen Pelztierjäger. Der besorgte es allein, wenn wir auf Wölfe oder Bären stießen."

Ehrlich, frage ich, Bären und Wölfe?

Pjotr sagt erstaunt: „Aber natürlich", und erzählt weiter. „Nur eines war seltsam an Romeo, so nannten wir den Ukrainer. Jeden Abend, wenn wir im Zelt saßen, schrieb er stundenlang Briefe, obwohl es überhaupt nicht möglich war, sie abzuschikken, bevor wir wieder in der Operationszentrale landeten. Alle Briefe waren an ein und dasselbe Mädchen gerichtet – ich glaube, sie hieß Lilia. Er trug ihr Bild immer bei sich. Wenn er sich nachts hinlegte, steckte er es unter den Schlafsack. Gezeigt hat er das Foto keinem von uns. Als Romeo sich einmal beschwerte, wann wir endlich aufhören würden, das Scheißmetall zu suchen, fragte ihn Igor: ‚Weshalb machst du eigentlich mit?' – ‚Wegen ihr', sagte Romeo und klopfte sich auf die Brusttasche, wo er Lilias Bild trug. ‚Ich sollte ihr beweisen, daß ich ein richtiger Kerl bin.' Igor schwieg. Erst am Abend, als Romeo wieder seine Briefe schrieb, murmelte er: ‚Wenn es so ist, dann wird aus euch beiden kein Paar und aus dir kein Geologe.'

Wir schlugen uns damals schon vier Tage immer nordwärts durch die Taiga – höchste Zeit zur Umkehr in Richtung Badestube. Doch ich wußte, wenn wir diesmal wiederum keinen Erfolg hatten, würden wir das Metall vor dem Winter nicht mehr finden. Obwohl es kälter wurde, sich Ringe um die Sonne bildeten – das bedeutete Schnee, und mit dem ersten Schnee kommt in Sibirien meist auch Sturm –, befahl ich: Wir gehen noch zwei Tage lang nach Norden. Zwölf Stunden danach war die Hölle los. Wir konnten weder das Zelt noch die Meßinstrumente, sondern nur die Schlafsäkke, ein paar Konserven und die Gewehre retten. Vielleicht zwanzig Stunden lagen wir unter einer ausgespülten Uferböschung. So wurden wir wenigstens nicht von den wie Streichhölzer knickenden Bäumen erschlagen. Nachts begann Romeo – mit richtigem Namen hieß er Wasja –, wie wahnsinnig zu schreien, und der elende Feigling versuchte, durch den Fluß zu rennen. Wir konnten ihn kaum zu viert festhalten, weil uns der Schneesturm immer wieder umwarf. Er kroch zum Wasser, schmiß seine Briefe und das Foto der Liebsten in den tobenden Fluß und brüllte: ‚Ich will dich nicht mehr! Ich will nicht wegen dir sterben! Ich will nach Hause!' Am Morgen, als der Sturm sich beruhigt hatte, legten wir Wasja auf eine Birkenholztrage und begannen den Rückmarsch. Auch nachdem er wieder klar denken konnte, lief der verdammte Kerl keinen Schritt mehr. Er sagte nur immer: ‚Ich will nach Hause!' Von seinem Mädchen sprach er nicht mehr. Fünf Tage später kamen wir im Lager an. Der Hubschrauber stand schon auf der Lichtung. Mascha hatte ihn angefordert, als sie die Sonnenringe sah und den Sturm spürte. Wasja stieg ein. Er hatte sich von niemand verabschiedet. Ich traf den armen Teufel nie wieder. Wir anderen hatten uns entscheiden müssen, ob wir zurückfliegen oder es noch einmal probieren wollten. Wir hatten abgestimmt. Alle waren dafür, ein letztes Mal nach dem Metall zu suchen. Wir blieben noch acht Tage, bis der Schnee zu hoch lag. Entdeckt haben wir das Metall nicht."

Nachdem Pjotr sich Romeos Geschichte von der Seele geredet hat, brauche ich nicht weiter zu bohren. Er erzählt von selbst:

„Als Geologe wußte ich jeden Abend, wenn ich in meinen Schlafsack kroch, daß ich am nächsten Morgen das Lager abbrechen und weiterziehen würde, immer neue Gebiete zu erforschen. Ich hoffte insgeheim, irgendwann ein so bedeutendes Erzvorkommen zu entdecken, daß es die Fachleute mir zu Ehren Poljanikow nannten.

Als ich zur BAM kam, setzten sie uns mit dem Hubschrauber mitten in der Taiga ab. Wir besaßen Zelte, Kocher, Konserven, Beile, Nägel, Motorsägen, Schlafsäcke, UKW-Sender. Ich glaube, das war alles. Die Kumpels hatten noch nie eine Hütte gebaut. Sie wußten nicht, wie sie sich gegen die gefräßigen Mücken schützen sollten. Und sie ahnten nichts, wenn sich ein Schneesturm ankündigte. Ich zeigte ihnen alles. Vielleicht hätten sie ohne mich in den ersten Wochen aufgegeben.

Aber je mehr Zeit verging, je ähnlicher sie Sibirjaken wurden, um so schlechter stand es um mich. Was kein Frost, kein Sumpf, keine Einsamkeit, kein Schneesturm geschafft hatten, geschah: Mir fiel die Arbeit von Tag zu Tag schwerer."

Pause. Er trinkt, dann redet er schnell weiter.

„Immer das gleiche: Frühmorgens raus, und dann mußt du zehn Stunden lang Bäume fällen. Jahrhunderte stürzten in Minuten. Wenn wir abends aufhörten, konnten wir mühelos die Stelle sehen, an der wir früh angefangen hatten. Wir fraßen uns wie Schnecken in die Taiga. Schlafen und dann wieder: Bäume fällen, die Riesen zur Seite schleppen und die Trasse dreißig oder vierzig Meter weiter in den Wald verlegen. Woche für Woche. Monat für Monat. Mir war, als sei ich eingesperrt in einem Gefängnis aus Bäumen. Ich fing an, wie ein Besessener zu arbeiten und steigerte mich in den Wahn: Nur noch diesen Baum und diesen und den dort, und dann sind sie zu Ende, dann kommt das Licht, öffnet sich vor uns die Weite, können wir weiterziehen. Kilometer an einem Tag. Aber nach jedem Baum standen neue, es war kein Ende abzusehen. Da hilft dir kein Mut, da hilft nur Disziplin, eiserne Disziplin gegen dich selbst. Ich fing an zu fluchen und zu trinken."

Pjotr Poljanikow steht auf.

„Wann fliegst du nach Irkutsk?" fragt er.

Morgen früh um zehn Uhr.

„Ich komme vorher ins Hotel, habe ein kleines Geschenk für dich. Aus der Taiga."

Er geht.

Ich bleibe sitzen und trinke den restlichen Wodka aus der Karaffe.

Am nächsten Morgen steht Pjotr – wie immer pünktlich – vor dem Hotel. Er hat ein weißes Hemd an. Sogar seine semmelblonden, sonst struppigen Haare sind mit Pomade gebändigt.

Uns bleibt nicht mehr viel Zeit. Der Fahrer wartet.

Aus seiner Jackentasche holt der Geologe ein Seidenpapierpäckchen. Er schluckt, als er es mir in die Hand drückt: „Nun schau schon nach!"

Ich wickle das Papier ab. Ein leichter, graugrüner, faustgroßer, in der Mitte durchbohrter Stein kommt zum Vorschein.

„Es ist ein Nephrit, ein Stein des Glücks. Ich bekam ihn von einem alten sibirischen Jäger. Das war auf meiner vorletzten Expedition. Wir hatten uns verirrt. Und obendrein regnete es drei Tage. Wir gerieten in einen scheinbar ausweglosen Sumpf und hatten keinen Proviant mehr. Zwei von uns starben fast am Fieber. Als ich nicht mehr daran glaubte, der Taiga lebend zu entkommen, fand uns der Pelztierjäger. Er schenkte mir zur Erinnerung den Stein, den er vom Baikal mitgebracht hatte."

Ich will das wertvolle Geschenk nicht annehmen. Doch Pjotr ist zu Tode beleidigt.

Wir umarmen uns. Ich weiß nicht recht, was ich noch sagen soll, und frage: Wie lange hast du Urlaub, wann gehst du zurück zur BAM?

Er schaut mich nicht an, als er sagt: „Ich habe keinen Urlaub, bin abgehauen von der BAM, hielt es nicht aus..."

Es ist keine Zeit mehr für Erklärungen. Der Fahrer des schwarzen Wolga hat meine Koffer schon verstaut.

Und was wirst du nun machen, Pjotr?

„Ein oder zwei Jahre in der Fabrik arbeiten, vielleicht am Fließband, um Disziplin zu erlernen. Später gehe ich wieder als Geologe in die Taiga."

Wer hat das entschieden?

„Ich selbst", sagt Pjotr Poljanikow.

Er steht lange am Straßenrand und winkt.

Notizen zur Geschichte

Von 1863 bis 1869 bauten die amerikanischen Aktiengesellschaften Central Pacific und Union Pacific die Transkontinental-Eisenbahn zwischen Nebraska und Kalifornien. Im Westen der USA – von Sacramento aus – begann die Central Pacific, die von Gouverneur Stanford und den Eisenhändlern Huntington und Hopkins gegründet worden war, die Berge der Sierra Nevada zu überwinden. Am östlichen Ende der Strecke in Omaha am Missouri dingte die Union Pacific irische Soldaten und bayrische Holzfäller, die die Schwellen und Gleise in die Prärie legten.

Schon nach dem ersten Spatenstich entbrannte zwischen Union und Central Pacific ein gnadenloser Konkurrenzkampf. Jede Gesellschaft versuchte, so viel Kilometer wie möglich des geplanten Schienenstranges zu legen. Denn pro eintausend Meter zahlte die amerikanische Regierung 30000 Dollar zinslosen Kredit und verschenkte für jeden fertiggestellten Kilometer 40 Quadratkilometer Land an die Baugesellschaften. Weil es keinen vorher festgelegten Treffpunkt zwischen Kalifornien und Nebraska gab, trieben Union und Central Pacific ihre Arbeiter zum höllischsten Tempo, das die Eisenbahngeschichte kennt. (Am 29. April 1869 legten fünfhundert chinesische und acht irische Kulis der Central Pacific in zwölf Stunden 16,2 Kilometer Schienen.)

Am 25. 6. 1867 erreichte die Union Pacific unter General Dodge und General Casement die Stadt Julesburg. Der Journalist Henry M. Stanley schrieb in der „Cincinnati Gazette": „General Casement und seine berittenen Schwadronen erinnern mich an die Hunnen der früheren europäischen Geschichte... Es sind Gesellen, die für einen Schluck Whisky den Teufel aus der Hölle holen würden... Julesburg ist eine Stadt geworden. Wo noch vor einer Woche nur ein paar Dutzend Zelte standen, breitet sich jetzt mit magischer Schnelligkeit eine Stadt aus Holz- und Steinhäusern aus. Gewalt und Verbrechen gedeihen zwischen den zahllosen Vergnügungsetablissements wie Brennesseln auf einem Komposthaufen. Ich bin an einem Abend in eine Tanzhalle gegangen... Die Frauen waren halb nackt und führten Reden, daß mir die Zigarre zwischen den Lippen erlosch... Ich habe gesehen, wie ein Priester auf einen Tisch stieg, seinen Revolver in die Decke leerte und während der eingetretenen Stille begann, die Bildnisse nackter Frauen an den Wänden mit Decken zu verhängen und dann einen Gottesdienst abzuhalten, den ich nie wieder vergessen werde. Es war der betrunkenste Priester, den ich je in meinem Leben gesehen habe. Geld scheint in Julesburg gar keine bzw. die größte Rolle zu spielen. Wenn von irgend etwas die Rede war, so nur von Geld und Profit... Der Totengräber der Stadt ist gleichzeitig Arzt, Leichenbeschauer und Begräbnisfirma... Ich verstehe nicht, wie die Union Pacific den Grund und Boden an dieser Brutstätte des Lasters verpachten kann und damit auch noch an Mord und Totschlag mitverdient...

General Dodge antwortete darauf: ,,Was würden unsere Aktionäre eigentlich sagen, wenn wir, statt eine Eisenbahn zu bauen, Kreuzzüge veranstalten würden...?"

Der Troß der Bahnbauer zog wie einen Rattenschwanz Totschläger, Schnapshändler, Glücksspieler und Prostituierte hinter sich her. Neue Schienenstädte wie Julesburg entstanden in 24 Stunden. Aber sie starben sofort, sobald sich das Ende des Schienenstranges mehr als 30 Meilen von ihnen entfernt hatte. Im Juli 1868 errichtete die Union Pacific Benton, das in zwei Tagen auf 15000 Einwohner anwuchs. Allerdings gab es nicht genug Wasser. Geschäftsleute holten es in Tankwagen von Nord Platte Fluß und verkauften es pro Eimer für zehn Cents. Im Oktober 1868 war Benton nur noch eine menschenleere Abfallhalde.

Zum Troß der Union Pacific, die viel schneller als die sich durch die Sierra Nevada kämpfende Central Pacific vorankam, gehörten 53 Lokomotiven und 1100 Güterwagen, 600 Lokführer und Heizer, 350 Mechaniker, 300 Schreiner, 5000 Schienenleger, 2000 Bergleute, 1200 berittene Soldaten, 3000 Prostituierte. Die ersten Union-Pacific-Heime für ,,unerwünschte Säuglinge" entstanden.

Die Central Pacific geriet im Kampf um die profitbringenden Schienenkilometer immer mehr ins Hintertreffen. Sie warf Zehntausende chinesische Kulis in die Schlacht. Sie mußten die Tunnel durch die Gebirge graben.

Christopher S. Hagen beschreibt in seinem dokumentarischen Buch ,,Feuerroß im wilden Westen", wie Crocker, einer der Antreiber der Central Pacific, auf die Frage nach den Tausenden unter Steinlawinen begrabenen, bei Sprengungen und dem Nitroglyzerintransport getöteten Kulis reagierte: ,,Chinamänner gibt es wie Schneeflokken. Ich schicke dir noch tausend, wenn du willst... Die Toten sind tot. In den Tunnels liegen 800 begraben und kein Hund heult deswegen... Wir haben nur so viel Zeit, wie uns die verdammte Union Pacific läßt. Sie haben 500 Meilen gebaut. Wir 131. Sie haben bereits die Hälfte ihres Gebietes verkauft und machen Millionen..."

Die Central Pacific begann, um nicht noch mehr Kilometer einzubüßen, ihren Schienenstrang weit in die Wüste vorzuverlegen und wollte den fehlenden Mittelteil später bauen. ,,Das war der Beginn eines Unternehmens, wie es die Welt bisher noch nicht gesehen hatte und auch niemals wieder sehen würde. Strowbrigde trieb seine 5000 chinesischen Kulis durch die letzten Meilen der Bergstrecken... Hunderte Maultierkarawanen und Planwagen, die auf der alten Postkutschenstraße das gefährliche Sprengöl transportierten, flogen in die Luft. Die Krater wurden zugeschüttet, neue Karawanen kamen... Bald wußte niemand mehr, wieviel Tote der Bahnbau kostete. Waggonweise wurden die mumifizierten Leichen von Chinesen zur Küste transportiert..."

Jane Strowbrigde, die Frau des Bauleiters von Central Pacific, schwärmte: ,,Was doch Menschen aus der Erde machen, wenn sie zu allem entschlossen sind..." Ihr Mann, Jim Strowbrigde, berichtigte: ,,Wenn es um harte Dollars geht. Es gibt keinen Mann, der dieses Amerika nur aus Idealismus auf die Hörner nimmt..."

Auch die Union Pacific hatte ihre Strecken inzwischen vorverlegt. „Es gab kaum einen Zweig des amerikanischen Unternehmertums, der nicht mit hohen Investitionen an die beiden Giganten gekettet war. Mit Intrigen und allen erlaubten und unerlaubten Mitteln wurde um jeden Meter Schienenstrang gerungen. Niemand interessierte sich für die zahllosen Toten. Alles, was sich in den Weg stellte, wurde niedergewalzt, in die Luft gesprengt, erschossen, zertrümmert, begraben. Der Dollar war das Gesetz, der Revolver der Vollstrecker. Die Öffentlichkeit wurde mit vorgetäuschtem Idealismus narkotisiert. Damit erreichte der Wahnsinn seinen Höhepunkt. Beide begannen im mörderischen Kampf um die Meilen, weit den Schienenköpfen voraus, Teilstrecken zu legen. Sie bauten mitten in der Salzwüste dicht nebeneinander, sprengten sich gegenseitig in die Luft, stahlen sich kostbare Schwellen und Wasser, feuerten mit Gewehren aufeinander. Millionen versickerten mit dem Blut von chinesischen Kulis und irischen Arbeitern im Alkalistaub ..."

Der Kongreß setzte dem Bahnbaukrieg ein Ende – er bestimmte die Stadt Promontory als Treffpunkt der Union Pacific und der Central Pacific. Im Mai 1869 war der Bau beendet.

In Chicago feierte man das Ereignis mit einer sieben Kilometer langen Triumphparade.

In Philadelphia läutete in der Unabhängigkeitshalle die Freiheitsglocke.

In der New-Yorker Trinity-Kirche sangen Hunderte das „Tedeum".

Der Gesamtprofit der Manager von Central Pacific und Union Pacific betrug 61111995 Dollar.

Wieviele Tausende Kulis ums Leben kamen, ist nicht mehr nachweisbar.

Irkutsk

oder

Mein geheimnisvolles Gespräch mit Golomianka, dem Fettfisch

Während des Fluges von Nowosibirsk nach Irkutsk sitzt ein Amerikaner neben mir. Er gehört nicht zu der dürren, schlaksigen Sorte von Yankees, sondern hat kurze, dicke Beine, einen vorstehenden Bauch, und zwischen dem Doppelkinn und den schmächtigen Schultern entdecke ich kaum ein Stück Hals. Sein Gesicht ist rund und mit einem Netz von feinen roten Äderchen bedeckt. Wenn er nicht Anzug und Weste, sondern eine kurze Lederhose anhätte, würde jeder glauben, er sei direkt vom Wiener Prater oder aus dem Münchner Hofbräuhaus nach Sibirien gekommen.

Aber Mister John – so stellt er sich vor – wohnt in Chicago und verdient sein Geld – behauptet er jedenfalls – als Judolehrer. Er versteht außer „rubl" und „wodka" kein Wort Russisch und radebrecht ein wenig in deutsch. Ich gebe seine Worte hier allerdings in hochdeutsch wieder, denn die originalen Satzfragmente würden ihn nur lächerlich machen. Und das wäre unkorrekt, denn trotz seiner Spleens war Mister John durchaus nicht lächerlich. Das merkte ich am letzten Tag, als er mir in einer whiskyseligen Laune den Inhalt seines Köfferchens zeigte und ich dabei an ein Bild aus meiner Kindheit – ich glaube, das erste für mich noch rekonstruierbare jener Zeit – denken mußte. Damals war ich vier Jahre alt und wohnte in einem kleinen Dorf der Sächsischen Schweiz. Vom Krieg kannte ich nur das Sirenengeheul und den „Luftschutzraum", einen dunklen Keller im Haus meiner Großmutter. Und dann jenes Bild: Nach einer Nacht im Keller glühte bei Sonnenaufgang der westliche Horizont, als wolle der Feuerball dort schon wieder versinken. Die Luft roch nach Rauch. Am Himmel flatterten Hunderttausende schwarzer Vögel, die taumelnd auf die Erde fielen. Es waren Vögel aus Papier, verkohltes Papier...

Daran erinnerte ich mich, als Mister John in Irkutsk stolz die Utensilien eines seiner vielen Koffer präsentierte und ich ihn dafür am liebsten mitten ins Gesicht geschlagen hätte.

Aber das geschah erst am letzten Tag...

Quartier bekommen wir im Hotel „Angara". Mister John steigt vor mir die Treppen hinauf. Während ich noch mit der Deshurnaja plaudere, der Verantwortlichen für die Schlüssel und die Moral meiner Etage, kommt der Amerikaner schon wieder heruntergerannt. Er müsse sich zuerst die alten Kirchen der Stadt ansehen, sagt er, und hetzt davon, als hätte er soeben erfahren, daß in wenigen Minuten alle Gotteshäuser von Irkutsk in die Luft gesprengt würden.

Ich habe andere Sorgen: Seit Aschchabad quält mich eine ziemlich schlimme Diarrhöe. Weil das Malheur fast schon eine Woche dauert, werde ich immer wackliger auf den Beinen. Trotzdem möchte ich niemanden um Hilfe bitten. Nicht so sehr aus Scham vor dem heiklen Thema, sondern wegen der strengen sowjetischen Gesundheitsbehörden. Ich weiß, im Falle solcher Durchfälle haben sie eiserne Regeln. Ohne vierzehn Tage quarantäneähnlichen Krankenhausaufenthalt kommt kein Tourist davon.

Deshalb wäre ich heilfroh, wenn ich einige altbewährte Hausmittel bekommen würde. Eichenrinde und Heidelbeerblätter könnte ich bestimmt auch in der Taiga finden. Aber wo sollte ich Wermut und Kamille auftreiben, die zu einem wirksamen Tee gehören? Die Fastenkur hielt ich nur einen Tag durch und bin nun am Ende meines Lateins.

Neue Hoffnung schöpfe ich erst, als ich in Irkutsk die Dolmetscherin Ljuba Waskowa kennenlerne. Sie ist groß und kräftig, trägt eine Brille mit starken Gläsern, stammt aus einem kleinen Taigadorf und erzählt vom Leben im Wald. Vorsichtig, damit sie den Grund nicht ahnt, bringe ich das Gespräch auf alte sibirische Hausrezepte und Heilkräuter. Ljuba weiß fast gegen jede Krankheit ein Mittel, und sie kennt ein todsicheres gegen Diarrhöe: Wodka mit Salz und dazu Reis mit schwarzem Tee. Also esse ich mittags nicht im Hotelrestaurant, sondern gehe nebenan in ein Büfett, lasse mir dort eine Schöpfkelle ris, tschai i sto gramm wodka geben.

Als ich wieder ins ,,Angara" komme, ist Mister John bereits von seiner ersten Irkutskexpedition zurück. Er sieht mich in der Empfangshalle und holt einen in Papier gehüllten Gegenstand aus seinem schwarzen Reiselord. Das Päckchen ist sehr schwer. Mister John sagt, ich solle es aufmachen. Ich wickle das Zeitungspapier ab und halte einen bröckligen Mauerstein in der Hand. ,,Von der Kirche", sagt er. ,,Er war lokker..."

Dann hatte er es sehr eilig, in sein Zimmer zu kommen. ,,Mein rosaroter Koffer ist noch nicht da. Wenn er nicht bald gefunden wird, informiere ich die amerikanische Botschaft. Ist doch unerhört, was sich die Russen erlauben." Er holt tief Luft. ,,Natürlich könnte ich mir einen neuen Koffer kaufen, aber da ist ein Schatz drin, ein Schatz, sage ich Ihnen. Ohne den Koffer bin ich aufgeschmissen..."

Ich überlege, was für Reichtümer Mister John in dem Koffer mit sich herumschleppen könnte. Seine Whiskyvorräte für die Reise? Oder technische Pläne, die er verkaufen will? Oder einen Colt zu seinem persönlichen Schutz im wilden Osten?

Eine Stunde später – die Ausflugsrouten von Intourist sind für Amerikaner und DDR-Bürger die gleichen – stehe auch ich vor der Snamenskaja-Kirche am Angaraufer. Sie ist offen. Die Kerzen im Innern der Halle flackern vom Luftzug. Die Lichter werfen unruhige Punkte auf die in den Nischen hängenden, mit dunklen Farben gemalten Heiligen. Vor den Bildern liegen Gaben der Gläubigen: Wiesenblumen und bunte Stoffbänder. Brotscheiben und Weizenkörner. Maiskolben und Kopekenstükke, Würfelzucker und Mischka-Konfekt (das sonst nur in Moskau aufzutreiben ist).

Die Frauen, meist alte, die hier knien und beten, beachten – wie in den Kirchen von Kraków und Cottbus – scheinbar keinen der Touristen. Aber während sie mit einem Auge zu ihrem Schutzheiligen aufschauen, schielen sie mit dem anderen auf die Fremden. Es ist mir peinlich. Ich gehe durch die immer noch weitgeöffnete Tür hinaus. Auch bei den Grabsteinen vor der Kirche knien alte Frauen. Eine legt Astern zu vielen anderen Blumen. Ich stelle mich hinter sie und lese den Namen des Toten: Trubezkaja, Gattin des Fürsten Trubezkoi. Als die alte Frau aufsteht, spreche ich sie an. Ich frage, was sie von der Fürstin weiß. Sie schaut lange in mein Gesicht, bevor sie sehr leise antwortet: „Jekatarina folgte ihrem Mann hierher in die Verbannung. Sie lebte mit den einfachen Menschen zusammen und half ihnen, wie eine von Gott gesandte Heilige. So war die Frau des Fürsten Trubezkoi.“

Am 14. Dezember 1825 sollte Nikolaus I. den russischen Thron besteigen. Oberst Trubezkoi und andere Verschwörer, die den französischen Revolutionsidealen huldigten, wollten mit Hilfe von 3000 Soldaten die Machtübernahme durch Nikolaus verhindern. Doch noch vor Kampfbeginn ließ der Zar die Soldaten – sie warteten vergeblich auf einen Angriffsbefehl ihrer Anführer – auf dem Petersburger Senatsplatz zusammenschießen. Anschließend stellte er 579 der Dekabristen (darunter 460 Militärs und 51 Adlige) vor ein Kriegsgericht. Fünf wurden zum Tode durch Erhängen verurteilt. Bei der Exekution rissen drei Stricke. Als der Henker nervös neue Seile knüpfte, spottete Murawjow, einer der Todeskandidaten: „Armes Rußland! Man ist nicht einmal imstande, uns anständig zu hängen.“

Die Ketten für die 121 Aufständischen, die Nikolaus nach Sibirien verbannte, waren fester. Fürst Wolkonski schrieb: „... Sibirien zu jener Zeit, das war das Ende der Welt, es gab von dort nur einen Ausgang – auf dem gleichen Weg zurück... Es gab keine Nähfäden: nähen mußte man mit Fischdärmen... Nirgends, nicht einmal in Irkutsk, gab es einen Uhrmacher..., es gab keinen Zahnarzt... Apotheker fehlten gänzlich... Blutegel mußte man aus 2000 Werst Entfernung schicken lassen...“

Viele Frauen folgten ihren Männern freiwillig in die Verbannung. Es waren Frauen wie die Fürstinnen Trubezkaja und Wolkonskaja. Sie, die bisher von Köchen, Zimmermädchen, Kutschern und Hauslehrern bedient worden waren, durften lediglich das Lebensnotwendigste mitnehmen. Ihre in Sibirien geborenen Töchter und Söhne wurden als uneheliche Landarbeiterkinder in die Amtspapiere eingetragen. Aber Sibirien war für viele der adligen Verbannten auch eine nützliche Lebensschule. Die Fürstin Trubezkaja schrieb: „Hier ist der Ort, zu bemerken, wie sich die Regierung hinsichtlich unseres guten russischen Volkes irrt. In Irkutsk warnte man mich, daß ich Gefahr liefe, in den Bergwerken beleidigt oder gar getötet zu werden. Jetzt habe ich inmitten dieser Leute gelebt, die zur letzten Kategorie der Menschheit gehören, indes haben wir von ihnen nur Beweise ihrer Verehrung erfahren..., und wenn unsere Männer mit ihnen in den Bergwerken arbeiteten, boten sie ihnen an, die vorgeschriebene Arbeit für sie zu tun; sie brachten ihnen heiße Kartoffeln, die sie in der Glut buken..."

Die Dekabristen lehrten dafür die sibirischen Bauern die Dreifelderwirtschaft, sie gründeten Dorfschulen, richteten Werkstätten ein, liehen Bücher aus, heilten Krankheiten.

Sibirien hat Hunderttausende Verbannte aufgenommen. Rasins und Pugatschows Genossen waren die ersten, die, mit Brandmalen auf der Stirn, an Ketten geschmiedet, nach Sibirien getrieben wurden. Dann kamen die Dekabristen und später die polnischen Aufständischen. 1880 war jeder zweite Einwohner des Irkutsker Gouvernements ein Verbannter. Die revolutionären Führer des russischen Volkes schmachteten im großen sibirischen Völkergefängnis: ab 1897 Lenin. Ab 1902 Dsershinski. Ab 1904 Stalin.

Hunderttausende. Namenlose. Wenn einer starb, entzündeten seine Freunde Holzfeuer, um die Erde aufzutauen, sonst konnten sie ihn nicht einmal begraben.

Auch Ljubas Großvater war ein Verbannter. Bevor ihn die zaristische Polizei in das kleine gottverlassene sibirische Nest Tichonowoka schickte, lebte er als Bauer in der Ukraine. Ljuba weiß nicht, weshalb der Großvater aus dem fruchtbaren Schwarzerdegebiet nach Sibirien mußte. Vielleicht hatte er mit den Revolutionären sympathisiert oder während einer winterlichen Hungersnot dem Kulaken zehn Pud Getreide gestohlen. Oder er hatte geflucht, vielleicht den Kirchgang vernachlässigt, das Kreuz falsch geschlagen, schlecht vom Zaren geredet...

Nachdem mir die alte Frau von Jekatarina Trubezkaja erzählt hat, kniet sie noch einmal vor dem Grab nieder, bekreuzigt sich, steht ächzend, den Rücken dabei mit den Händen stützend, auf, streicht ihren langen, grob gewebten grauen Wollrock glatt und will gehen. Ich bitte sie, noch ein paar Minuten zu bleiben. Sie schaut mich fragend an, und ich sehe zum erstenmal in ihre Augen. Sie haben die Farbe von frisch gepflügtem Acker, glänzen auch so und passen nicht zu stummen Gebeten. Ihre Hände sind genauso flink wie die Augen. In Sekundenschnelle, ohne hinzuschauen, sucht mir die Alte aus dem neben ihr stehenden, mit einem Tuch bedeckten Weidenkorb einen großen rotbäckigen Apfel. ,,Iß, mein Söhnchen", sagt sie. ,,Die Äpfel hat mir mein Enkel aus Moldawien geschickt."

Ich esse und frage: Wie heißen Sie?

,,Jekatarina, wie die selige Trubezkaja."

Und wie alt sind Sie?

,,Gott hat mir schon sechsundachtzig Jahre gegeben."

Dafür danken Sie ihm?

,,Ja, mein Söhnchen, dafür danke ich ihm."

Und wofür noch?

,,Dafür, daß der Krieg meine beiden Söhne nicht tötete, daß der eine heute ein Studierter ist und der andere ein fleißiger Arbeiter, der nicht trinkt und Frau und Kinder nicht schlägt. Ich danke Gott, daß er mir eine liebenswerte Schwiegertochter gab, die mir fünf Enkel geschenkt hat. Alle fünf haben ihre Babuschka schon besucht. Und nun werde ich bald nach Moldawien fahren und auch die Urenkel sehen können. Dafür danke ich Gott."

Und wer ist Gott, Mütterchen Jekatarina?

Sie schweigt sekundenlang, sieht mich gütig, aber ein wenig mitleidig an und sagt dann: ,,Gott ist in den armen Seelen von allen Menschen, die für uns gestorben sind."

Nach diesen Worten bekreuzigt sich Jekatarina wieder. Sie berührt Stirn und Brust so hastig, als hätte sie es fast vergessen und müsse es nun schnell nachholen. Dann sucht sie noch einen Apfel aus dem Korb, reibt ihn an ihrem Rock, bis er glänzt, und gibt ihn mir: ,,Für den Weg, mein Söhnchen, und bleib gesund." Sie geht zwischen den Gräbern hinaus auf die Straße, will noch zum Aeroflotbüro, um sich nach einem Flugticket Irkutsk – Moskau – Moldawien zu erkundigen. Denn fliegen werde sie, hatte sie mir gesagt. ,,Wenn ich mit der Bahn fahre, dauert es zu lange. Da verdirbt mir der Kuchen und der Braten, den ich für den Enkel mitnehmen will."

Ljuba und ich bummeln am Ufer der Angara. Alte Bäume stehen rechts und links der Straße. Wir spazieren unter einem schattigen, grünblättrigen Dach, das nur manchmal ein Guckloch zum blauen Himmel hat. Ich frage Ljuba, die Enkeltochter des 1912 aus der Ukraine nach Sibirien verbannten Bauern, wie sie es mit Gott hält.

Sie sagt: ,,Ich glaube an die Menschen."

,,Und in den neuen Städten Sibiriens, in Bratsk zum Beispiel, gibt es dort auch Kirchen?"

,,Nein, in Bratsk steht keine Kirche."

,,Was tun dort die alten Leute, die noch gläubig sind?"

Sie zuckt die Schultern.

Stattdessen hätte sie mich natürlich auch fragen können, ob es in Lütten-Klein oder Eisenhüttenstadt Kirchen gibt.

Wir gehen durch gepflegte Parks, in denen die Bäume und Sträucher nicht gestutzt sind. Auf einer Rabatte mit rostbraunen Herbstastern hockt ein grauhaariger Mann und jätet. Seine Finger sind schon steif, und es fällt ihm schwer, die Unkrautblättchen aus dem Boden zu zupfen. Er läßt sich viel Zeit dabei.

Ein Angestellter der Stadt? frage ich Ljuba.

Nein, sagt sie, ein Rentner.

Was macht er dann hier?

Das sehen Sie doch selbst, er pflegt seine Astern.

Seine Astern? Ich denke, das ist eine Anlage der Stadt?

Es ist auch eine. Aber wer möchte, der kann statt im Garten seine Blumen hier pflanzen, damit sich alle Leute daran erfreuen.

Tun das viele?

Ja, meistens die alten Leute, die vom Dorf in die Stadt gekommen sind.

Ljuba sieht wie ein Stadtmensch aus. Sie hat eine weiße Bluse an, ein elegantes Kostüm aus Chemiefasern und hohe Absatzschuhe. Aber während wir durch die Geschäftsstraßen von Irkutsk laufen, schwärmt die Dolmetscherin von ihrem 200 Kilometer entfernten Dörfchen Tichonowoka mit dem behaglichen Blockhaus, das noch ihr Großvater gebaut hat. Sie erzählt, wie sie zum Nowy god harmonikaspielend, singend und peitscheknallend auf dem Troika-Pferdeschlitten durch die verschneite Taiga fahren. Sie träumt vom „Fest der jungen Birke". An diesem Tag begrüßen die Dorfbewohner tanzend das Erwachen der Natur und pflanzen – mitten in der Taiga! – junge Bäumchen. Sie verrät mir ihr heimatliches Lieblingsessen – frisch gefangenen und mit Gemüse gekochten Hecht – und lobt die Spezialitäten der Mutter – sauer eingemachte Pilze und in Zuckerwasser gekochte Preiselbeeren. Sie revidiert meine Vorstellung vom schmutzigen sibirischen Dorf: „Unsere Holzfußböden, Bänke und Tische zu Haus sind vom vielen Scheuern schneeweiß geworden. Bei uns könnte man vom Fußboden essen." Und sie erklärt mir, wie praktisch das Leben im Dorf ist: „Unter dem Haus, damit sie vor der Kälte geschützt sind, liegen die Bienenkörbe. Und neben dem Fenster steht im Winter unser Kühlschrank – ein kleiner Holzkasten. Dort stapeln wir Hunderte auf Vorrat geknetete Pelmeni. Sie gefrieren sofort, und wenn wir irgendwann Appetit auf ‚sibirische Öhrchen' haben, holen wir die Tiefgefrosteten aus dem billigsten Kühlschrank der Welt und werfen sie nur noch in die Brühe."

In Ljubas Dorf wohnen eintausend Menschen. Es gibt dort: drei Ärzte, Steinpilze, eine Kolchose, wilde Tauben, vor jedem Haus eine Sauna, Moosbeeren, einen Milchhof, zwei Kindergärten, eine neue Schule, Pferde, ein Magazin, zottige Hunde – und Bären, wenn sie aus Hunger bis ins Dorf kommen.

Eine Kneipe haben sie nicht. „Wer will, trinkt zu Hause", sagt Ljuba.

Selbstgebrannten? frage ich.

Sie lächelt und sagt weder ja noch nein.

Der am weitesten gereiste Bürger des Dorfes ist ihr Bruder – er war ein Jahr als Dolmetscher in Kuba. Von den Eltern – Vater ist Waldarbeiter und Mutter Lehrerin – lernte Ljuba die Grundregeln für ihr Leben: Ehrlichkeit, Fleiß, Güte und Höflichkeit; Höflichkeit sogar dem Feind gegenüber.

Ljuba beginnt zu philosophieren: „Die Menschen im Dorf sind natürlicher und glücklicher. In der Großstadt dagegen bleibt oft sogar ein Nachbar dem anderen fremd, und wenn sie sich doch einmal besuchen, dann tun sie es nur, weil es die gesellschaftlichen Regeln und die Beziehungen erfordern." Sie schweigt ein paar Schritte lang und sagt dann mehr zu sich selbst: „Die neuen Städte und Fabriken haben nicht nur die Natur der Landschaft, sondern zuweilen auch die Natur des Menschen verändert. Unsere Planer sind manchmal auch Zerstörer."

Einen der Chefplaner des Irkutsker Gebietes können wir nach dem Mittagessen besuchen. (Beim Essen gab es im Hotel-Restaurant einen Auflauf. Der Amerikaner schrie, daß er sich bei Breshnew persönlich beschweren werde, wenn sein rosaroter Koffer nicht sofort herbeigeschafft würde.)

Der Chefplaner sitzt im Dom Sowjet. Vor einer Tür im großen Verwaltungstrakt hängt ein Schildchen, das bis zum Rand beschrieben ist: Smanowskich Leonid Konstantinowitsch. Samestitel predsedatelja planowoi komissii Irkutskowo Oblaspolkoma. Auf deutsch bedeutet das: Hinter dieser Tür sitzt der stellvertretende Planungschef des Irkutsker Gebietes, Genosse Leonid Konstantinowitsch Smanowskich.

Er ist dreiundfünfzig Jahre alt und verantwortlich für einen Wald, in dem die Forstarbeiter jährlich bis zu 30 Millionen Kubikmeter Holz fällen könnten, und für einen Boden, in dem unter anderem Milliarden Tonnen Braunkohle liegen. In seinem Planungsbezirk befinden sich Großbaustellen wie Bratsk, Ust-Ilimsk, die BAM.

Dorthin fährt Leonid Konstantinowitsch nicht mit dem Dienstauto, sondern fliegt mit dem Diensthubschrauber. „Wenn ich kontrollieren komme, haben nur die Chefs Bange. Die Arbeiter nicht. Geht ihnen etwas gegen den Strich, merke ich es schon an der Anrede. Dann sagen sie plötzlich ‚Sie' zu mir..."

Oft werde ich nicht die Gelegenheit haben, mit einem Mann zu sprechen, der über ein Gebiet mitentscheidet, das siebenmal so groß ist wie die DDR. Deshalb beginne ich trotz Tee, Konfekt und Keksen, die auf dem Tisch stehen, nicht erst mit belangloser Konversation, sondern komme gleich zu meinen wichtigsten Fragen.

Genosse Smanowskich, welche Probleme machen Ihnen die größten Sorgen?

Er lächelt nachsichtig und sagt: „Haben Sie zehn Stunden Zeit?"

Ich lenke ein: Natürlich meine ich nicht alle Probleme, nur ein oder zwei Beispiele.

Der Chefplaner nickt. „Ich werde Ihnen ein Beispiel nennen. Aber das heckt sofort wieder Junge, wie ein fettes Mäuseweibchen."

Leonid Konstantinowitsch steht auf, geht zu der an der Wand hängenden Karte des Irkutsker Gebietes und tippt mit dem Zeigefinger auf eine Stelle im unerschlossenen Grün. „Stellen Sie sich vor, hier hätten die Geologen Öl gefunden. Die Planungskommission beschließt deshalb, daß in dieser Gegend ein neues Ölkombinat errichtet wird. Hubschrauber fliegen die ersten Arbeiter ein. Sie wohnen in Zelten und fangen an, den Wald zu roden. Zuerst brauchen sie natürlich Strom. Aber die nächste Energieleitung ist vielleicht Hunderte Kilometer entfernt. Also müssen andere Trupps eine Schneise bis zur Zeltsiedlung – dem künftigen Ölkombinat – schlagen und den Strom heranbringen. Danach sollen planmäßig die ersten Wohnungen für die Arbeiter gebaut werden. Doch dazu benötigen die Bauarbeiter Betonfertigteile, Kräne, Zement und Mischmaschinen. Kräne allerdings können wir nicht wie Fleischkonserven mit dem Hubschrauber in die Taiga schaffen. Deshalb müssen zuerst Straßenbauer ein vielleicht Hunderte Kilometer langes Asphaltband durch die Wildnis legen. Dann beginnen die Bauarbeiter, bei manchmal minus 50 Grad mit Spezialbeton und in der Arktis getesteten Maschinen zu arbeiten. Wenn die ersten Häuser stehen, endet die Etappe, die wir die Pionierzeit nennen. Sie ist die leichteste, denn die großen Probleme kommen noch. Die Menschen wollen nicht nur ein warmes Dach über dem Kopf, sie wollen auch gut leben. Meist wohnen junge Leute in den neuen Städten. Also gibt es viele Kinder. Kindergärten werden gebraucht. Kaufhallen, Kinos, Tanzlokale, Restaurants, Geschäfte... Und eines Tages kommen die jungen Leute und sagen: ,Die Häuser, die wir gebaut haben, stehen schnurgerade ausgerichtet und gleichen sich wie die Soldaten des Wachregiments bei der Parade. Hier kann man schlafen, aber nicht wohnen!' Also setzen wir zwischen die Neubaublocks kleine Cafés, Klubs und Holzhäuser im alten russischen Stil. Aber russische Holzhäuser ohne Schnitzereien über den Fenstern sind keine russischen Holzhäuser. Doch Schnitzer, die die traditionelle Kunst beherrschen, gibt es kaum noch. Deshalb muß ich mich jetzt auch noch darum kümmern, daß an der Kunsthochschule wieder Ornamentschnitzer ausgebildet werden..."

Ich hatte gedacht, Leonid Konstantinowitsch würde seine Rede mit einem tiefen Seufzer beenden, aber er lächelt nur vielsagend: „Ich bin an solche Kettenreaktionen gewöhnt. Sie funktionieren auch, wenn ich mit meiner Frau durch die Geschäfte gehe. Zuerst will sie fast nichts kaufen, nur einen grünen Schal. Dann fehlt zum grünen Schal eine grüne Handtasche. Dazu ein Paar braune Schuhe, ein beiges Kleid... Wenn wir wieder zu Hause sind, hat meine Frau meist alle Rubelchen, die wir sparten, verbraucht."

Vor dem Gespräch entschuldigte sich Leonid Konstantinowitsch, daß er in einer halben Stunde auf eine Baustelle in die Taiga müsse. Ich weiß nicht, ob sie 300 oder 500 Kilometer entfernt ist. Der Planungschef schaut unruhig auf seine Armbanduhr. Ich verstehe und beende das Gespräch. Während wir uns verabschieden, frage ich, womit er sich in seiner Freizeit beschäftigt.

„Ich fahre zum Baikal und erhole mich dort in den Wäldern. Es gibt kein Paradies auf der Erde außer dem Baikal." Schon zwischen Tür und Angel stehend, erzählt mir Leonid Konstantinowitsch noch etwas, was er besser verschwiegen hätte, denn er kommt nicht bis zum Schluß der Geschichte, und die Unvollendete geht mir anschließend wie ein Mühlstein im Kopf herum. Sie beginnt so:

„Vor etwa zehn Jahren beschlossen der Gebietssowjet und das zuständige Ministerium, am Baikalsee eines der effektivsten und größten Zellulosewerke zu bauen. Der Standort war günstig. Holz gab es in Unmengen. Die Stämme konnten auf den Flüssen und dem Baikal geflößt werden. Das kristallklare Wasser des Sees schien wie geschaffen für die Produktion von Zellulose. Die Planer, Ökonomen und Techniker waren begeistert. In großer Aufmachung begrüßten die zentralen Zeitungen das bedeutende Vorhaben. Als aber die ersten Abwässer des Kombinates in den Baikal flossen, die Fische starben und die Ufer verdreckten, begann im ganzen Land eine unorganisierte Kampagne: ,Hände weg vom Baikal! Rettet unsere Natur!' Ich bin mit Leib und Seele Planer und Ökonom, ich weiß, wie nötig und effektiv das Zellulosekombinat ist. Aber gleichzeitig gehört mein Herz den Zedern- und Lärchenwäldern am Baikal, dem kalten, köstlich schmeckenden Wasser, das ich oft getrunken habe, den wertvollen Fischen im See. Wofür und wogegen sollte ich diskutieren? Auf der einen Seite der Barrikade kämpften die Planer, Ökonomen, Wirtschaftsfunktionäre. Sie sagten, die Industrie rangiere vor der Natur. Unterstützt wurden sie von Funktionären, die argumentierten: Was von höchster Stelle beschlossen und genehmigt wurde, darüber könnt ihr nicht mehr diskutieren! Auf der anderen Seite der Barrikade standen Schriftsteller, Arbeiter, Naturfreunde und einige Ökonomen, Planer und Wirtschaftsfunktionäre, die nicht jeden Preis für neue Industrien zahlen wollten. Der Streit dauerte Jahre..."

Wie er ausging und für wen Leonid Konstantinowitsch Partei ergriff, kann er mir nicht mehr erzählen. Das Telefon klingelt, und der Chefplaner verabschiedet sich.

Wie ist der Streit um das Zellulosekombinat am „Heiligen Meer" ausgegangen?

Im Hotel frage ich bei Intourist, ob wir möglichst bald zum See fahren könnten. „Konetschno – natürlich", versichert der operative Natschalnik. „Morgen!"

Auf der breiten, gepflegten Taigaautobahn von Irkutsk zum Baikal gibt es weder für meine Augen noch für den gasgebenden Fuß des Chauffeurs Abwechslungen. Die Straßenbauer haben den Urwald anscheinend nur zerschnitten und Asphalt dazwischengeschüttet. Die Taiga zur rechten und linken Seite ließen sie unberührt. Ljuba sagt, daß ich an manchen Stellen erst mit dem Beil einen Weg durchs Unterholz schlagen müßte, wenn ich Pilze suchen möchte. Nach einer Stunde Fahrt unterscheide ich nicht mehr das Weiß der schlanken, geradegewachsenen Birkenstämme, das Gelb ihrer Blätter, das helle Grün der Lärchen und das Rostbraun der Ahornbäume. Die Farben vermischen sich wie auf einem endlosen ungerahmten Landschaftsbild von Renoir. Ich werde müde. Als ein großes Tier über die Straße trottet, reiße ich erschrocken die Augen auf. Im ersten Moment denke ich an einen Hirsch oder einen Bären. Doch es ist eine Kuh. Zweihundert Meter weiter treibt ein kleiner Junge mit Stockschlägen und Geschrei zwei Schafe über die Straße. Aber die Taiga öffnet sich nicht. Keine Lichtung deutet darauf hin, daß die Tiere in der Nähe Stall und Scheune haben könnten. Später höre ich Hundegebell. Und urplötzlich und übergangslos, als hätten die Siedler sich einfach ein Stück aus der Wildnis herausgeschnitten, endet der Wald. Ein Ortsschild: Bolschaja Retschka. Wir fahren langsamer. Solch ein Dorf sah ich in Sibirien noch nicht. Zuerst kann ich nicht sagen, was anders ist. Ich weiß nur, daß es keinem Ort ähnelt, an dem ich bisher vorbeigekommen bin. Doch beim genaueren Hinschauen entdecke ich den Grund: Die Holzhäuser sind fast alle einstöckig, grün gestrichen und quadratisch. Außerdem sind sie gleichmäßig, wie im Quadratnestverfahren gelegte Kartoffeln, angeordnet. Wir steigen aus, und nun bemerke ich auch, daß die Fenster der sich ähnelnden Häuser nicht mit traditionellen Schnitzereien verziert sind.

Im Mittelpunkt von Bolschaja Retschka stehen Schule, Post, Magazin und Dorfsowjet. Drumherum die Wohnhäuser. Die strenge Symmetrie wird erst am Ufer der Angara aufgehoben. Dort sehe ich auch unterschiedlich große, verstreut umherstehende neue und alte Häuser mit und ohne Holzschnitzereien. Der Fluß ist hier zwei bis drei Kilometer in die Breite gegangen und natürlich dementsprechend träge geworden. Ein alter Mann steht auf einem Wiesenhügel und blickt gedankenverloren in das ruhig fließende, klare Wasser. Er tut es andächtig wie die betenden Frauen in der Irkutsker Snamenskaja-Kirche. Ich grüße. Er schweigt. Als wir nach einigen Minuten wieder bei ihm vorbeikommen, steht er immer noch regungslos. Sein Blick scheint auf der gleichen Stelle zu verweilen. Ich stelle mich neben ihn, schaue auch dorthin, doch ich kann nichts Besonderes entdecken, nur Wasser. Da wendet er den Kopf und zeigt mit der Hand auf den Fluß: „Dort unten liegt mein Haus. Es war schon sehr alt. Als die Baumenschen den Traktor davorspannten, um es, wie die anderen, ins neue Dorf zu schleppen, krachte es zusammen." Er erzählt weiter: „Bevor das große Wasser kam, haben wir unser Dorf, das jetzt mitten im Fluß steht, verlassen. Die Toten nahmen wir mit und begruben sie noch einmal. Auch einige alte Häuser brachten wir auf den neuen Platz; die meisten Leute aber erhielten größere, neue. Zurückgelassen haben wir", er schaut zum Fluß, „die Kindheit, die Jugendzeit und die Erde, die wir mit unseren Händen fruchtbar gemacht hatten."

Bolschaja Retschka ist eines der vielen Dörfer an der Angara, deren Einwohner in den letzten Jahren umgesiedelt wurden. Der aus dem Baikalsee entspringende Fluß hat ein Gefälle von 20 Zentimetern pro Kilometer (die Wolga 4,6 Zentimeter). Deshalb ist die Angara gut geeignet, Turbinen anzutreiben und – so errechneten es Fachleute – im Jahr 90 Milliarden Kilowattstunden Strom zu liefern.

In den letzten zwanzig Jahren bauten sowjetische Fachleute eine Kaskade von Superkraftwerken an der Angara: Irkutsk, Bratsk, Ust-Ilimsk. Dazu mußten sie den Fluß stauen. Aus der nach ihren Stromschnellen so genannten „Trunkenen" und „Stürzenden" wurde die „Verkaterte". Sie verbreiterte sich um Kilometer, und bei Bratsk und Ust-Ilimsk wuchs sie zu Seen, die die Sibirier liebevoll Meere nennen. Aber überall, wo die Angara über die alten Ufer trat und in ein neues Bett floß, standen vorher Bäume und Häuser, hatten Bauern gepflügt und Holzfäller Bäume geschlagen.

Ich bin neugierig, wie es sich in einem ‚evakuierten" Ort leben läßt. Wir gehen zum Dorfsowjet von Bolschaja Retschka. Der Vorsitzende ist noch nicht lange im Ort, er kennt das alte Dorf nur vom Hörensagen. Also stellt er uns einen Mann vor, der über die Geschichte der Siedlung gut Bescheid weiß. Bei der Begrüßung verschwindet meine Hand völlig in seiner. Iwan Trintschuch ist Zimmermann. Er hat die Häuser des alten und des neuen Dorfes mit gebaut.

„Vor 1932 war hier Taiga, darin standen einsam wie Pilze einige Hütten. Dann begannen wir, Holz zu schlagen und es auf der noch wilden Angara nach Irkutsk zu flößen. Diese harte Arbeit machte die Leute nicht reich und auch nicht das Dorf. In unserer Schule mußten die Lehrer mehrere Klassen in einem Raum unterrichten. Etwa fünf Kilometer entlang des Flusses standen die armseligen Häuschen; vor allem im Winter war der Weg zur Schule sehr beschwerlich."

1953 erhielten die Dorfbewohner die Nachricht, daß der Ort überflutet würde. Wenige Monate danach trafen die ersten Bauarbeiter aus der Stadt ein. Iwan Trintschuch erzählt: „Wir mußten schnell bauen, deshalb blieb keine Zeit für Schnitzereien an den Fenstern. In zwei Jahren stand das neue Dorf. Aber die Bauern hatten noch keine Äcker, das Holzkombinat wurde in einen anderen Ort verlegt, und die Fischereigenossenschaft des Dorfes löste sich auf, weil berufsmäßiges Fischen auf der Angara verboten wurde. Viele Leute zogen damals weg."

Iwan zeigt auf den Bürgermeister: „In dieser Situation brachte er eine neue Idee vom Kreis mit. Wir sollten uns nicht mehr vom Holzfällen und von der Fischerei ernähren, sondern im Dorf eine Pelztierfarm aufbauen. Wir setzten die Idee in die Tat um. Den Frauen fiel die Umstellung am leichtesten, denn sie sind zu den Tieren sorgsam wie zu den eigenen Kindern."

Heute arbeiten 200 Einwohner von Bolschaja Retschka auf der Farm und betreuen 70000 Nerze. Das Pferdefleisch, das sie verfüttern, kommt aus der mongolischen Volksrepublik, und die Pelze, die sie abliefern, werden bis nach Amerika verkauft. Im Dorf wurde inzwischen auch eine neue Schule mit Labor und Werkstatt gebaut. Von den nicht ganz eintausend Familien des Ortes besitzen inzwischen 50 ein Auto und 150 ein Motorboot.

Ich gehe nach der Verabschiedung im Sowjet noch einmal zum Ufer der Angara. Der Alte steht nicht mehr auf dem Wiesenhügel, sondern schöpft schnell und geschickt mit einer spachtelförmigen Schaufel einen Holzkahn aus. Früher, so erzählt er, ohne die Arbeit zu unterbrechen, sei er einer der besten Fischer gewesen. „Unten bei den Stromschnellen von Nikola, wo die Angara unbändig wie ein Fohlen über die Steine stürzte, habe ich im reißenden Strom aufrecht im Kahn gestanden und die sibirischen Forellen gejagt. Nachts nahm ich dazu dunkel gefärbte Netze, denn es sind sehr kluge Fische." Er winkt ab. Jetzt fahre er nur noch mit den Rentnern hinaus und zeige ihnen, wie sie den Köder anbringen müssen.

Mit welchen Rentnern? frage ich.

„Mit den Rentnern aus der Stadt, die sich hier für tausend oder zweitausend Rubelchen ein altes Holzhaus gekauft haben und vom Frühling bis zum Herbst bei uns wohnen. So ein paradiesisches Fleckchen finden sie selten", sagt der Alte. Er schaut dabei nicht auf das Wasser, unter dem sein Häuschen liegt, sondern auf die gradlinig ausgerichteten, schmucklosen, soliden neuen Holzhäuser.

Wir fahren noch eine halbe Stunde durch die Taiga. Als sie sich wieder lichtet, sehen wir vor uns den Baikalsee. Der Wind ruht sich in den Wäldern hinter dem Gebirge aus, und das Blau des Himmels schläft auf dem spiegelglatten Wasser. An den Steilufern brennen die Herbstfeuer der Birkenblätter. Grüne Berge rahmen den blauen Kristall. Aber es gelingt ihnen nur an drei Seiten. An der vierten weitet sich der See bis zum Horizont. Gebirge und Wälder sind nicht mehr zu erkennen.

Viele Dichter besangen den See. Die Verbannten dagegen schwärmten nicht von der scheinbaren Unendlichkeit seiner Wasserfläche. Sie interessierte nur, wie sie ohne zu verhungern über das Eis des Sees fliehen konnten. Die Wissenschaftler verfaßten keine Gedichte über den Sonnenuntergang am „Heiligen Meer", sie interessierte, weshalb sein Wasser so sauber ist, daß es die Autofahrer als Ersatz für destilliertes in die Batterien füllen. Die Dichter beschrieben nicht den Streit, ob der Baikal mit 1620 Metern (Meyers Neues Lexikon 1972) oder mit 1741 Metern (Kleines Lexikon 1959) der tiefste See der Welt ist. Sie interessierten sich für seine Farben, Stimmen und für seine Legenden. Hunderte Dichter erzählten schon die alte Geschichte vom bärtigen Vater Baikal und seiner schönen Tochter Angara. Also brauche ich Ihnen, lieber Leser, nicht noch einmal zu berichten, wie der strenge Vater Baikal seine Tochter einsperrte, als er von ihrer Liebe zu dem jungen Recken Jenissei erfuhr. Ich werde nicht beschreiben, wie sich die Angara nachts davonschlich, durch Wälder und Felsschluchten nach Norden rannte, wo der Liebste wartete. Und ich muß nicht erzählen, wie Vater Baikal schließlich aufwachte, die Flucht entdeckte und der Tochter Flüche und Steine hinterherschickte. Der letzte Fels liegt noch heute dort, wo die Angara einst den Baikal verließ, um sich 1835 Kilometer entfernt in die Arme ihres Jenissei zu stürzen. Der Stein heißt Schamanenstein, aber ich finde ihn nicht.

Ljuba klärt mich auf, daß im Irkutsker Kraftwerk wohl die Schleusen geschlossen seien. Deshalb überschwemme die Angara auch das letzte Wurfgeschoß des zornigen Vaters. Aber das brauche ich, wie gesagt, nicht alles noch einmal zu berichten.

Mich interessieren am Baikal drei Dinge: Vor allem will ich wissen, wie der Kampf zwischen den Freunden und den Gegnern des Zellulosekombinates ausgegangen ist. Dann möchte ich herausbekommen, ob im See wirklich noch so viele Hygienepolizisten in Gestalt winziger Krebse ihren Dienst versehen, daß von einem ertrunkenen Menschen nach zehn Tagen kein Krümel mehr übrig ist. Und außerdem will ich, um meine Männlichkeit zu beweisen, unbedingt im See baden, egal wie sibirisch kalt er sein mag. Aber Intourist hat für die Besichtigung des Baikals nur vier Stunden geplant, und wie ich Ljuba kenne, werden wir garantiert auch noch ausgiebig zu Mittag essen. Doch um den Baikal richtig kennenzulernen, müßte ich frühmorgens mit den Fischern hinausfahren, mittags bei den Pelztierjägern Brot und Speck essen, abends am Feuer der Geologen sitzen, die harzigen Hände der Holzfäller drücken und mit den Schweißern der kleinen Werft von Listwjanka einen Begrüßungswodka trinken.

Listwjanka bedeutet auf deutsch Lärchenwäldchen. Die Häuser der Siedlung drängeln sich am Steilufer. Nur die mutigsten von ihnen sind mit den Birken, Zedern und Lärchen die Hänge hinaufgeklettert. Sie können den See überblicken. Ljuba sitzt oben auf einem Stamm und blinzelt in die Sonne. Ich laufe unten am Strand entlang. Rindenlose Baumwurzeln liegen wie Kraken zwischen den glatten, runden Steinen. Sand gibt es keinen am menschenleeren Strand. Das Wasser ist glasklar, aber eiskalt; es hat bestimmt nicht einmal zehn Grad. Weit und breit ist niemand am Strand, es gibt keinen Grund, das Unternehmen weiter aufzuschieben. Also riskiere ich meinen Herzschlag und den der Dolmetscherin, ziehe mich splitternackt aus, tappe ein paar Schritte ins Wasser, beiße die Zähne zusammen, gehe weiter, tauche kurz unter, versuche, langsam bis zehn zu zählen, schaffe es bis sieben und renne wie von Furien gehetzt aus dem Baikal. An der Ostsee hatten wir eine Maßeinheit für die Kälte des Wassers. Wir deuteten zwischen Daumen und Zeigefinger die Länge des besten männlichen Teiles nach dem Baden an: je kleiner, desto kälter. Hier in Sibirien verliert auch dieses Maß seine Gültigkeit. Zwischen Daumen und Zeigefinger ist fast nichts mehr zu zeigen. Zitternd lasse ich mich von der Sonne trocknen.

Der See hat seinen Namen, den ihm die burjatischen Ureinwohner gaben, noch heute zu Recht. Baikal bedeutet reines, kaltes Wasser. Ich kann jeden Stein auf dem Grund erkennen. Einen Nephrit – wie ihn mir der Geologe Pjotr Poljanikow geschenkt hat – finde ich nicht. Dafür entdecke ich einen handtellergroßen, fast durchsichtigen Stein. Als ich ihn aufheben will, schwimmt er weg. Es ist kein Stein, sondern ein Fisch. Aber ein sehr seltsamer. Er könnte aus dem Dresdner Hygienemuseum stammen, denn er ähnelt einem gläsernen Funktionsmodell. Skelett und Verdauungsorgane sind als dunkle Flecken zu erkennen.

Ich setze mich wieder und beobachte ihn, bis er seine Scheu verliert und näherkommt. Dann stelle ich mich vor.

Er sagt: „Angenehm, Golomianka."

Ich frage, ob er noch einen verständlicheren Namen hat.

„Ja", entgegnet er, „du kannst auch Fettfisch zu mir sagen."

Ich weiß jedoch nicht, ob er das gern hört, und bleibe bei Golomianka. Daß ich nichts von ihm weiß, verschweige ich lieber; möglicherweise ist er ein berühmter Fisch und nimmt es übel. Erst zu Hause schaue ich im Lexikon nach. Doch zwischen Gollwitzer, deutscher evangelischer Theologe, Atomwaffengegner, und Golowin, russisch-sowjetischer Bühnenbildner, steht kein Golomianka. Aus einem Fachbuch erfahre ich, daß der Fettfisch nur im Baikal vorkommt. Er kann über 1000 Meter tief tauchen, ohne daß sein Körper von den Wassermassen plattgedrückt wird. Zu 99 Prozent besteht er aus Fett. Wenn er eine halbe Stunde in der Sonne liegt, zerschmilzt er restlos. Die Sibirier benutzten ihn jahrhundertelang als Brennstoff für ihre Öllampen. Die Golomiankaweibchen bringen bis zu 2000 lebende Fische zur Welt und sterben danach.

Das weiß ich, wie gesagt, während wir uns am See miteinander bekanntmachen, noch nicht. Aber weil der Fettfisch sprechen kann, behandle ich ihn auch ohne Kenntnis seiner Tugenden gebührend hochachtungsvoll. Ich unterhalte mich mit ihm nicht über belanglosen Seeklatsch, sondern interviewe den Fisch zu politisch-ökonomischen Problemen.

Zuerst möchte ich wissen, ob sich in den letzten Jahrzehnten das Leben im Baikal verändert hat.

Der Golomianka ist begeistert und lacht. Falls Sie, lieber Leser, noch keinen Fisch lachen sahen: Er zieht dabei die Oberlippe hoch.

Mein Gesprächspartner versichert, daß ich mit meiner Frage bei ihm an den richtigen geraten wäre. Erst vor vierzehn Tagen habe er auf dem X. Fischkongreß über dieses Thema referiert. Dann schwimmt er langsam im Kreis – das sei Vorschrift bei Kongreßreden – und beginnt zu sprechen: „Liebe Anwesende! Verehrter Generalsekretär! Ich bin der Meinung, daß wir Baikalfische dem Genossen Wladimir Iljitsch Lenin zu großem Dank verpflichtet sind. Denn schon bald nach der Revolution erließ er ein Gesetz zur planmäßigen Ausnutzung der Pelzreserven. Das rettete vielen von uns das Leben. Vielleicht wird der eine oder andere nun fragen: Was haben wir im Wasser mit den Pelztieren auf den Bäumen zu tun? Darauf komme ich noch zurück. Zuerst sei jedoch daran erinnert, daß der russische Zar 1595 einen Gesandten an den Hof nach Wien schickte und ihm als Zahlungsmittel Zobelfelle mitgab und daß Mitte des 17. Jahrhunderts ein Drittel des russischen Staatsschatzes aus Fellen bestand."

Ich unterbreche den Golomianka – meine Dolmetscherin läuft oben schon unruhig hin und her – und frage, ob er sich kürzer fassen könne. Er ist beleidigt und sagt, wenn mich die historisch-ökonomischen Zusammenhänge nicht interessierten, solle ich lieber mit dem klatschsüchtigen Karpfen sprechen. Ich beruhige ihn. Er schwimmt wieder im Kreis und referiert weiter: „Weil die Menschen – das hängt mit ihrer Habgier zusammen – bald alle wertvollen Pelztiere rings um den Baikal gefangen hatten, brauchten sie etwas anderes, um Geld zu verdienen. Sie entdeckten, daß auch mit dem Fleisch unserer Edelsten und dem Rogen des hochverehrten Kollegen Stör gute Geschäfte zu machen seien. Zuerst lachten wir darüber, denn unser Volk war nicht zu zählen, so schnell vermehrte es sich. Dann jedoch dachten sich die Menschen immer raffiniertere Fangmethoden aus, und wir wurden bald weniger und weniger. Gott sei Dank aber hatte Genosse Lenin dieses Gesetz zur planmäßigen Zucht und Ausnutzung der Pelztiere erlassen. Bald gab es wieder mehr Zobel und Füchse in den Wäldern am Baikal. Das lenkte die Menschen ein wenig von uns ab. Trotzdem mußten wir dann in den fünfziger Jahren die letzten Störe, Omule und Robben in sicheren Verstecken vor den Netzen bewahren, sonst wären ihre Sippen ausgestorben."

Ich bedanke mich bei dem Golomianka für die interessante Rede und frage, was er vom neuen Zellulosekombinat weiß.

Er bedauert, denn mit seinen fünf Jahren habe er die Geschichte nicht selbst erlebt. Aber auf seiner Datsche unter der Insel Olchon würde ihn oft seine Geliebte, ein schon 120 Jahre altes Osjotrweibchen, besuchen. „Was soll ich denn sonst machen, die eigenen Frauen sterben ja so schnell weg", entschuldigt er sich. Er schnappt noch einmal nach Luft und beginnt zu erzählen, was er von der Osjotrfreundin erfahren hat:

„Vor zehn Jahren stand in unserer ‚Osernaja gaseta', der Seezeitung, daß die sowjetische Menschengesellschaft mit einem großen Kombinat am Baikal erneut ihre Stärke beweise und auch die unterentwickelten Gebiete Sibiriens sozialistisch umgestalte. So ähnlich schrieb es die Seezeitung. Sie hatte es aus der ‚Prawda' nachgedruckt, und der Generalsekretär unserer Fischpartei berief sofort einen außerordentlichen Kongreß ein. Dort verfaßten die Delegierten eine Grußadresse für das Gelingen des großen Werkes und schickten Harius, die Forelle, mit dem Brief an die Stelle, wo das Kombinat gebaut wurde. Sie kam nie zurück.

Daraufhin veröffentlichte die ‚Osernaja gaseta' ein halbes Jahr nichts vom neuen Kombinat. Inzwischen berichteten die Menschenzeitungen über die Erfolge beim Aufbau des Werkes, über den gigantischen Holzeinschlag am Baikal und darüber, wie die Arbeiter Tausende Stämme auf dem See und seinen Flüssen zum neuen Kombinat flößten. In dieser Zeit starb der Bruder meiner Osjotrfreundin. Er war erst 110 Jahre alt und hatte noch das halbe Fischleben vor sich, aber auf dem Grund des Sees geriet er in Atemnot und erstickte wie viele vor und nach ihm. Der Kongreß beschloß, eine Untersuchungskommission, der die besten Hygienikerkrebse angehörten, einzusetzen. Diese winzigen Krebse, die es nur im Baikal gibt, filtern in einem Jahr rund 1500 Kubikkilometer Wasser. Sie stellten fest, daß sich am Grunde Faulschlamm gebildet hatte, weil viele Stämme, die über den See geflößt wurden, versanken.

Die nächste furchtbare Sache passierte am Kindertag. Ihn feiern wir jedes Jahr, wenn die Störfrauen mit ihren Neugeborenen aus den Flüssen in den See zurückkehren. Auch in jenem Jahr hing schon das Begrüßungsplakat vor dem Palast des Fischvolkes, der Generalsekretär hatte eine Rede ausgearbeitet, der staatliche Handel bot Wasserfloh-Schaschlik an, und die privaten Schausteller verkauften Seegraswatte am Stiel. Doch alle warteten umsonst. Kein einziges Störfischkind erschien. Endlich kamen die Mütter heulend angeschwommen. Sie jammerten, daß sie den Laich wie jedes Jahr in das Ufergras gelegt und sorgfältig behütet hätten. Doch die Gerbsäure, die sich aus der im Wasser schwimmenden Baumrinde gebildet hatte, tötete Milliarden von unseren Kindern.

Richtig mulmig wurde es, als das Kombinat zu arbeiten begann und seine Abwässer in den See flossen. Damals verlangten einige von uns, der Fischkongreß solle gegen das neue Werk protestieren. Aber der Fischrat der Ältesten sagte: ‚Was die höchsten Stellen der sozialistischen Menschengesellschaft beschlossen haben und was in der ‚Prawda' begrüßt wurde, darüber können wir nicht diskutieren. Überlegt lieber, wie wir die Produktion von Abwässermasken schnellstens steigern...' Viele Kindergärtnerinnen wurden umgeschult und halfen, Schutzmasken zu montieren.

Doch dann geschah etwas Aufsehenerregendes: Die ‚Osernaja gaseta' schrieb: ‚Rettet unseren Baikal! Stoppt Bau und Produktion des Kombinates!' Erst dachte man, der Redakteur sei übergeschnappt. Aber er zeigte uns regionale und literarische Menschenzeitungen, in denen stand, daß die neue Zellulosefabrik kein Erfolg des sozialistischen Aufbaus sei, sondern die Natur zerstöre. Arbeiter und Schriftsteller verlangten: Der Baikal darf keinen Tag länger verschmutzt werden, selbst wenn durch den Produktionsstop Millionen Rubel Planverluste entstehen..."

Mein Freund, der Fettfisch, hat sich in Rage geredet. Er merkt nicht, daß die Sonne auf seiner Haut brennt, und ich begieße ihn mit kaltem Wasser. Er bedankt sich und berichtet weiter: „Der Streit war sehr hart. Einmal übertrug unsere Unterwasserfernsehstation sogar eine Sendung aus dem Moskauer Fernsehstudio, wo die Gegner und Befürworter des Kombinates öffentlich diskutierten. Der Kampf, an dem sich die ganze sowjetische Menschengesellschaft beteiligte, dauerte sehr lange. Manchmal gewannen die Ökonomen und Politiker, die der Meinung waren, daß die geplante Produktion vor allen anderen Interessen immer die Oberhand behalten müsse. Dann produzierte das Kombinat mit Volldampf, und unsere Sargtischler hatten Hochbetrieb. Manchmal errangen aber auch die Menschen, die sagten: wir dürfen unsere Natur nicht zerstören, wenn wir uns selbst nicht zerstören wollen, einen Sieg. Schließlich wurde die Zelluloseherstellung gestoppt, und unsere Frauen arbeiteten nicht mehr in den Abwässermaskenfabriken, sondern wieder in den Fischkindergärten.

Der Ministerrat und sein Vorsitzender, der Genosse Kossygin, entschied die Schlacht um den See, die schon lange nicht mehr nur um den Baikal ging. Es wurde angeordnet: Keine Holzflößerei mehr auf dem See. Kein Holzeinschlag an seinen Ufern. Produktionsstop im Kombinat, bis gewährleistet ist, daß das Wasser so klar in den See fließt, wie es entnommen wurde. Sollte das nicht möglich sein, müsse eine unterirdische Abwässerleitung nach Irkutsk gebaut werden. Künftig dürfen keine Fabriken in unserer Gegend errichtet werden. Alles wird ein Naturschutzpark, der größte der Welt... Als die ‚Osernaja gaseta' diese Meldung brachte, feierten wir das tollste Fischfest, das der Baikal je erlebt hat. Einige junge vorwitzige Omule sollen von der Besatzung der ‚Raketa-Schiffe' dafür sogar Aktfotos von Baikalnixen gegen Wodka eingetauscht haben. Und unser Rat der Ältesten beklagt sich nun, daß die Ordnung im Fischvolk nicht mehr so ordentlich wie früher sei. Denn jetzt diskutieren die Fischmassen auch über Beschlüsse, die sogar an allerhöchster Stelle gefaßt wurden..."

Der Golomianka schnappt nach Luft. Er ist außer Puste. Ich will mich mit ein paar Weißbrotkrumen bei ihm bedanken, aber er lehnt ab. Wenn ich ihm allerdings auch ein paar Fragen beantworten könnte, sagt er, würde ich ihm eine große Freude bereiten. „Mich interessiert sehr, wie die Fische in anderen Ländern leben."

Und der Fettfisch beginnt, mich zu interviewen: „Baut ihr dort, wo du lebst, auch neue große Fabriken?"

Ja, sage ich.

„Und gibt es bei euch auch so eine große Zeitung wie die ‚Prawda'?"

Wenn du das Format meinst, ist sie genauso groß, sage ich.

„Wie heißt sie?"

ND, sage ich.

„Und wenn bei euch der Bau eines neuen Werkes oder etwas anderes ganz oben beschlossen wurde, steht dann in dieser Zeitung auch, daß es ein grandioses Vorhaben eurer Gesellschaft ist?"

Sibirische Ornamentschnitzerei

Bratsk – die „Stadt der Brüder"

In Weltrekordzeit gebaut: das Bratsker Wasserkraftwerk.

1968

3
4
5
2

Sich die Natur zum Freund machen und sie beschützen – eine immer neue Aufgabe

Die Reisen des Taigaholzes

Aber natürlich, sage ich.

Der Golomianka macht eine Pause, dann fragt er: „Und habt ihr auch einen Baikalsee bei euch?"

Nein, sage ich.

„Da sind eure Arbeiter und Schriftsteller aber gut dran", sagt der Fettfisch. „Nie brauchen sie gegen etwas, das von den allerhöchsten Stellen genehmigt und von der größten Zeitung begrüßt worden ist, zu polemisieren."

Dem Golomianka wird es langsam zu heiß. Wir verabschieden uns. Er verspricht, mir irgendwann in einer Kaviardose einen Gruß nach Suhl mitzuschicken. Ich lässe ihn bei seinem Glauben, sage ihm nicht, daß ich nie im Intershop einkaufe. Dann verschwindet er sehr schnell im See. Golomianka, der Fettfisch, taucht wieder hinunter in Tiefen, in denen sogar eiserne Geräte durch das Gewicht des Wassers plattgedrückt werden.

Ljuba winkt und ruft. Ich klettere zu ihr hinauf. „Wir haben nicht mehr viel Zeit, und Sie müssen noch das Limnologische Museum besuchen und Mittag essen", mahnt sie. „Was möchten Sie zuerst? Museum oder Mittagessen?"

Ich frage, ob im Museum auch präparierte Fische ausgestellt sind.

Ja, sagt Ljuba.

Dann gehen wir besser erst zum Essen, schlage ich vor.

Als Vorspeise gibt es geräucherten Omul und rohen, gesalzenen Stör. Die Fischscheiben sind zart und machen Durst. Ich bitte um Mineralnaja woda. Da geht die Kellnerin mit der leeren Glaskaraffe zum See, schöpft Wasser und stellt es auf den Tisch. Auch eine Delikatesse – die beste!

Im Museum treffe ich meine Tellerbekanntschaften – in Formalinlösungen schwimmend – wieder: einen Stör, der 100 Kilogramm wiegen soll, und vier Sorten des Omul. Sie sehen furchterregend glotzäugig aus. Ich bin froh, daß ich schon gegessen habe. Eine junge Biologin sagt Unmengen Zahlen auf. Ich habe mir notiert: Im Baikal befinden sich 20 Prozent der Süßwasservorräte der Erde. Seine Ufer sind 2000 Kilometer lang. Nach neuesten Forschungen soll die tiefste Stelle des Sees bei 1620 Metern gemessen worden sein. 22 Inseln hat der Baikal. Die Fläche des „sibirischen Meeres" beträgt 31 500 Quadratkilometer, sein Wasserinhalt 230 000 Kubikkilometer. Im See leben 1700 Tier- und Pflanzenformen, von denen 64 Prozent in keinem anderen Gewässer der Erde vorkommen... Uff!

Der See entstand vor 20 Millionen Jahren. Und so soll das passiert sein: „Dem japanischen Gott fehlte im Stillen Ozean Land für seine Untertanen. Als er hörte, daß es in Sibirien noch unbewohnte Gegenden gab, machte er sich auf den Weg zum asiatischen Festland. In der Nähe des heutigen Irkutsk stahl er einen großen Brocken Erde und warf ihn dann zu Hause in den Ozean.
So entstand Japan, und gleichzeitig füllte sich das sibirische Erdloch bei Irkutsk mit Wasser.

Die Museumsführerin berichtet diese Fabel genauso ernsthaft wie vorher die statistischen Angaben. Dann zeigt sie uns in einer Vitrine meinen guten Freund, den Golomianka, und sagt: „Er lebt nur in großer Tiefe. Sobald er an die Oberfläche kommt, stirbt er."

Das weiß ich besser, doch ich berichtige die Museumsführerin nicht, denn ich möchte mein kleines Geheimnis um Golomianka, den Fettfisch vom Baikal, nicht preisgeben.

Mit dem Tragflächenboot fahren wir nach Irkutsk zurück. Eine Stunde benötigt die „Raketa" vom Baikal bis in die Gebietshauptstadt. Wir Touristen stehen auf dem Deck und fotografieren die schönen Berge und Wälder rechts und links der Angara. Die Irkutsker dagegen sitzen im gut geheizten Fahrgastraum und schlafen in den bequemen Flugzeugsesseln des Schiffes.

Auch Mister John war am Baikal: „Man müßte den Wald ringsum roden und dann Hotels, Bars, Autostraßen bauen, Pferderennbahnen, Flugzeugvermietung und Motorbootservice einrichten, den See abfischen und das Wasser für Industrieanlagen nutzen."

Und was haben Sie gemacht am Baikal? Waren Sie baden?

„Nein, das Wasser müßte erst künstlich erwärmt werden. Aber ich war auf den Bergen und habe sogar den Eisenhowergipfel bestiegen."

Den Eisenhowergipfel? frage ich.

„Yes, den Pik Eisenhower."

Weshalb heißt der Berg so?

Der Amerikaner lächelt mitleidig. „Als Mister Eisenhower beschloß, die Sowjets zu besuchen, wollte er auch den Baikal besichtigen. Da haben die Russen zuerst eine neue Autostraße von Irkutsk zum Baikal gebaut. Und dann legten sie noch den bequemen Fußweg auf einen Berg des Baikal, damit unser Mister Präsident den ganzen See überblicken konnte. Deshalb heißt der höchste Punkt Eisenhowergipfel."

Davon wußte ich nichts.

Stolz zeigt mir Mister John dann „etwas besonders Wertvolles". Er holt aus seinem Reiselord einen Plastikbeutel. Darin steckt, fein säuberlich mit den Wurzeln ausgegraben, ein Zedernbäumchen. „Ich habe es vom Eisenhowergipfel mitgebracht. Bei uns in den Staaten gibt es zwar einige botanische Versandhäuser, dort können Sie Bäume und Blumen aus Honolulu, Holland, den Pyrenäen und Pakistan bestellen und bekommen sie ins Haus geliefert. Aber ein Zedernbäumchen vom Eisenhowerberg am Baikal können die einem, selbst wenn man zehntausend Dollar dafür bietet, nicht organisieren..."

Und Ihr Mister Präsident, frage ich scheinheilig, war der auf dem Berg?

„No", bedauert der Amerikaner. „Er reiste nicht in die UdSSR, die Sache fiel damals aus."

Und weshalb fiel sie aus?

Mister John verstaut den Beutel sorgfältig in seinem Reiselord und zuckt mit den Schultern.

Die Sache fiel aus, weil Mister Eisenhower, während die gastfreundlichen Irkutsker eine Straße für ihn (so schien es; sie war aber schon lange geplant) durch die Taiga und einen Weg auf die Baikalberge bauten, eine angeblich unerreichbar hoch fliegende U 2 mit dem Piloten Powers zur Spionage in die Sowjetunion schickte. Dieser eine amerikanische Besucher, der vom Himmel geholt wurde, reichte den sowjetischen Gastgebern vorerst.

Davon weiß Mister John nichts. Und er hat auch keine Ahnung, weshalb der amerikanische Präsident sehr gern nach Sibirien gereist wäre. Eisenhower wollte diese Gegend schon einmal besichtigen. Das war 1919. Damals landete der spätere Mister Präsident als Soldat der amerikanischen Interventionsarmee in Wladiwostok, um Sibirien von den Sowjets zu „befreien".

Zwei Häuser von Irkutsk sind Kronzeugen für diese Zeit. Ljuba hat mich hingeführt, denn ohne Wissen vom Gestern könne ich das Heute nicht begreifen. Die beiden Häuser stehen sich, nur durch Straße und Bürgersteig getrennt, gegenüber. Das eine ist dreistöckig, schneeweiß und im klassizistischen Stil gebaut. Das andere ähnelt mit seinen rotbraunen Fassaden, den Zacken und Türmchen, die es sich aufgesetzt hat ... ähnelt..., ich überlege, aber komme nicht darauf. Ljuba hilft mir: „Ja, es sieht ein bißchen wie der Smolny aus, stammt auch vom gleichen russischen Meister."

Den weißen Palast dagegen baute ein italienischer Architekt. Lange Zeit wohnte der reiche Irkutsker Kaufmann Sibiriakow darin. Die Irkutsker Handelsleute verdienten damals gutes Geld; zuerst am Tee, denn die Stadt war Umschlagplatz für die Teekarawanen zwischen China und Rußland, später an sibirischen Pelzen, Hölzern und Gold. Im 18. und 19. Jahrhundert gehörten sie zu den mächtigsten russischen Kaufleuten und wollten den Kollegen in Petersburg und Moskau mit Prunk und Protz nicht nachstehen. Sie ließen sich Villen nach europäischem Vorbild bauen und brachten exquisite Segnungen des Zarenhofes nach Irkutsk. So führte beispielsweise der Gouverneur Murawew Ballsaison und Sekt in der sibirischen Metropole ein. Die vornehmsten Kaufleute ließen ihre Wäsche sogar in London waschen und warteten geduldig zwölf Monate, bis sie aus England zurückkam. Ein besonders prunksüchtiger Irkutsker soll 1867 auf der Pariser Weltausstellung das größte Spiegelglas, das je hergestellt wurde, gekauft haben. Damit es nicht zerbrach, ließ er es vier Jahre lang von einer Gruppe Arbeiter durch Europa nach Sibirien schleppen. In Irkutsk allerdings schlug er es kaputt, weil sein Haus für den Spiegel zu klein war. Im weißen Haus hätte es Platz gehabt. Doch dort wohnte zu dieser Zeit der Generalgouverneur von Irkutsk. Er zog erst 1917 aus.

Im November 1917 besetzten die *Roten* das *weiße* Haus. Im Dezember eroberten dann die Konterrevolutionäre die Stadt. Die *Weißen* verschanzten sich gegenüber im *roten* Haus und machten daraus eine Sturmfestung. Ich sehe weder am weißen noch am roten Haus Kugelnarben. Die Bäume zwischen den beiden haben sich schon bis zu den Dächern gereckt. Sie versperren das ehemalige Schußfeld. Vor knapp 60 Jahren aber wehrten sich 153 Rotgardisten zehn Tage lang im weißen Haus gegen die Übermacht der Weißgardisten, die vom roten Haus her angriffen. Am elften Tag kamen Kumpel aus der 130 Kilometer entfernten Bergarbeiterstadt Tscheremchowa den Roten zu Hilfe.

Doch damit war der Kampf zwischen Rot und Weiß in Sibirien noch nicht entschieden. Am 5. 4. 1918 landeten japanische – später amerikanische, französische, englische und italienische – Interventionstruppen in Wladiwostok. Sie sollten die Konterrevolutionäre, in Sibirien von Admiral Koltschak angeführt, unterstützen. Koltschak hatte vor 1917 die Schwarzmeerflotte befehligt. Meuternde rote Matrosen banden ihn dann an den Mast. Unter Kerenski kam er wieder zu Ehren und wurde mit einer Militärkommission der Provisorischen Regierung in die USA geschickt. Dort überraschte ihn die Nachricht von der Oktoberrevolution. Er fuhr nach Rußland zurück, und die Amerikaner versprachen, bald nachzukommen. Inzwischen sollte er im Land den Kampf gegen die Roten organisieren. Koltschaks wichtigste Stütze dabei waren 40000 tschechische Kriegsgefangene, die er mit der Drohung, die Roten würden sie internieren, für sich kämpfen ließ. Im Mai 1918 besetzten sie alle Knotenpunkte der Transsibirischen Eisenbahn. Im Sommer 1918 gründete Koltschak in Omsk die Provisorische Sibirische Regierung. Er versprach den Ausländern Rohstoffe und Konzessionen, wenn sie ihn weiter unterstützen würden, machte sich zum Oberbefehlshaber aller russischen Truppen und marschierte bis vor Moskau. Dort stoppten ihn die Rotgardisten und konnten seine Armee nach Sibirien zurückdrängen. Die tschechischen Kriegsgefangenen setzten sich zuerst ab. Als die Niederlage der Konterrevolutionäre unabwendbar wurde, floh auch Koltschak in einem gepanzerten Zug. Er nahm einige Waggons Gold und tschechische Soldaten mit. In Irkutsk wurde der Zug von den Roten gestoppt. Die Tschechen lieferten zuerst Koltschak und dann auch das Gold aus.

Der Anführer der Weißen, Alexander Koltschak, wurde in Irkutsk erschossen.

Rotgardisten warfen seine Leiche in die Angara.

Im roten Haus befindet sich heute das Heimatmuseum der Stadt.

Im weißen Haus stehen einige zehntausend Bände der Irkutsker Wissenschaftlichen Bibliothek.

Und die Irkutsker Residenz Koltschaks ist heute die Poliklinik Nummer 1 im Kirowsker Stadtbezirk.

Genau die hätte Ljuba jetzt bitter nötig. Es regnet, wir haben keinen Schirm und keinen schwarzen Wolga mit, und sie kann wegen ihres Schnupfens kaum noch sprechen. Ich fühle mich nach der Reis-Tee-Wodka-Salz-Kur wieder besser und spotte über die abgehärteten Sibirjaken, die sich beim ersten kühlen Wind erkälten. Aber Ljuba wehrt überlegen ab: ,,Den Schnupfen haben die Karl-Marx-Städter hier eingeschleppt. Vor fünf Tagen begleitete ich eine Delegation aus unserem Partnerbezirk. Alle von ihnen niesten oder husteten. Und nun habe ich das Malheur."

Aber Ljuba geht in keine Poliklinik und keine Apotheke, denn für Nachmittag ist eine Fahrt in die Taiga geplant. „Dort können wir spazierengehen, ein Bummel im Wald hilft mehr als alle Pillen und Doktoren der Welt", behauptet sie.

Vor dem Hotel wartet das Auto. Wir fahren auf dem kürzesten Weg aus der Stadt hinaus. Es dauert 20 Minuten. Auf dem letzten Richtungsweiser, bevor die Taiga begann, stand: Ulan-Bator.

Nach wenigen Kilometern haben die dicken Überlandstromleitungen, die uns seit Irkutsk begleiten, ihr erstes Ziel erreicht. Links von der Straße rauchen Fabrikschornsteine. Vor ihnen stehen flache Produktionshallen, die sich kilometerweit in die Länge ziehen. Rechts der Straße, in gebührend großem Abstand von Qualm und Fabriklärm, haben die Bauarbeiter eine neue Stadt hochgezogen.

„Schelechowo – 30000 Menschen wohnen hier. Sie arbeiten im Aluminiumwerk und in den Kabelfabriken, die zu den größten der Welt gehören", erklärt Ljuba. Sie sagt es so nebenbei, als existiere dieses Städtchen schon seit Hunderten von Jahren. Aber vor kurzem wuchsen hier, genau wie ringsum, nur Birken, Lärchen, Farnkräuter und Heidelbeeren. Schelechowo ist eine von vielen neuen Städten in Sibirien. Sie gehören heute schon zum Alltag des Landes und sind für die Einheimischen nicht mehr des Erzählens wert. Man spricht inzwischen von Ust-Ilimsk an der Angara oder von Magistralny an der BAM.

Was für ein Land, und was für eine Zeit!

Auf dem Rückflug von Bratsk über Irkutsk nach Moskau saß Wolodja, ein Mechaniker aus Schelechowo, neben mir. Als ich ihm sagte, daß ich aus der DDR sei, fragte er mich sofort nach Magdeburg, nach dem Thälmann-Werk und nach einem Monteur Rainer Hille. „Ein Bekannter von mir."

Vor drei oder vier Jahren kam Rainer Hille nach Schelechowo und stellte dort mit anderen Kollegen Kabelmaschinen aus Magdeburg auf.

Wolodja erzählte: „Es war Januar, als er hier eintraf. Er hatte einen Ledermantel an, glänzende Halbschuhe und nicht mal eine Schapka auf dem Kopf. ‚Das bißchen Kälte macht mir nichts', sagte er. Am nächsten Tag sank das Thermometer auf minus 45 Grad. Der Hille hockte eine Woche lang nur neben dem Ofen. Wir haben ihm eine Fellschapka besorgt und hohe Stiefel. Das tat ihm gut. Nach ein paar Wochen sagte er, so eine Mütze sei nicht zu verachten, aber er brauche auch ein bißchen Nestwärme. Die fand er sehr schnell bei einer jungen Kindergärtnerin. Er packte im Hotel seine sieben Sachen und zog zu dem Mädchen und ihrer Mutter. So überlebte er den sibirischen Winter.

Damals standen in Schelechowo nur die nackten Hallen des künftigen Betriebes. Weiter nichts. Heizung war noch keine drin, und wer sich am Feierabend waschen wollte, taute Eiszapfen in einem Stahltopf über dem Feuer auf. An manchen Tagen wurden in den Hallen minus 30 Grad gemessen. Und im Frühling zog einem der Schlamm die Stiefel aus.

Die Magdeburger hatten eine Verseilmaschine montiert – so ein kompliziertes, sehr langes, aber schnelles Maschinchen. Doch es funktionierte nicht. Sie nahmen es ein paarmal erfolglos auseinander... Erst nach Tagen fanden sie den Fehler: Das Fundament, das wir betoniert hatten, stand schief.

Da schrien die Magdeburger: ‚Verdammte Schlamperei!'

Wir schrien zurück: ‚Seid selbst schuld, warum habt ihr nicht, wie es Pflicht ist, die Fundamente nachgemessen?'

Sie sagten: ‚Wir dachten, was ihr macht, ist immer in Ordnung.'

Wie die Sache ausging? Wir legten gemeinsam Stahlbleche unter, bis das Maschinchen geradestand..."

Nachdem die Stewardessen den Imbiß serviert hatten, erinnerte sich Wolodja noch an eine andere Geschichte.

„Als die Extruder aus Magdeburg geliefert wurden, sagten die DDR-Arbeiter: ‚Dieses Mal messen wir!' Rainer Hille stand am Nivelliergerät, und ich half ihm. Er rieb sich die Hände: ‚Stimmt auf den Zehntelmillimeter.' Am nächsten Morgen war das Fundament wieder schief. So ging das vier oder fünf Tage – die Stimmung kannst du dir vorstellen.

Die Lösung? Ganz einfach – es war Sommer, und das Eis in der Erde taute, also versanken die Fundamente fast wie ein Stein im Sumpf. Wir spritzten Beton darunter, seitdem laufen auch die Extruder einwandfrei."

Wolodja bedauerte, daß Rainer Hille anschließend wieder zurückfuhr. „Aus unserer Kindergärtnerin und ihm ist nichts geworden, obwohl die Mutter immer ausgezeichneten Selbstgebrannten zu Hause hatte. Sie mischte ihn mit Honig und Kaffee-Ersatz. Aber vielleicht war er doch nicht nach Hilles Geschmack oder die Tochter nicht sein Fall. Sie hat noch lange von ihm geredet..."

Zur gleichen Zeit, als das Kabelwerk in Schelechowo entstand, begann bei Ust-Ilimsk der Bau eines riesigen Industriekomplexes, zu dem auch das größte Zellulosekombinat Europas gehört. Aus diesem Kombinat erhalten die RGW-Länder in Zukunft Papier, das auf dem Weltmarkt ja immer kostbarer wird.

Aber wir bekommen erst dann sibirisches Papier, wenn das Kombinat mit der Produktion begonnen hat.

Das Zellulosekombinat kann nur planmäßig entstehen, weil vorher Stausee und Kraftwerk von Ust-Ilimsk programmgemäß fertig wurden.

Stausee- und Kraftwerksbau wären unmöglich gewesen, wenn nicht Strom aus Bratsk nach Ust-Ilimsk geflossen wäre.

Strom aus Bratsk kam planmäßig nach Ust-Ilimsk, weil die Kabel pünktlich aus Schelechowo eintrafen.

Und das Kabelwerk in Schelechowo konnte Kabel schicken, als die Maschinen aus Magdeburg auf soliden Fundamenten standen und einwandfrei liefen...

Hinter Schelechowo verschluckt uns die Taiga wieder.

Fast alle Birken verneigen sich in Trauer. Ihre Kronen berühren den Boden. Die weißen Leiber sind so stark gekrümmt, daß die Haut bis tief hinein in das Holzfleisch gerissen ist. Schnee und Sturm haben sie im Winter geduckt. Nun fehlt ihnen die Kraft, sich wieder aufzurichten.

Wir fahren an einer Siedlung, vier oder fünf Holzhäuschen, vorbei. Der Chauffeur muß bremsen. Schweine laufen auf der Straße und wühlen am Rande des Asphalts. In jedem Hof steht ein Ziehbrunnen. Daneben haben die Bewohner Holzscheite zu dickbäuchigen Meilern gestapelt. An einem der Häuser hängt in Kopfhöhe ein Regenfaß, in dessen Boden eine Gießkannenschnauze steckt.

Ein Halteschild für den Autobus entdecke ich nirgendwo.

Ljuba sagt nichts, weil ich nichts frage und sie der Schnupfen plagt. Nachdem wir an der Vier-Häuser-Siedlung vorbei sind, möchte ich wissen, weshalb sie aus ihrem Heimatdorf weggegangen ist, obwohl sie die Natur, das Land und die Holzhäuser liebt.

,,Weil ich mir ein Leben ohne Konzerte, Kino, Ausstellungen, Diskussionen, Theater nicht mehr vorstellen kann. Ich habe zuerst in meinem Dorf als Lehrerin gearbeitet. Tagsüber in der Schule und abends mit den Hühnern ins Bett – das hielt ich nicht aus. Die Produktionsweise änderten wir überall auf den Dörfern, aber die Lebensweise noch nicht..."

Sie verbessert: ,,Es gibt noch viele dieser kleinen, abgelegenen Dörfer, ohne Theater, ohne Kinosaal, ohne Restaurant. Aber die meisten davon werden bald nicht mehr existieren, denn die jungen Leute gehen auf die Baustellen und in die neuen Städte, die ringsum entstanden sind."

Unser Fahrer muß aufpassen. Die Straße windet sich in Serpentinen einen Berg hinauf. In einer gefährlichen Haarnadelkurve liegt Sand. Wir schlittern. Der Fahrer kennt die Stelle, er lacht: ,,Die Kraftfahrer nennen die Kurve ,Zunge der Schwiegermutter'."

Weiter oben steht ein Holzkreuz am Straßenrand. Ich hatte vorher schon kleine Obelisken gesehen. Vor manchen lagen frische Blumen.

Gräber?

,,Nein, Gedenksteine."

Für wen?

,,Für Autofahrer, die hier tödlich verunglückten."

Für alle? Auch für solche, die am Unfall selbst schuld waren?

,,Ja."

Und für Autofahrer, die in der Stadt umkamen?

„Für die gibt es keinen Gedenkstein. Nur wer hier draußen in der Einsamkeit stirbt."

Fahren viele hinaus in die Taiga?

„Ja, am Wochenende. Fast jeder zweite Irkutsker hat irgendwo eine Datsche."

Gleich hinter der Stadt hatte ich eine ganze Datschensiedlung gesehen. Holzhütten ohne Veranda, Swimmingpool, Hollywoodschaukel, Gartenzwerge, Fernseher, WC. Wir schauten durch eines der gardinenlosen Fenster: In der Mitte des mit Brettern abgedichteten Raumes stand ein sauber gescheuerter Holztisch mit vier Stühlen ohne Polster. In der Ecke ein altes Sofa, Pelze und Decken. Neben einem kleinen eisernen Öfchen auf einem Hocker eine Waschschüssel, darunter ein Wassereimer. Für das Geschirr und die Töpfe hatten die Besitzer rohe ungehobelte Bretter an der Wand befestigt.

Ljuba erzählt mir, daß viele Irkutsker von Mai bis September hier draußen in ihrer Datsche wohnen und täglich zur Arbeit in die Stadt fahren.

Weshalb haben sie dann nicht mehr Komfort? frage ich.

„Wenn einer in der Natur lebt, will er doch nicht wie eine Schnecke ständig sein ganzes Haus mit allem Drum und Dran herumschleppen", sagt Ljuba.

Was kostet so eine Datsche?

„Wenn du alles selbst machst, ein paar Rubelchen, denn das Holz ist billig."

Und das Grundstück?

„Das bekommen wir vom Staat."

So ohne weiteres?

„Aber natürlich."

Jeder, der ein Stück Land möchte?

„Jeder."

Und der Preis?

„Ich weiß es nicht genau – ein paar Kopeken, oder ganz umsonst. Der Boden bleibt Eigentum des Staates, private Grundstücke gibt es nicht."

Nach einer Stunde scheinbar zielloser Fahrt durch die Taiga sind wir am Ziel. So sagt es Ljuba jedenfalls. Doch ich sehe nichts als Wald. Dann entdecke ich Trampelpfade. Wo alle Wege sich treffen, steht ein großes Holzhaus mit wunderbaren Schnitzereien und festen Balken. Es gehört Intourist. Wir gehen hinein und werden von gemütlicher Stubenwärme und einer dicken, freundlich lächelnden Frau empfangen. Der weißgetünchte Ofen – in seiner offenen Feuerstelle brennen Birkenscheite – könnte mich verführen hinaufzuklettern und oben ein Stündchen zu schlafen. Mit seiner Herdseite steht er in der Küche. Dort kocht die Frau, und eine Kellnerin von Intourist hilft ihr. Im Wohnzimmer sind zwei lange Tische gedeckt. Die Wodkagläser glänzen, die Teller sind blaugemustert. In bauchigen Vasen stehen Herbstlaubsträuße. Ich fühle mich wohl, nur eine auffällig gemusterte Tapete stiehlt dem Ofen ein wenig von seiner Wärme, den Gläsern von ihrem Glanz und den Tellern von ihrem Blau.

Eine tschechoslowakische und eine französische Reisegruppe sind zum Mittagessen angemeldet.

Ich frage das höchstens zwanzigjährige Kellnermädchen, ob es verliebt, verlobt oder verheiratet sei.

,,Seit dem letzten Wochenende wieder einmal verliebt. Ein Student", sagt sie.

Und wie haben Sie ihn kennengelernt?

,,In der Taiga."

Hier?

Sie schüttelt mit dem Kopf. ,,Nein, er fuhr im selben Eisenbahnwagen wie ich."

Ich verstehe nicht und frage noch einmal: Haben Sie ihn in der Taiga oder im Zug getroffen?

,,Im Taigazug", sagt sie. ,,Manche Leute nennen ihn auch Zug der Gesundheit."

Ihr ist unbegreiflich, daß ich ihn nicht kenne.

,,Freitag oder Sonnabend fahren von Irkutsk aus Züge mit Schlafwagen und Speisesalon in die Taiga. Wer über das Wochenende in die Natur will, kauft eine Karte und richtet sich im Abteil häuslich ein. Nach zwei oder drei Stunden Fahrt wird der Zug irgendwo im Wald auf ein Abstellgleis geschoben, die Lok dampft davon und holt die Wagen mit den Sommerfrischlern am Sonntagabend wieder ab."

Ohne daß ich sie auffordern muß, erzählt das Mädchen vom vergangenen Wochenende.

,,Ich wußte nicht, was ich an meinen freien Tagen machen sollte und kaufte mir ein Billett für den Taigazug. Im Abteil wohnte noch eine Familie mit drei Töchtern. Nachmittags, als wir mit unserer fahrbaren Datsche angekommen waren, gingen die Töchter und ich in die Pilze, die Frau sammelte Preiselbeeren und der Mann angelte Fische. Abends brutzelten wir die Pilze und die Fische. Es sah wie in Kutusows Feldlager aus. Vor wohl hundert kleinen Feuern hockten die Leute, und auf ihren glänzenden Gesichtern spiegelten sich die Flammen. Prüfend guckte man dem Nachbarn in die Pfanne, und einige Männer spazierten an allen Feuerstellen entlang, um überall mal zu probieren. Das waren die, welche zu faul zum Pilzesuchen sind und auch kein Geld im teuren Speisewagen ausgeben wollen. Ein junger Bursche kam dreimal bei mir vorbei, und immer wieder sagte er, meine Pilze schmeckten am besten. Am nächsten Morgen gingen wir zusammen baden. Als wir nach Hause fuhren, saß er in meinem Abteil und spielte Gitarre. Seitdem hat er mich jeden Tag besucht – er wohnt auch schon vier Monate in unserem Neubaublock, aber dort waren wir uns vorher nie begegnet."

Bevor die französischen und tschechoslowakischen Touristen aus dem Bus klettern, die Taiga stürmen, an Bäume und hinter Sträucher pinkeln und das russische Intourist-Bauernhaus von allen Seiten fotografieren, verabschieden sich Ljuba und ich. Die Taiga ist so still, daß wir den Atem anhalten möchten. Wir laufen auf Moos. Kein Ast knackt. Die wachsglatten dicken Blätter der Preiselbeersträucher sind noch saftig und grün, die gezackten dünnen der Walderdbeeren leuchten schon rot. Wir klettern auf einen Hügel, um die Taiga überschauen zu können. Ringsum wogt das scheinbar unendliche Grün. Keine Stadt am Horizont. Einsamkeit. Ein flinker Vogel, ein Nußhacker, hüpft aufgeregt hin und her und scharrt die Walderde zur Seite. Er hat auf Vorrat massenweise Zedernnüsse vergraben. Kann sich aber nicht merken, wo. Nun sucht und sucht der Kleine vergeblich. Aus den meisten Nüssen sind schon kleine Bäumchen gewachsen.

Ich überlege, was außer versteckten Nüssen unter meinen Füßen hier in der Erde liegen mag. In Sibirien gibt es kaum einen Quadratkilometer Land, wo kein Kupfer, kein Eisenerz, kein Öl, kein Gas, keine Diamanten, keine Kohle, kein Nickel oder kein Gold zu finden sind. Ich schaue auf den Waldboden: Ameisen schleppen Nadelbalken, und ich stelle mir vor, daß die Geologen eines Tages hier Öl finden, die Erde aufreißen, die Ameisenburg zerstören, die Zedern fällen würden. Betonfundamente statt Preiselbeersträucher. Bagger anstelle scharrender Nußhacker.

Mein Verstand und mein Gefühl sprechen verschiedene Sprachen. Ich bin kein weltfremder Romantiker und weiß, daß die Menschheit nur existieren kann, wenn sie sich die Erde und ihre Schätze auf immer neuer Stufe dienstbar macht. Aber dafür die paradiesische Einsamkeit, die Walderdbeeren, deren Aroma keine noch so vollendete Nachzüchtung erreichen wird, die Urwüchsigkeit, die Stille, den Nußhacker und die hundertjährigen immergrünen Zedern opfern? Was würde ich tun, wenn ich zu entscheiden hätte?

Ich erinnere mich an das Gespräch mit Michail Michailowitsch Kondakow, dem neunundvierzigjährigen Irkutsker Intourist-Direktor. Als ich sein Zimmer betrat, zuckte ich zusammen, denn vor mir saß kein Büroarbeiter, wie ich ihn mir vorstellte, sondern ein Mann, der so aussah, als wäre er soeben von seiner zwölften Antarktisexpedition zurückgekehrt. Seine Hände ähnelten den Pranken eines Taigabären, und die Schultern verglich ich unwillkürlich mit denen eines Wisents. Solch dichte buschige Brauen wie er hat sonst bestimmt nur noch die Märchengestalt des grimmigen russischen Frostes. Das auffälligste waren seine Augen: flink und scharf beobachtend wie die eines Luchses.

Ich fragte, ob er ein Sibirjak sei, und schon die Frage hätte den Hünen beleidigen können. Erst als er von seinen Sorgen erzählte, verlor sich meine staunende Beklemmung. „Die Hotels reichen nicht. Jetzt bauen wir ein neues mit 530 Betten. Es sollte längst fertig sein, aber da kannst du dir die Lunge aus dem Halse schreien, die Bauarbeiter machen nicht schneller. Außerdem fehlt uns überall Personal. Die jungen Leute wollen zur BAM, ich kann es ihnen nicht verdenken, keiner möchte im Service arbeiten. Wir müssen dafür werben und eröffnen deshalb eine Intourist-Fachschule, in der man in drei Jahren seinen Abschluß als Zimmermädchen, Koch oder Kellner machen kann."

Einige der Absolventen wird Michail Michailowitsch später zum Baikal schicken.

,,Dort errichten wir ein Hotel für 200 Gäste. Später wollen wir am See aus einem alten russischen Dorf noch eine Bungalowsiedlung bauen. Wir werden Rundfahrten auf dem Baikal und Picknicks im Walde organisieren. Wer bezahlt, kann hier auch einen Bären schießen. Wir führen die ausländischen ,Jäger' vor die Höhle, und dort knallen sie das Tier wie in der guten Stube ab... Naja, Sie kennen den Zirkus..."

Ich verstehe den bösen Unterton erst, als Genosse Kondakow aus seinem Leben erzählt:

Michail Michailowitsch wurde in einer Taigasiedlung, die aus drei Häusern bestand, geboren. Der Vater war Pelzaufkäufer. Ein- oder zweimal im Jahr kamen die Jäger zum Stützpunkt, brachten die Felle und nahmen Salz, Mehl, Zucker, Öl, Seife und Patronen mit. Mit sieben Jahren konnte Michail schon Fische angeln, und mit acht stellte er Fallen für Zobel und Füchse. Jeden Tag lief der Junge sechzehn Kilometer allein durch die Taiga zur Schule. Später wurde er Goldwäscher.

Der Intourist-Direktor berichtet weiter von seinen gegenwärtigen Sorgen.

,,Bevor wir mit dem Bau des Hotels am Baikal begannen, haben wir jede Zeder gezählt und gewissenhaft aufgeschrieben. Keine darf abgeholzt werden. Aber in den Bulldozern sitzen Menschen, die Pläne zu erfüllen haben. Sonst stimmt ihr tägliches Geld nicht. Was juckt sie da eine hundert Jahre alte Zeder."

Michail Michailowitsch flucht so gräßlich, daß es Ljuba nicht übersetzt. Ruhiger sagt er: ,,Am besten wäre es, wenn wir am Baikal überhaupt kein Hotel bauen würden und die Taiga unberührt ließen, wie sie noch ist. Kräftig und jungfräulich schön. Aber", er lächelt dabei nicht. ,,ich bin auch Direktor von Intourist, und jährlich kommen Tausende Besucher mehr hierher."

Wir fahren zurück. Die Stadt nimmt uns behutsam auf. Sie schreckt uns nicht mit baumlosen Neubauvierteln, überall wachsen Pappeln und Birken. Seit vielen Jahren pflanzt jeder Schulanfänger, jedes Hochzeitspaar und manche ausländische Delegation einen Baum in Irkutsk. Vor einiger Zeit verabschiedeten die Deputierten des Stadtsowjets ein ,,Grünes Gesetz". Es besagt unter anderem, daß jeder Bürger oder jeder Betrieb, der einen Baum beschädigt, einen neuen pflanzen muß. Tut er das nicht oder hat er sich auf andere Art schwer gegen die Natur versündigt, wird er vor eine Kommission geladen, die öffentlich (manchmal sogar im Fernsehen) gegen den Frevler verhandelt. Als sich viele Irkutsker beschwerten, daß sie die Stadt mühevoll sauberhielten und verschönerten, aber viele kleine Heizwerke Luft und Landschaft verpesteten, riß man 400 alte Schlote ab und baute außerhalb der Stadt ein großes zentrales Heizwerk.

Sollte ich einmal nach Sibirien umsiedeln und hätte die Wahl zwischen Nowosibirsk, Irkutsk und Bratsk, möchte ich in Irkutsk wohnen. (Und das nicht nur, weil es in der Stadt 20 Prozent – in 29 Kreisen des Irkutsker Gebietes sogar 100 Prozent – Sibirienzuschlag zum Lohn, zwei Monate Urlaub und alle drei Jahre eine kostenlose Fahrkarte an jeden beliebigen Ort der UdSSR gibt.)

Daß die Männer und Frauen in Sibirien für harte Arbeit gutes Geld verdienen, merke ich jeden Abend an der Schlange vor dem Hotelrestaurant. Auch heute schimpfen, bitten und argumentieren junge Sibirier („mit Taschen voller Geld", wie einer sagt) am verschlossenen Eingang der überfüllten Gaststätte.

Mister John sitzt schon drin und hat noch einen freien Stuhl für mich. Der andere am Tisch ist ein junger Ukrainer. Auf meine Frage, als was er arbeitet, sagt er: slesarem – als Schlosser. Später erzählt der Ukrainer, er sei ein leidenschaftlicher Angler. Einmal habe er einen 20 Kilogramm schweren Stör gefangen. Natürlich nicht ohne Erlaubnisschein, sonst sei das sehr kostspielig. „Wenn du illegal einen Stör angelst und die Behörde dich erwischt, zahlst du fünfzig und für einen Zander fünfundzwanzig Rubelchen Strafe. Aber", der Angler lacht schadenfroh, „die Betriebe trifft es noch härter. Für jeden durch Abwässer getöteten Zander zahlen sie 50 und für jeden Stör 100 Rubel..."

Nach dem Essen lädt mich der Amerikaner in sein Zimmer ein.

Mister John holt zwei Zahnputzgläser aus dem Badezimmer, gießt sie mit Scotch-Whisky halb voll. „Die Flasche habe ich hier im Hotel im Shop-Laden gekauft."

Er will wissen, ob ich auch an der neuen Stadt Schelechowo vorbeigefahren bin.

Ich nicke.

Grigori Iwanowitsch Schelechow war ein Kaufmann aus Kursk, der in Sibirien mit Nerzen und Zobeln handelte. Dabei holte er sich am östlichsten Ende des Landes von den Aleutenstämmen so viele Pelze, daß er vom Erlös drei Schiffe bauen lassen konnte, mit denen er nach Amerika segeln wollte. 1773 landete er auf der Insel Kodiak vor Alaska, wo es Pelze, Walroßzähne und Fischbein in Hülle und Fülle gab. Er beschloß, länger zu bleiben, ließ Schulen und Forts errichten und gründete eine Schutztruppe. 1786 hißte Schelechow die kaiserliche Flagge auf Kodiak und proklamierte Russisch Amerika. Solange die Pelzvorräte der Insel reichten, war der Kursker Kaufmann der erfolgreichste Russe in Amerika. Die Kaiserin adelte ihn. Als Zobel und Füchse fast ausgerottet waren und der Gewinn spärlicher wurde, beschloß Schelechow, Alaska zu erobern.

Bis 1798 kämpften die Russen gegen die Indianer von Alaska, dann kontrollierten sie das Gebiet um die Hauptstadt Nowo-Archangelsk (heute Sitko). Damit sie das Land besser ausbeuten konnten, bildeten sie 1799 die Russisch-Amerikanische Kompanie. Ihr größtes Problem war die Versorgung der russischen Provinzen in Amerika. Deshalb landeten sie 1806 im kalifornischen San Francisco und gründeten in der Umgebung Niederlassungen. 1812 hißten sie auf Fort Ross, der reichsten russischen Provinz in Kalifornien, die Zarenfahne. Doch von den unglaublichen Goldvorräten in diesem Gebiet ahnten weder die Kolonisatoren noch die Sekretäre am Petersburger Hof etwas.

Etwa dreißig Jahre später verkaufte die russische Regierung das Fort Ross an den eidgenössischen Amerikaner Sutter. Jahre danach begann auf Sutters Land der größte amerikanische Goldrausch. Die letzte Schelechowsche Provinz in Amerika – das an Bodenschätzen unermeßlich reiche Alaska – verhökerte der Zarenhof am 30. 3. 1867 für 7200000 Dollar an die USA.

Mister John sagt nur: „Schön dumm, die Russen."

Wir trinken seinen Whisky. Zuerst auf Schelechow, dann auf Sibirien. Mister John holt den wiedergefundenen rosaroten Koffer hervor.

Er sagt: „Wenn ich nach Hause komme, werde ich meinen Freunden etwas zeigen, was sie noch nie gesehen haben, was keiner außer mir hat, was man nirgends kaufen kann..."

Er öffnet den Koffer. Ich sehe ein heilloses Durcheinander von Tüten und Päckchen. Den Inhalt der ersten Tüten kenne ich. Den Ziegelstein aus der Snamenskaja-Kirche. Eine Flasche mit Baikalwasser. Das Zedernbäumchen vom Eisenhowergipfel. Dann:

Ein Stück dünner Draht. „Die Saite einer Balalaika, auf der ein Junge in Kiew spielte. Ich habe sie gegen Chewing-gum eingetauscht."

Eine vertrocknete Nelke. „Von Stalins Grab am Kreml."

Eine Handvoll Maiskerne. „Von einem Feld bei Minsk."

Eine verrostete Kette. „Von einer Hundehütte in der Taiga."

Ein Birkenzweig mit rot-weißen Bändern. „Aus einer Kirche in Kraków."

Ein Hufeisen. „Aus einem Dorf bei Berlin."

Ein verrosteter Topfdeckel. „Aus Dresden, zwischen den Trümmern gefunden."

Ein Stahlsplitter. „Auch aus Dresden. Mein wertvollstes Stück, ich schätze, von einer 500-kg-Bombe."

Und Mister John beginnt zu schwärmen: „Ich habe Dresden bombardiert, klinkte die Bomben aus, und sie trafen supergenau. Nach hundert Metern die erste, nach zweihundert die zweite, nach dreihundert die dritte. Und hinter mir der nächste Pilot. Und wieder einer. Hunderte. Alles lief wie ein Uhrwerk. Es war ein Meisterwerk an Präzision, kein Quadratmeter, den wir nicht trafen. Solch einen technischen Perfektionismus..." Ich sehe den brennenden Horizont, Tausende schwarzer Papiervögel, die taumelnd vom Himmel fallen...

Wortlos gehe ich. Mister John ruft mir hinterher, daß wir in der Bar noch einen trinken könnten. Er läuft an mir vorbei, hinunter in die Kellerbar. Am Abend zuvor wollte ich dort hinein. Der Keeper sah mich fragend an und sagte dann in gutem Deutsch: „Hier können Sie aber nur gegen konvertierbare Währung trinken."

Mister John aus Chicago ist unter seinesgleichen.

Im Restaurant warten Ljuba und ein mir unbekannter Mann. Der Fremde umarmt mich. „Wir suchen Sie schon fünfzehn Minuten", sagt Ljuba. Sie stellt vor: „Mark Sergejew, Vorsitzender des Schriftstellerverbandes von Irkutsk." Er sieht müde aus, aber er freut sich, daß wir uns noch getroffen haben.

Ich entschuldige mich: ,,Ljuba sagte mir gestern, sie sprächen heute auf einer Konferenz über die Dekabristen in Sibirien und hätten keine Zeit für ein Interview."

,,Die Tagung war schon um 21 Uhr zu Ende", sagt Mark. ,,Also fuhr ich noch hierher, um Sie zu sehen."

Wir sprechen über Sibirien. Nein, nicht wir sprechen – nur Mark erzählt. Ruhig und mit bewundernswerter Klarheit.

,,Vor zwanzig Jahren gab es bei uns die Parole ,Wir *erobern* Sibirien!' Aber dieser Satz hat den Sibirjaken nicht gefallen. Denn erobern heißt zerstören. Wir haben heute eine neue Losung: ,Wer ist Herr über Sibirien?' Nun, wir sind die Herren des reichsten Landes der Sowjetunion. Die Erde kann, wenn wir sie quälen, nicht von selbst den Mund aufmachen. Also müssen wir dagegen einschreiten, wenn manche Leute erobern und zerstören, statt zu erhalten. Technischer Fortschritt und Schutz der Natur gehören zusammen. Sie sind Geschwister in unserer Gesellschaft..."

Wir sitzen zusammen, bis der Restaurantleiter das Licht einige Male hintereinander aus- und einschaltet.

In der Nacht träume ich vom Fettfisch. Er springt in ein tintenschwarzes Wasser, versucht zu tauchen, aber wirbelt nur fauligen Schlamm auf. An seinen Rückenflossen klebt grauer Schaum, der sich wie Schimmel über den ganzen Körper ausbreitet. Am graslosen schwarzen Flußrand stehen viele Menschen. Sie fuchteln mit den Armen, schreien: ,,Ein Fisch, seht doch, ein Fisch. Er schwimmt im Wasser, wo es nach dem Bericht der Experten gar keinen Fisch mehr geben kann. Er schwimmt, seht doch, er schwimmt, dieser mutige Fisch..."

Da wird das Wasser plötzlich durchsichtig, und am Ufer wachsen Blumen, Gras und Walderdbeeren.

Notizen zur Geschichte

Brigitte Reimann war im Juli 1964 in Bratsk. Ihr erzählte Alexei Martschuk, ein junger Held von Bratsk, heute ZK-Mitglied und Ministeriumsmitarbeiter, vom Anfang.

,,Die ersten Jahre in Bratsk zeichneten sich durch einen hellen, durch nichts zu besiegenden Enthusiasmus aus. In jedem Menschen lebt der unzerstörbare Wunsch, ein Bahnbrecher zu sein – und das war die Stimmung der ersten Jahre. Wir hatten viel Begeisterung und wenig Komfort. Der Winter war hart. Morgens standen wir in dem eiskalten Zelt auf und zogen die nassen Kleider vom Abend zuvor an; sie waren über Nacht steif gefroren und standen auf dem Boden wie Ritterrüstungen. Wir versuchten, die Traktoren anzuwerfen und verbrannten uns die Hände an den Metallteilen. Die Maschinen sprangen nicht an, der Frost zerbrach das Metall. Wir mußten die Maschinen und Aggregate Tag und Nacht arbeiten lassen, und anfangs wärmten wir die Autos an unseren Feuerstellen.

Es war, als wollte die Natur selbst uns auf unsere Standhaftigkeit prüfen... Jetzt seht ihr einen stillen See; damals übertönte das Gebrüll der Angara den Maschinenlärm und die Menschenstimmen. In den Wäldern gab es Bären und Wildkatzen. Einmal verirrte sich der Junge, der den Genossen an der Stromleitung die Zeitungen brachte, und als er nach drei Tagen aus der Taiga zurückkehrte, war sein Haar grau geworden...

Wir bewegten uns damals in einem verhexten Kreis. Um schneller voranzukommen, mußten wir neue Arbeiter einstellen. Freiwillige gab es genug, der junge Kaderleiter schlief auf einem Sack, der gefüllt war mit den Briefen von Komsomolzen, die nach Sibirien kommen wollten. Wenn wir sie aber einstellten, mußten wir sie auch unterbringen. Um sie unterzubringen, mußten wir Wohnungen bauen. Um zu bauen, brauchten wir Arbeitskräfte... Das war unser Teufelskreis. Wir zerschlugen ihn erst, als wir Großblöcke herbringen und hier zusammensetzen konnten."

Brigitte Reimann berichtet in dem 1965 im Verlag Neues Leben veröffentlichten Tagebuch ,,Das grüne Licht der Steppe" weiter über Bratsk und seine Erbauer:

,,Die Ansiedlung wuchs, Häuser und Restaurants wurden gebaut, es gab bessere Bedingungen für kleine Leute... (ich wiederhole Martschuks Ausdruck und erinnere mich an die Kleinmenschen bei Strittmatter); in den ersten schweren Jahren war hier kein Platz für sie. Martschuk und seine Genossen, eben die Mitglieder jener Pamir-Expedition, lebten nur für ihre Arbeit; sie waren ja ganz grün vom Institut gekommen, ohne praktische Erfahrungen und wurden sofort vor die kompliziertesten Aufgaben gestellt, inmitten einer ungebändigten Landschaft.

,Wir Komsomolzen', sagte Martschuk, ,haben nur diese eine Seite des Lebens gesehen. Wir bemerkten nicht, wie sich das Gesicht der Stadt veränderte, wie die anderen sich einzurichten begannen und der Enthusiasmus abflaute... Aber das Leben hat sich an uns gerächt, weil wir seine andere Seite verachteten. Wir erlebten den sinnlosen Tod eines unserer Genossen, mit dem wir uns durch die Berge gekämpft hatten. An einem Abend brachte er ein Mädchen nach Hause. Sie wurde von Betrunkenen belästigt, es gab einen dummen Streit, eine Schlägerei, er wurde erschlagen... Da verstanden wir endlich, daß wir auch die Verantwortung für unsere Stadt tragen, daß wir kein Recht haben, die Straßen, die wir mit unseren Händen gebaut haben, denen preiszugeben, die später und in ein leichteres Leben gekommen sind. Wir verstanden, daß wir Herren der Stadt bleiben müssen.'

Die Komsomolzen beschlossen, sich zu einer freiwilligen Miliz zusammenzuschließen, deren Kerntrupp sich wiederum aus den ehemaligen Studenten der Bauhochschule rekrutierte.

Im November '59 kam eine 900 Mann starke Gruppe demobilisierter Matrosen vom Pazifik nach Bratsk. Sie hielten in einer Art Seebruderschaft zusammen, führten eine strenge Ordnung im Wohnheim ein und standen der Miliz bei. Sie verfielen aber in ein linkes Extrem und räumten gewaltig unter den Halbstarken auf. Bei einem Fest im Klub schlitzte ein Matrose mit seinem Messer die engen Hosen eines dieser mißfälligen Jungen auf. Er wehrte sich, die Matrosen schrien: ‚Man schlägt die Unsrigen!', und es gab eine Saalschlacht – Studenten und Arbeiter gegen die Matrosen.

Das Komsomolkomitee und die freiwillige Miliz, deren Kommandeur Martschuk war, setzten eine Versammlung im Wohnheim an, zu der auch die verprügelten Jungen eingeladen wurden. Die Matrosen, in ihren gestreiften Unterhemden und mit verbundenen Köpfen, warfen wilde Blicke, und die Rote Ecke im Zimmer sah aus wie die Kajüte eines von Anarchisten erbeuteten Kreuzers. Die Komsomolzen wußten wohl, wer an der Schlägerei beteiligt gewesen war, sie wollten aber, eifrige Pädagogen, von den Matrosen selbst eine kritische Einschätzung ihres Handelns und die Namen der Anstifter hören. Die Matrosen schätzten ein, aber die Namen verrieten sie nicht.

Da beschloß das Komitee, die Frage der Komsomol-Mitgliedschaft der Schläger scharf zu stellen. Im Zimmer waren sieben Komiteemitglieder und vierzig Matrosen vom Komsomol, das Stimmrecht hatten aber nur die vom Komitee. Die Matrosen tobten. ‚Alle Leidenschaften waren entfesselt', erzählte Martschuk. ‚Da haben wir kurzerhand erklärt, die Sitzung sei geschlossen und die Sitzung vom Wohnrat des Heims hiermit eröffnet: Platz und freie Diskussion für die Matrosen. Wir agitierten sie, aber wir konnten sie nicht überzeugen, weil wir selbst Ideologie und Mode durcheinanderwarfen, und weggehen durften wir auch nicht, nicht mit dieser Niederlage.

Zufällig entdeckte ich in der Roten Ecke einen Zeitungsausschnitt mit der Notiz über schiffbrüchige sowjetische Matrosen, die von Amerikanern aufgefischt worden waren. Ich fragte: ‚Was würdet ihr sagen, wenn Matrosen in diesen engen Hosen herumlaufen würden?' Sie lachten. ‚So etwas gibt es ja gar nicht', sagten sie. Da zeigte ich ihnen das Foto der geretteten Matrosen: Sie saßen auf einer Bank in San Franzisko und trugen phantastisch enge Hosen... Wir hatten gewonnen.'"

Bratsk
oder
Wiktor und die drei Weltwunder

Als ich wieder zu Hause war, schrieb mir Wiktor, der junge Bratsker Aluminiumwerker, einen ausführlichen Brief. Von der Arbeit stand nichts drin, nur von seinem Mädchen berichtete er. Ich lernte sie und Wiktor bei einer Brigadefeier kennen. Sie war ungeschminkt. Ihre bis zur Taille reichenden schwarzen Haare glänzten wie frischgebrochene Steinkohle. Sie hatte ein langes, leuchtend gelbes, bis zum Hals geschlossenes Kleid an. Schmale Augen und ein braunes Gesicht verrieten ihre Abstammung von den Burjaten, dem alteingesessenen Volk östlich des Baikals.

Wiktor tanzte an jenem Abend nur mit ihr. Aber er schrieb: ,,Nun ist sie doch von mir und von Bratsk weggegangen. Sie hat sich freiwillig für einen Bautrupp in der Wüste gemeldet. Dort wird sie den Männern bestimmt nur das Essen kochen und die Wäsche waschen müssen, obwohl sie doch ihr Diplom als Ökonom hat. Ich verstehe sie nicht. Was soll ich bloß machen? Wie kann ich es meinen Eltern und Freunden am Schwarzen Meer erklären, daß ausgerechnet ich, ihr Wiktor, in dieser großartigen Stadt Bratsk, wo alle Menschen froh und stolz sein müßten, unglücklich bin. Wir haben hier die weltgrößten Holz- und Aluminiumwerke gebaut, und das Wasserkraftwerk war lange Zeit ohne seinesgleichen auf der Erde. Drei Weltwunder. Davon und über die neugebauten Wohnungen für 250000 Menschen schreiben die Zeitungen, darüber berichten die Rundfunkreporter, und damit beschäftigt sich das Fernsehen. Kann ich da sagen, daß ich in dieser Stadt der Superlative trotzdem unglücklich bin? Man kommt sich doch wie ein kleinlicher Nörgler vor. Aber mein Herz tut wirklich sehr weh, das mußt Du mir glauben..."

Ich glaube es.

Allerdings möchte ich zuerst von Bratsk und seinen drei Weltwundern berichten. Und dann natürlich auch über Wiktor schreiben. Denn er und seine Geschichte gehören zu dieser Stadt, von der gewöhnlich nur in Superlativen gesprochen wird.

Im Jahre 1631 gründeten Kosaken am Ufer der Angara das ,,Bratski Fort", das Fort der Brüder. Bis 1950 wuchs die Siedlung auf rund 8000 Einwohner. Allerdings war diese Zahl vor 1917 oft doppelt so hoch, denn die zaristische Regierung machte aus dem ,,Fort der Brüder" ein Gefängnis für politische Gegner. Den hölzernen Wachtturm haben die Erbauer der neuen Stadt ,,ans Land gezogen", bevor die alte Siedlung unter dem gestauten Wasser der Angara, dem Bratsker Meer, versank. Er steht jetzt zweckentfremdet (in Bratsk gibt es kein Gefängnis) in einem kleinen Wäldchen; nur Touristen fotografieren ihn und schnitzen ihre Namen in sein morsches Holz.

Heute lebt eine viertel Million Menschen in der Taiga-Stadt mit den drei Weltwundern.

Bevor meine Bratsker Dolmetscherin, Soja Mamrukowa, und ich zum Wasserkraftwerk fahren, dem ersten Superlativ der Stadt, habe ich noch Zeit, in meinen Notizen einige Details über die Energiegeschichte des Landes nachzulesen.

1920 schrieb der englische Schriftsteller Wells: „Lenin, der als orthodoxer Marxist alle ‚Utopisten' ablehnte, erlag schließlich selbst einer Utopie: der elektrischen. Er verwendete seine ganze Energie für den Plan der Errichtung großer Kraftwerke in Rußland..."

Auf dem VIII. Allrussischen Kongreß der Arbeiter, Bauern und Soldaten hatte Lenin diesen Plan vorgetragen. Er sagte dort: „Kommunismus, das ist Sowjetmacht plus Elektrifizierung des ganzen Landes... Wir sind schwächer als der Kapitalismus, nicht nur im Weltmaßstab, sondern auch im Inneren unseres Landes. Das ist allbekannt. Wir haben das anerkannt, und wir werden es dahin bringen, daß die wirtschaftliche Grundlage aus einer kleinbäuerlichen zu einer großindustriellen wird..." Lenin sprach dann konkret über den Elektrifizierungs-, den GOELRO-Plan. „Dieser Plan zeigt, wie viele Millionen Pud Zement und wie viele Millionen Ziegel wir für die Durchführung der Elektrifizierung brauchen. Um die Aufgaben der Elektrifizierung in finanzieller Hinsicht zu erfüllen, werden voraussichtlich 1 bis 1,2 Milliarden Goldrubel benötigt. Sie wissen, daß wir mit unserem Goldfonds bei weitem nicht diese ganze Summe decken können. Auch unser Lebensmittelfonds ist nicht groß. Deshalb müssen wir diese Ausgaben entsprechend dem von mir angeführten Plan durch Konzessionen decken..."

Um die elektrische Zukunft anschaulicher zu zeigen, hatten Lenins Mitarbeiter auf der Bühne im Kongreßsaal eine überdimensionale Landkarte der Sowjetunion aufgestellt. Überall dort, wo Kraftwerke entstehen sollten, waren Glühbirnen montiert worden. Als die Konstrukteure nach der programmatischen Rede ihre Lichtschau einschalten wollten, mußte das Moskauer Elektrizitätswerk erst in einigen Stadtteilen den Strom abschalten, sonst hätte die Energie für die Demonstrationstafel der elektrischen Zukunft nicht ausgereicht.

So haben sie begonnen.

Von der Stadt bis zum Kraftwerksriesen brauchen wir eine halbe Stunde und können dann von der breiten, spiegelglatt asphaltierten Straße auf der Staumauer bis zum elektrischen Mastenwald des Umspannwerkes hinunterfahren. Überall knistert und knackt es, als schleiche eine Räuberbande durch eine ausgedörrte Kiefernschonung. Soja leckt sich die Lippen und atmet tief durch die Nase. „Hier schmeckt sogar die Luft nach Strom", sagt sie.

Der Kaffee allerdings, den ich anschließend im Touristen-Begrüßungsraum des Kraftwerks trinke, schmeckt ebensowenig nach Strom wie nach Kaffee. Bisher glaubte ich, ein Wasserkraftwerk würde aus Turbinenhalle, Schaltzentrale, Generatorenraum und anderen technischen Räumen bestehen. Daß auch ein Touristensaal dazugehört, wußte ich noch nicht.

Im Bratsker Kraftwerk wird jeder Gast zuerst in diesen Raum mit den wandhohen Fenstern, den großblättrigen Grünpflanzen und den gepolsterten Stuhlreihen geführt. Ich setze mich. Eigentlich könnte jetzt ein Vortrag über Ästhetik oder ein Klavierkonzert beginnen. Stattdessen dirigiert die zeigestockbewaffnete Soja an Karten und Tabellen ein Concerto energetico für Zahlen und Fakten. Bauzeit des Kraftwerks: sieben Jahre. Kosten: 800 Millionen Rubel. Sie haben sich schon viermal amortisiert. Mit 0,05 Kopeken pro Kilowattstunde der billigste Strom der Welt. 12240 Kubikmeter Wasser stürzen sich in einer Sekunde aus 106 Meter Höhe auf die achtzehn Turbinen. In jeder Viertelstunde kann das Werk knapp eine Million Kilowattstunden Strom erzeugen. Der Staudamm ist fünf Kilometer lang, 125 Meter hoch und 101 Meter breit. Neben der Autofahrbahn wurde auch eine Eisenbahnstrecke auf der Dammkrone verlegt. In der Mauer stecken fünf Millionen Kubikmeter Beton...

Ich höre auf mitzuschreiben. Lieber würde ich erfahren, wer von den tausend Komsomolzen und Kommunisten, die 1954 nach Bratsk kamen, zuerst die Idee hatte, aus Benzinkanistern Behelfsöfen zu bauen, an denen sie sich in den Zelten wärmen konnten. Ich hätte gern gewußt, was aus dem Jungen geworden ist, der damals die 90 Meter hohen Padunfelsen, die rechts und links der Angara stehen, hinaufkletterte und mit weißer Farbe auf die Steine schrieb: „Hier wird das Bratsker Wasserkraftwerk errichtet werden." Und mich interessiert, was mit den Bauleitern geschah, die nicht einschritten, als die Komsomolzen auch bei minus 55 Grad – in solcher extremen Kälte ist das Arbeiten verboten – Bäume fällten und Felsen sprengten und die ersten von ihnen mit erfrorenen Fingern nach Hause geschickt werden mußten...

„Ach, das ist Geschichte", sagt Soja. Die Gegenwart von Bratsk sei interessanter.

Damit Sie sich das gegenwärtige Kraftwerk vorstellen können, muß ich Sie, liebe Leser, um ein wenig Phantasie bitten. Denken Sie an den Operationssaal eines modernen Krankenhauses. Haben Sie? Dann kombinieren Sie ihn mit dem Festsaal eines Kulturpalastes. Und wenn Ihnen auch das gelungen ist, stellen Sie noch frischgestrichene Maschinen hinein, die Demonstrationsmodellen einer Ausstellung gleichen. Sollten Sie das alles zusammenkriegen, dann ahnen Sie, wie die Generatorenhalle des Bratsker Kraftwerkes aussieht. Ich gehe nur bis zu den ersten, rotlackierten Aggregaten, denn ich möchte nicht den Marmorfußboden zerkratzen. (Falls es kein Marmor ist, mögen die Bratsker mir verzeihen.) Am Eingang des Maschinensaales hängt eine große Karte der Sowjetunion. Die Orte, in denen nach Lenins GOELRO-Plan Kraftwerke gebaut wurden, sind mit bunten Lämpchen markiert. Soja drückt den Schalthebel nach unten. Die Fläche verwandelt sich in das Becher-Gedicht „Sterne unendliches

Glühen ...". Neben der Karte tickt ein Stromzähler. Seine kleinste Maßeinheit sind eine Million Kilowattstunden. Er läuft seit der Inbetriebnahme des Werkes. Am 28. September 1975, 14.17 Uhr, steht auf dem Bratsker Energietachometer: zweihundertundzweiundfünfzig Milliarden und achthundertundeinundsechzig Millionen Kilowattstunden. In Ziffern: 252 861 000 000.

Nachdem wir uns zehn Minuten in der Halle umgeschaut haben, vermute ich, daß sie nicht nur eine Kombination von Kultur-, Operations- und Modellausstellungssaal, sondern auch eine Geisterhalle ist. Nirgendwo in ihr entdecke ich einen Menschen, obwohl die Maschinen laufen. Soja und ich sind allein. Wir tappen durch alle möglichen Räume. Auch die Turbinenhalle ist keimfrei sauber und gespenstisch menschenleer. Soja kennt sich im Werk aus. Sie schaltet das Licht in den Gängen an, als wäre sie zu Hause in der guten Stube, und führt mich über Treppen bis hinauf in die Zentrale. Hier endlich begegne ich dem ersten Arbeiter. Hinter einer dicken Glaswand sitzt eine Frau vor den Armaturen. Sie schaut weder auf die grünen, sich rasend schnell bewegenden Lichtschlangen noch auf die rot leuchtenden Knöpfe. Ich nicke ihr zu, aber sie beachtet uns nicht, zuckt mit keiner Wimper. Als wir gehen, blättert sie endlich in einem vor ihr auf dem Tisch liegenden Heft.

Sie liest? frage ich Soja.

„Ja, die neueste Romanzeitung. Was soll sie sonst hier tun?"

Außer ihr ist auch in dieser Halle niemand anzutreffen. Überall peinlichste Sauberkeit, geschmackvoll gestaltete Räume und Maschinen, die ohne Bedienungskräfte arbeiten. Wenn ich es nicht schwarz auf weiß gelesen hätte, würde ich zweifeln, daß Menschen dieses Kraftwerk gebaut haben.

Wir klettern auf einer schmalen Treppe hinunter in die unterirdischen Räume. Dort hängt in einem kleinen Raum – ich reibe mir die Augen, doch ich träume nicht – in Kopfhöhe ein blankes Stromkabel an der Decke. Der Elektriker hat es „auf russische Art" – wie das hier heißt – geflickt. Es ist ohne Isolation zusammengeknotet; Hauptsache, der Strom fließt. Nun baumelt es an der Decke, und sogar einem Lehrling im ersten Monat würden dafür die Ohren langgezogen. Aber ich freue mich, denn – dem Kabel sei Dank – das Werk wurde also doch von Sterblichen gebaut, und es wird von Sterblichen bedient und geleitet.

Wir gehen durch die inzwischen von einer Reisegruppe bis auf den letzten Platz besetzte Touristenhalle wieder hinaus und stehen quasi am Grunde des 5470 Quadratkilometer großen und über hundert Meter tiefen Meeres. Ich klopfe der Betonmauer, die uns vor 170 Kubikkilometern gestautem Angarawasser beschützt, wie einem gutmütigen starken Ackergaul auf die Betonflanke. An ihr hochschauen kann ich schlecht, die Sonne blendet.

Drei Autos vom Typ Wolga halten vor dem Kraftwerk. Sie sind mit bunten Bändern und Ballons geschmückt. Auf den Kühler des ersten Autos hat der Fahrer eine große Puppe gebunden. Er öffnet die Türen für ein junges Pärchen. Sie hat ein langes weißes Kleid an und hält einen roten Nelkenstrauß im Arm. Er geht ohne Jackett, die Hemdärmel sind hochgekrempelt. Als sie sich vor der Staumauer für ein Foto aufstellen, verlangt die Frau, daß er seine Jacke überzieht. Er tut es lachend. Im Knopfloch steckt eine große gelbe Papierblume. Sie küssen sich vor der Staumauer... Erstes Bild... Er trägt sie auf Händen... Zweites Bild... Sie legt eine Nelke an der Staumauer nieder... Drittes Bild... Sie werfen Geldstücke in das Wasser der Angara... Viertes Bild... Die ganze fröhliche Hochzeitsgesellschaft vor der Staumauer... Fünftes Bild...

Ich gratuliere und frage, weshalb sie am Hochzeitstag zum Kraftwerk kommen. Die Braut lächelt, wird sogar ein wenig rot und sagt: „Damit unsere Liebe so stark, so fest, so groß und so standhaft bleibt wie unser Gigant."

Und weshalb werfen Sie Kopeken in die eiskalte Angara?

„Weil unser Glück so ungetrübt sein soll wie das Wasser, das aus dem heiligen Baikal zu uns kommt", sagt der Bräutigam.

Ich sprach mit keinem der Helden, die 1954 die ersten Bäume fällten, die im Sommer Schutzmasken gegen die Mückenschwärme tragen und sich im Winter bei minus 50 Grad stundenweise abwechseln mußten. Drei Namen aus der Schar dieser Taiga-Pioniere sind Legende geworden: Alexei Martschuk, Boris Gainulin und Iwan Naimuschin.

Martschuk gehörte zu jenen Komsomol-Ingenieuren, die beim Bau entgegen den herkömmlichen Berechnungen erfahrener alter Kollegen aus Moskau neue risikovolle, aber effektivere Methoden durchsetzten. Sie konstruierten und bauten eine provisorische Brücke, mit der die Angara selbst bei gefährlichem Eisgang überquert werden konnte. Auf der sich schon wölbenden Eisfläche des Flusses transportierten sie noch Material mit schweren Lastkraftwagen. Die Experten schlugen entsetzt die Hände über dem Kopf zusammen. Aber als das Eis taute, konnten Martschuk und seine Leute, die bei diesem Unternehmen Kopf und Kragen riskierten, den Fluß sofort stauen. Sie überboten alle Planvorlagen und bauten das Kraftwerk in einer Weltrekordzeit, doppelt so schnell wie vergleichbare Energieriesen in den USA.

Soja war einmal mit Karl-Marx-Städter Bauleuten bei Martschuk, dem unzählige Mädchen aus der ganzen Sowjetunion nicht nur wegen seiner vorbildlichen Arbeit platonische und heiße Liebeserklärungen machten. „Er ist noch männlicher als Yves Montand", sagt sie.

Sie will wissen, ob ich Boris Gainulin kenne.

Nein, nur den Namen las ich in der Zeitung.

Soja erzählt mir seine Geschichte: „Er wurde 1935 irgendwo in der Taiga geboren. Später ging er zur Marine und von dort nach Bratsk, weil hier ‚die stärksten Burschen der Welt' gebraucht wurden. Boris und seine Freunde sprengten die Felsen an der Angara, das war eine der gefährlichsten und schwersten Arbeiten. Beim Schneesturm wurden die Finger klamm, und die Jungen spürten weder die Griffe im Stein noch das

Blut an den Händen. Sie wählten Gainulin zum Brigadier und waren viele Jahre die Besten der Baustelle. Später arbeiteten sie am Staudamm. 1959 stürzte ihr Brigadier von einem Felsen. Trotz bester ärztlicher Hilfe blieben Gainulins Beine für immer gelähmt.

Faja, ein Mädchen, das aus Belorußland nach Bratsk gekommen war, liebte Boris schon vor dem Unglück. Als es passierte, wurde sie Krankenschwester, um ihn im Hospital pflegen zu können. Ein Jahr später heiratete sie den für immer an den Rollstuhl gefesselten vierundzwanzigjährigen Boris Gainulin. Sie bekamen einen Sohn.

Boris blieb Ehrenbrigadier seiner Truppe. Sooft sie konnten, besuchten ihn die Jungen und baten um Ratschläge für die Arbeit. Boris holte im Rollstuhl die Mittelschule nach. Seine Lähmung wurde immer schlimmer. Damals schrieb er ein Buch über seine Brigade in Bratsk. Es heißt: ‚Die Brüder der Erde...'"

Der dritte, über den ich Bescheid wissen müsse, wenn ich von Bratsk berichte, sagt Soja, sei der frühere Chef der Bauverwaltung, Iwan Naimuschin. „Er war schon um die fünfzig, als er mit den ersten Komsomolzen in die Wildnis von Bratsk kam. Aber er schlief wie die anderen bei minus 50 Grad im Zelt. Auch nachdem die Holzhäuser standen, zog der oberste Natschalnik noch nicht um. Iwan Naimuschin sagte: ‚Wenn kein einziger Arbeiter mehr in einem Zelt schlafen muß, werde ich in einem warmen Holzhaus wohnen.' Und er hat Wort gehalten."

Was ist aus Martschuk, Gainulin und Naimuschin geworden? frage ich Soja.

„Martschuk schickten die Genossen ins Ministerium nach Moskau."

Und Gainulin?

„In den letzten Jahren litt er sehr, die Schmerzen in den Beinen wurden immer stärker. Mit achtundzwanzig Jahren starb er..."

Und Naimuschin?

„Er kam 1974 bei einem Flugzeugunglück in der Taiga ums Leben und wurde hier am Kraftwerk begraben. Wir warten auf einen Bildhauer aus Moskau, denn Iwan Naimuschins Büste soll vor dem Staudamm aufgestellt werden."

Die 56000 Genossen der drei, die Erbauer von Bratsk, sind weitergezogen. Nach Ust-Ilimsk. Nach Sajano-Schuschenskoje. Nach Krasnojarsk. Nach Tjumen...

Vom Kraftwerk fahren wir zurück in die Stadt, das heißt, es sind acht „Städte": Die erste und älteste besteht aus bunten, zweistöckigen Holzhäusern. Sie wurden vor zwanzig Jahren von den Bewohnern der damaligen „grünen Zeltstadt" gebaut. Die anderen sieben sind jünger, aber dafür aus Beton und Stahl. Jede der Superfabriken von Bratsk, die Strom, Aluminium und Papier produzieren, besitzt am Ufer des Stausees eine „eigene Stadt", in der die Betriebsangehörigen wohnen. Diese Konzentration verkürzt die Verkehrswege zwischen dem Werk und der Wohnung. Soja wohnt in „Energetika". Wenn sie in einen der übrigen sieben Stadtteile von Bratsk fahren will, kann sie im Sommer mit dem Kahn über den Stausee rudern. Das dauert etwa drei Stunden. Im Winter schafft sie es mit dem Motorschlitten auf dem Eis in 45 Minuten.

Normalerweise fahren die Bratsker jedoch mit dem Bus oder dem billigen Taxi von einem Stadtteil zum anderen. Einige Bezirke sind nur eine halbe Autostunde voneinander entfernt.

Soja wurde noch im alten ,,Fort Bratski" geboren, das inzwischen wie ein verwunschenes Schloß versunken ist und in dem sie in einer halben Stunde von einem bis zum anderen Ende laufen konnte. Ihr Vater war damals Straßenwärter. Er hielt auch die Wege in die Taiga in Ordnung. Wenn die Holzfäller und Jäger der Umgebung nach Bratsk zum Einkaufen kamen, schliefen sie in seinem Holzhaus.

Nach 1945 baute er in Bratsk die ersten Straßen für die Kipper und Bagger, damit sie die Erde umwühlen und den großen Damm aufschütten konnten. Als der Damm über hundert Meter hoch war, rissen die Bauleute die alte Siedlung Bratsk ab. Manche Holzhäuser verbrannten sie. Sojas Vater nahm seines mit in die neu entstehende Stadt.

Wir fahren durch die Neubaukomplexe der Viertelmillionenstadt, und ich kann mir nicht vorstellen, daß hier vor 25 Jahren 242000 Menschen weniger wohnten als heute. Bratsk besteht jetzt aus 8000 ,,Einheimischen" und 242000 ,,Einwanderern".

Allerdings fehlen Mädchen in der Stadt. Für jeden vierten Mann gibt es in Bratsk keine Frau. Oder andersherum gesagt: Jedes dritte Mädchen müßte sich in Bratsk zwei Männer nehmen, erst dann würde sich das Gleichgewicht der Geschlechter wieder einpendeln. Die Ökonomen und Planer rücken diesem Problem moralischer zu Leibe: Sie wollen typische Frauenbetriebe – zum Beispiel Textilkombinate – in Bratsk errichten und hoffen, daß dadurch noch mehr sibirische Mädchen in die Stadt ,,gelockt" werden.

Anton Tschechow schrieb 1890: ,,Die Frau ist hier ebenso langweilig wie die Natur; sie ist farblos, kalt, versteht sich nicht zu kleiden, sie singt nicht und lacht nicht, ist ohne jeden Liebreiz, und, wie sich ein Alteingesessener im Gespräch mit mir ausdrückte, sie fühlt sich hart an . . ."

85 Jahre sind keine Zeit. Um das Aufrechtgehen zu lernen, brauchte der Mensch Millionen Jahre. Wie lange dauert der Verwandlungsprozeß der sibirischen Frauen, die auf Gedeih und Verderb arbeiten mußten, um in der widrigen Natur mit ihrem Mann überleben zu können, die kaum Zeit für Liebe, Lachen, Singen und Kleider hatten?

Am Abend ist das Restaurant des Hotels ,,Taiga" für eine Gesellschaft reserviert. Zwar gehören die Kellnerinnen in der Sowjetunion oft noch zu den ,,amtsbewußten" Frauen des Dienstleistungsbereiches, die ihre Gäste oder Kunden entweder überhaupt nicht beachten oder unfreundlich anbrubbeln – doch eine gestattet, daß wir hungrigen ausländischen Hotelgäste die freien Ecktische besetzen.

Die Gruppe ist noch nicht da. Aus den Speisen und Getränken, die auf den festlich gedeckten Tischen stehen, versuche ich zu erraten, was es für Leute sein könnten.

Weiße Tafeltücher. Dicke Gefäße mit roter Limonade. An jedem zweiten Platz eine Flasche Extra-Wodka. Servietten. Teller mit Räucherfisch. Herbstastern. Butterbrote mit Kaviar. Große und kleine Gläser. Süßer turkmenischer Wein. Teller mit Wurst und Braten. Mineralwasser. Dicke Scheiben Schwarzbrot. Mit saurer Sahne übergossener Tomatensalat. Ungeschnittenes Weißbrot. Gurkenscheiben. Langstielige Schalen mit Konfekt. Teegläser. Silberne Platten mit Hühnerkeulen. Gläser mit Eiswürfeln...

Eine ausländische Delegation?

Nein, es stehen keine Fahnen auf dem Tisch.

Mitglieder einer technischen Expertenkommission oder Teilnehmer einer wissenschaftlichen Konferenz über Energieprobleme?

Könnte sein, aber das wären bestimmt fast nur Männer. Wozu dann der süße turkmenische Wein?

Verdiente Mitarbeiter des Staatsapparates, die hier ausgezeichnet werden sollen?

Auch möglich. Aber da würde noch eine große Wasserschüssel mit Blumen in der Ecke stehen. Ich sehe keine.

Als erste kommen die Musikanten. Sie schleppen viele Instrumente und wenige Lautsprecher in den Saal. Ihre Hemden sind bunt, die Haare lang, aber gepflegt. Sie beginnen zu proben, und ich verstehe, daß sie ohne Verstärker auskommen.

Bald darauf stecken die Vorboten der Gruppe ihre Nase zur Tür herein. Delegation? Wissenschaftler? Expertenkommission? Mitarbeiter des Staatsapparates?

Sie drängeln an der Tür. Aber sie streiten nicht darum, wer als erster hinein darf, sondern wer als erster hinein muß. Ein kleiner Mann in grauem Anzug und weißem Hemd mit rot-blau gepunkteter Krawatte wird vorgeschoben. Er kommt ins Restaurant, schaut unsicher auf die gedeckten Tische und ruft dann sehr laut, wie um sich selbst Mut zu machen: „Na, Leute, da wollen wir mal." Er setzt sich. Der Bann ist gebrochen. Und während einige noch wegen der Platzordnung streiten, trinken die ersten schon einen Begrüßungsschluck. Das heißt, die Herren der Schöpfung tun das. Die Frauen begutachten die Salate, prüfen die Sauberkeit der Gläser, rücken ihren Männern den Schlips gerade und zupfen am Saum ihrer Minikleider. Die meisten sind noch sehr jung. Und schön.

Die Kellnerin bringt mir eine Art Steak. Ich habe tüchtig zu kauen und kann die Gruppe nicht weiter beobachten. Nach zehn Minuten ist das allerdings überflüssig, denn ein Mann singt laut und hingebungsvoll eine Romanze. (Um Himmels willen, denken Sie nun bloß nicht, daß er schon betrunken ist. Das dauert bei den Sibirjaken sehr lange.) Ein anderer erzählt Anekdoten über die Leute in seinem Dorf. Die übrigen, die nicht mitsingen oder dem Geschichtenerzähler lauschen, schwatzen, lachen, umarmen sich. Um die natürliche Herzlichkeit ihrer Feier beneide ich sie. Um die Kapelle nicht. Aber die Frauen und Männer lassen sich nicht stören. Sie essen und trinken in aller Ruhe und schreien sich die Witze gegenseitig ins Ohr.

Wo kommen sie her? Sie brechen das Brot und essen die Wurst mit den Fingern. So, wie das Sibirjaken tun. Wer sind sie? Der Tisch ist gedeckt wie für eine Delegazija.

Aber die Trinksprüche hören sich nicht danach an. Einer steht auf, hebt sein Glas und sagt: ,,Liebe Freunde! Trinken wir darauf, daß der Hintern der Frauen immer dicker und der Wodka immer weniger dünn wird."

Ich schaue mir ihre Hände an. Sie sind kräftig, aber nicht schwielig und abgearbeitet.

Einer von ihnen, ein strohblonder junger Mann, sitzt Rücken an Rücken mit mir. Ich klopfe ihm auf die Schulter und frage, woher sie kommen.

Er dreht sich um und sagt: ,,Wir sind eine Produktionsbrigade aus dem Aluminiumwerk."

Arbeiter im Aluminiumwerk? frage ich und zeige auf seine gepflegten Hände.

Er lacht. ,,Nun ja, es ist ein modernes, neues Werk."

Von zehn bis elf hat die Kapelle Pause. Die Aluminiumarbeiter singen inzwischen traurige oder lustige Volkslieder. Keiner achtet darauf, ob einer brummt.

Später drehen sie sich nach Beat- und Walzerklängen. Mein Rückennachbar tanzt mit dem auffälligsten Mädchen des Saales. Sie ist ungeschminkt. Ihre bis zur Taille reichenden schwarzen Haare glänzen wie frischgebrochene Steinkohle. Sie hat ein langes, leuchtend gelbes, bis zum Hals geschlossenes Kleid an. Schmale Augen und ein braunes Gesicht verraten ihre Abstammung von den Burjaten, dem alteingesessenen Volk östlich des Baikals. Der blonde Junge tanzt nur mit ihr, holt sie zu jedem Lied. (In der Sowjetunion werden die Mädchen schon nach einem Musikstück wieder zum Platz gebracht.) Die zwei scheinen sich gut zu kennen, denn als er schwitzt, wischt sie ihm mit dem Taschentuch die Schweißperlen von der Stirn. Dann tanzt ein anderer mit ihr. Fünf- oder sechsmal. Ich kann das Gesicht meines blonden Rückennachbarn nicht sehen, aber als ich mich umdrehe und ihn eine Weile von hinten beobachte, merke ich an den Armbewegungen, daß er im wahrsten Sinne des Wortes zu saufen begonnen hat. Das Mädchen im zitronengelben Kleid kümmert sich nicht darum.

Ich frage, ob er sich zu mir setzen würde.

Er kommt. ,,Wiktor heiße ich", sagt er.

Ich will ihm ein Glas von meinem Sekt anbieten, aber er holt eine Flasche von der Brigadetafel. Der zweiundzwanzigjährige Wiktor bleibt bis zum Ende der Feier an meinem Tisch. Wir trinken wenig. Wiktor erzählt viel. Es scheint ihm gut zu tun. Manchmal redet er weinerlich wie ein Kind, dann trotzig wie ein zorniger junger Mann. Vielleicht hätte er sich seinen Kummer bei mir nicht von der Seele geredet, wenn ich auf seine erste Frage anders geantwortet hätte. Er wollte wissen, ob ich an die große Liebe glaube.

Ich sagte ja.

Präzise hätte ich antworten müssen: ,,Als ich achtzehn und zum ersten Mal verliebt war, glaubte ich daran." Doch das ist meine Geschichte. Im Moment erzählt Wiktor seine.

,,Vor drei Jahren kam ich von Odessa nach Bratsk. Ich hatte gelesen, daß im Aluminiumwerk Arbeiter gesucht wurden. Manche von meinen Freunden waren beim Bau des Kraftwerkes Nurek dabei, andere, die ihre stickige Polstersesselluft zu Hause nicht mehr ertragen konnten, fuhren ins Neuland nach Kasachstan. Ich aber ging nach Bratsk. Weshalb gerade hierher, weiß ich nicht, vielleicht, weil ich Dreher bin und Aluminium auch ein Metall ist. In den ersten Wochen machte mir die sibirische Kälte arg zu schaffen. An der Schwarzmeerküste gibt es kaum Frost. Aber ich sagte mir: Wiktor, halte durch, wenn du zurückkommst, kannst du zu Hause von Schnee erzählen, der vier Meter hoch liegt, und von Stürmen, die fünf Wochen wüten, und die Nachbarn werden staunen: ‚Hört, hört, was der Wiktor alles erlebt hat.' Und außerdem, in welchem alten kleinen Betrieb bei uns würden die Leiter nach einem Jahr sagen: ‚Wiktor, du bist noch nicht lang hier, aber du hast gut gearbeitet – also, mach den Gruppenleiter für fünfzig Leute, die in dieser Woche im Werk ankommen werden!' So etwas gibt es nur hier in der neuen Welt..."

Das Mädchen mit den pechschwarzen Haaren und dem gelben Kleid setzt sich für eine Minute zu uns. Sie fragt mit sehr weicher, fast zärtlicher Stimme, ob wir uns gut unterhalten. Wiktor nickt. Sie streichelt ihm über das Haar und geht wieder tanzen.

„Ich kenne sie seit zehn Monaten. Sie lernte Ökonom und fing dann im Aluminiumwerk an. Wir trafen uns beim Baden am Bratsker Meer. Das erste Mal habe ich sie unter Wasser geküßt. Fast jeden Abend gingen wir spazieren, manchmal auch ins Kino. Ich schrieb über hundert Gedichte für sie. Seit sechs Monaten spare ich, damit wir uns nach der Hochzeit gute Möbel und später ein Auto kaufen können. Doch über dieses Thema spricht sie nicht gern mit mir. Viel lieber sitzt sie abends mit Freunden am Fluß beim Lagerfeuer und sagt Gedichte von Jewtuschenko auf..."

Sie tanzt wieder. Wiktor fragt: „Gefällt sie dir?"

Ja, sage ich, sehr.

Wiktor spricht leiser: „Ich bin nicht einer, der von den Mädchen nur das... du weißt schon was... will. Wir gingen spazieren. Ich konnte ihre Hand halten. Wir saßen im Wald, und sie sang mir Lieder vor. Weiter war nichts. Viele Monate. Eines Nachts – ihre Eltern waren im Urlaub – schliefen wir dann wie Mann und Frau zusammen. Am nächsten Tag habe ich ihr gesagt, daß ich sie nun heiraten werde. Sie lächelte und meinte, deswegen müßten wir doch nicht gleich zum Standesamt. Verstehst du, sie, sie hat das gesagt, sie, ein Mädchen..."

Er muß sich erst beruhigen, dann erzählt er weiter: „Ich mache inzwischen ein Ingenieur-Fernstudium, werde bald Abteilungsleiter, und eine Neubauwohnung sollen wir auch bekommen. Ich kann ihr alles bieten, was sie braucht – trotzdem will sie mich nicht heiraten. Verstehst du das?"

Statt einer Antwort wechsle ich das Thema.

Später tanze ich mit ihr. Ich frage, ob sie Wiktor heiraten will.

Sie schüttelt den Kopf.

Und weshalb nicht?

Sie bleibt einen Moment stehen. ,,Vielleicht gehe ich mit einem Bautrupp in die Wüste Kara-Kum oder gründe eine Song-Gruppe und ziehe mit ihr durch entlegene Taigadörfer... Ich weiß noch nicht, wie ich leben möchte. Und ein Kapitän, der unbekannte Inseln sucht, sollte sein Schiff nicht im erstbesten sicheren Hafen ankern..."

Wir tanzen und reden nicht mehr darüber. Lächelnd fragt sie, wie mir die sibirischen Frauen gefallen.

Heiraten ist in Bratsk nicht nur wegen der emanzipierten und fehlenden Mädchen komplizierter als im Süden der Sowjetunion. Auch kurz vor dem Ziel der Wünsche, beim Standesamt, brauchen die jungen Leute noch eine gehörige Portion Geduld. Vierzig oder sechzig Hochzeitsautos stehen vor dem Hochzeitshaus. An den Kühlern der Autos hängen, wie es der neue Brauch vorsieht, große Babypuppen.

Meine Dolmetscherin Soja lächelt darüber. ,,Jeder will natürlich die schönste und größte Puppe für sein Auto haben. Deshalb streiten sich die jungen Männer und Frauen schon wochenlang vorher im Kaufhaus um die prächtigsten Exemplare. Manchmal sind alle Plastebabys in unserem Univermag ausverkauft, weil viel mehr Pärchen heiraten als Puppen am Lager sind. Dann wird die Pate mit dem Flugzeug bis nach Irkutsk geschickt..."

Sie erzählte mir dazu eine Anekdote: ,,Als ein junges künftiges Paar trotz Wehklagen und Bestechungsversuchen hier und in der Umgebung keine Puppe bekam, weigerte sich die Braut zu heiraten; denn was sollten die Nachbarn denken, wenn sie ohne... Guter Rat war teuer. Da hatte der junge Mann eine Idee. Sein Onkel Kolja war ein bißchen klein geraten. Er bat ihn inständig, sich als Puppenersatz auf den Kühler binden zu lassen. Sie schmückten ihn und den Wagen mit bunten Bändern und Luftballons. Onkel Kolja überlebte die Fahrt bis zum Standesamt. Stolz stiegen Braut und Bräutigam aus. Sie hatten die absolut größte Babypuppe am Auto..."

Die Puppensymbolik funktioniert. Jährlich werden in Bratsk – 60 Prozent aller Einwohner sind jünger als dreißig – 4000 Kinder geboren. Dementsprechend wächst die Stadt. Es gibt (besser: es gab 1975) siebzig Krippen und Kindergärten, fünfzig Schulen, fünfundzwanzig Bibliotheken, einen achtzig Meter hohen Fernsehturm, siebzehn Klubs und Kinos, (noch) kein Theater, einhundertundsiebzig Geschäfte, einhundertundzehn Restaurants und jährlich einhunderttausend Quadratmeter neuen Wohnraum.

Eines allerdings vermißte der österreichische Schriftsteller Portisch, als er die Stadt kennenlernte: ,,Der sowjetische Puritanismus läßt nämlich nicht zu, was in anderen Pionierländern gang und gäbe war: Auch in Bratsk gab es keine Saloons, keine Animiermädchen, keine Freudenhäuser..."

Ich fragte Soja, ob sie eine große oder eine kleine Babypuppe an ihrem Hochzeitsauto hatte.

,,Gar keine."

Waren sie ausverkauft?

,,Nein. Aber weshalb soll ich alles nachmachen ...“

Wie viele Tage dauerte Ihre Hochzeitsfeier?

,,Drei.“

Feiern Sie gern?

,,Ich bin von Natur aus ein lustiger Mensch, feiere, singe und tanze für mein Leben gern.“

Oft?

,,Nein. Mein Nikolai bleibt mit mir lieber zu Hause. Wenn wir weggehen, meint er, würden mir zu viele Männer nachschauen...“

Am nächsten Tag hat Soja keine Zeit für mich, aber sie reicht mich vorsorglich an den APN-Journalisten Dimitri Gulginskom weiter. Er begleitet Hans-Ullrich Indermaur, Redakteur bei Radio Zürich, auf einer Reise durch die Sowjetunion. Der Schweizer will Material über ,,das Leben und den Glücksbegriff“ der sowjetischen Frauen sammeln.

Heute sind sie bei einer Frau aus dem Holzkombinat angemeldet. Ich kann mitfahren, aber Dimitri stellt gleich klar: ,,Das Gespräch wurde für den Schweizer organisiert. Du kannst also lediglich still danebensitzen und mithören.“

Ich bin deswegen nicht traurig, denn seit 20 Tagen tue ich nichts anderes, als Leute auszufragen. Endlich also habe ich auch mal Urlaub.

Frau Worabjewa, mit der Dimitri und der Schweizer verabredet sind, arbeitet im weltgrößten Holzkombinat, dem dritten Superlativ von Bratsk. Dieses Werk ist erst acht Jahre alt. Sieben Millionen Kubikmeter Holz werden hier jährlich von schwedischen Maschinen mit Schweizer Steuerungsanlagen nach einem einfachen Prinzip verarbeitet: Vorn wird der Wald gefressen, und am Ende des Werkes werden unter anderem 200000 Tonnen Cordzellulose, 380000 Tonnen Pappe, 450000 Tonnen Papier, 250000 Kubikmeter Furnierholz, 32 Millionen Quadratmeter Holzfaserplatten herausgespuckt.

Anscheinend standen die Worabjews abwechselnd am Fenster und warteten, um unsere Ankunft nicht zu verpassen, denn die Hausfrau begrüßt uns schon auf der Treppe des Neubauhauses. Ihre gute Stube glänzt feiertäglich. In der Politur der dunklen Schrankwand spiegeln sich die Lichter der frischgeputzten Fenster, und auf dem Teppich liegt kein einziges Stäubchen. Frau Worabjewa war am Morgen schon beim Friseur, und auch ihr Mann und die zwei bald erwachsenen Töchter haben den Sonntagsstaat an. Auf dem Tisch stehen zwei Schüsseln mit selbstgebackenen Keksen, ein Teller mit Konfekt und eine Schale mit Äpfeln. Jeder Apfel ist so sorgfältig poliert, als wäre er für die Jolkatanne bestimmt. Der Tee zieht schon in einer dicken Prozellankanne, und für mich, den unangemeldeten Gast, stellt die Frau des Hauses mit lieben, entschuldigenden Worten noch eine Tasse auf den Tisch.

Der Mann sitzt auf dem Sofa, die Töchter auf Stühlen und die Mutter – ,,damit ich schnell in die Küche kann, wenn etwas fehlen sollte“ – auf einem Hocker. Für uns sind die Sessel reserviert. Der Schweizer Rundfunkmann, der seit zehn Tagen in allen Teilen der Sowjetunion Aufnahmen gemacht hat und zu den Reportern gehört, die ihre Gefühle hinter einer lässigen Kaltschnäuzigkeit verbergen wollen, ist durch das fast mütterliche Umsorgen unsicher geworden. Er packt sein Gerät aus und packt es wieder ein, holt es erneut heraus, entschuldigt sich ein paarmal, daß er ein Interview machen müsse, dann stellt er das Mikrofon doch auf den Tisch. Frau Worabjewa, die „noch nie in so ein Ding gesprochen hat", sagt ihm, er solle sich keine Gedanken machen, schließlich sei es seine Arbeit, und Arbeit wäre nun einmal dazu da, daß sie auch erledigt würde.

Ich schreibe das Interview sinngemäß mit.

Wo wurden Sie, Frau Worabjewa, geboren?

In Irkutsk.

Was lernten Sie?

Ich liebte schon als Kind die Natur. Deshalb studierte ich an der Hochschule für Landwirtschaft und wurde Biochemikerin.

Was waren Ihre Eltern?

Arbeiter. Mein Vater starb, als ich noch sehr klein war, meine Mutter mußte uns allein aufziehen.

Ist es schwer, in Sibirien zu leben?

Das Klima ist zwar kalt, aber trocken und gesund. Wir Sibirjaken sagen: Es gibt hier kein schlechtes Wetter, nur Leute, die sich schlecht anziehen.

Würden Sie lieber im Süden, vielleicht am Schwarzen Meer, wohnen?

Nein, dorthin fährt man nur als Gast, als Tourist.

Wie kamen Sie in das Holzkombinat und als was arbeiten Sie dort?

Ich unterrichtete zuerst an einer Schule Biologie. Später wurde hier das Holzkombinat mit seinen großen Kläranlagen gebaut. Ich bewarb mich und bin nun verantwortlich für die Reinheit der Abwässer.

Wie lernten Sie ihren Mann kennen?

Wir sahen uns an der Universität und heirateten, als er im fünften und ich im vierten Studienjahr war.

Wieviel Kinder haben Sie?

Olja, die Älteste, studiert Physik. Und Jelena, unser Nesthäkchen, geht in die zehnte Klasse.

Weshalb kamen Ihr Mann und Sie nach Bratsk?

Wir erhielten in der Stadt – damals standen überall nur Zelte und Holzhäuser – nicht gleich eine Wohnung. Deshalb gingen wir zuerst in ein abgelegenes kleines Taigadorf, das sechzig Kilometer von Bratsk entfernt liegt. Olja war gerade zwei Monate alt. Ich unterrichtete an der Schule, und mein Mann arbeitete in der Traktorenstation. Das war ein sehr schwerer Anfang für uns. Aber wir lebten, wie wir immer leben – ohne zu klagen.

Sie gingen freiwillig nach Bratsk und in dieses Dorf?

Ja.

Können Sie mir sagen, weshalb?

Selbstverständlich wäre es auch möglich gewesen, nach dem Studium in einer Großstadt wie Kiew, Leningrad oder Tallin anzufangen. Aber dann sahen wir auf der Landkarte in der Nähe von Irkutsk ein rotes Fähnchen. Das soll die Stadt Bratsk werden, hörten wir. Mein Mann und ich beschlossen, dorthin zu gehen, wo wir helfen konnten, daß wieder eine neue Stadt in Sibirien wächst.

Würden Sie mir Ihren Tagesablauf beschreiben?

Ich stehe um halb sieben auf, mache das Frühstück für die Kinder, gehe zur Arbeit, komme um fünf Uhr zurück, kaufe ein, bereite das Abendessen vor, und wenn der Haushalt erledigt ist, setze ich mich hin und stricke oder sticke.

Und sonntags?

Bei schönem Wetter fahren wir zu unserer Datsche. Dort haben wir viele Blumen, und Blumen liebe ich sehr. Im Winter laufen wir alle zusammen Ski.

Wie teilen Sie ihr Familienbudget ein?

Die Hälfte benötigen wir für das Essen, alles andere verwenden wir ohne Plan.

Sparen Sie?

Ja, wir sparen. In den nächsten Tagen sollen wir unser Auto bekommen.

Mußten Sie als Frau wegen der Familie und des Haushaltes manchmal ihr Lebensziel ein bißchen zurückstecken?

Ja, aber daran habe ich mich gewöhnt.

Denken Sie oft darüber nach, wie Sie aus Ihrem Leben noch mehr machen könnten?

So, wie ich lebe – das befriedigt mich. Nur der Tag müßte 48 Stunden haben.

Was werden Sie im Rentenalter tun?

Die Enkelkinderchen großziehen.

Und wenn die Töchter nicht in Bratsk bleiben?

Unsere Zeit ist interessant, möglich, daß sie weggehen. Ich werde sie nicht daran hindern.

Aber dann fehlen Ihnen die wichtigsten Dinge Ihres Lebens: die Arbeit und die Familie.

Mir bleiben viele Freunde und Bekannte, und ich denke nicht, daß ich irgendwann einmal einsam sein werde. Ich will so lange wie möglich gesellschaftlich aktiv sein, ich bin doch Abgeordnete im Stadtsowjet.

Bei uns in der Schweiz bleiben viele Frauen nach ihrer Hochzeit für immer zu Hause, sie gehen nicht arbeiten. Wie denken Sie darüber?

Ich möchte mir kein Urteil erlauben. Aber ich glaube, eine Frau, die nicht arbeitet, wird aus dem Leben gerissen, ohne tot zu sein.

Der Schweizer bedankt sich und fragt die älteste Tochter:

Gibt es Widersprüche zwischen der Mutter und den Kindern?

Olja: Nur bei Modefragen.

Würden Sie wie Ihre Mutter wegen des Mannes und der Familie auf manche Lebenswünsche verzichten?

Ich denke, daß mein Mann der Frau aus Liebe viel opfern wird und ich das Familienoberhaupt bin.

Was wollen Sie werden?

Am liebsten schaue ich zu den Sternen und träume. Deshalb möchte ich nach dem Studium einen weißen Kittel anziehen und in einem Observatorium arbeiten.

Und Kinder?

Natürlich. Wenn es nach mir geht – und dabei geht es garantiert nach mir –, in vier oder fünf Jahren. Als erstes ein Mädchen und dann einen Jungen.

Ende der Interviews.

Wir essen die selbstgebackenen Kekse, das Konfekt, trinken Tee, plaudern. Frau Worabjewa fragt den Schweizer, ob er etwas von seiner Heimat erzählen würde. Er sagt, daß die Berge hoch, die Menschen fleißig, die Uhren gut und die ausländischen Touristen zahlreich sind, aber die Krise auch die Schweiz erreicht habe.

Gibt es viele Arbeitslose in der Schweiz? fragt Frau Worabjewa.

Etwa 10000.

Wollen diese Leute nicht arbeiten?

Sie wollen schon, aber es fehlen Arbeitsplätze.

Wovon leben diese Menschen?

Sechs Monate lang erhalten sie achtzig Prozent ihres Lohnes als Unterstützung.

Und nach den sechs Monaten?

Da bekommen sie eine Fürsorge.

Wie hoch ist die?

Das weiß ich nicht, auf alle Fälle sehr niedrig...

Die Mutter sagt: „Greifen Sie doch zu, die Äpfel sind süß und saftig."

Ich frage Olja: Wenn Ihr zukünftiger Mann nicht in eine Stadt mit Observatorium und weißem Kittel für Sie, sondern zur BAM oder in das Neulandgebiet gehen möchte, wie würden Sie sich entscheiden?

Olja überlegt lange und sagt: „Das Glück ist nicht an einen Ort gebunden und nicht vorprogrammierbar. Es wächst überall, wenn der Boden fruchtbar ist."

Nach drei Stunden verabschieden wir uns. Der Schweizer möchte sich auf besondere Weise bei den Worabjews bedanken und tut etwas sehr Ungewöhnliches. Er, der aus einem Land kommt, wo jeder wehrhafte Mann sein militärisches Ränzli, sein Gewehr und sein Bajonett in der Wohnung aufbewahrt, es wie ein Heiligtum hüten, putzen und kontrollieren muß, er holt sein prächtiges Klappmesser, das vielerlei Extras hat, aus der Hosentasche und legt es auf den Tisch. Er sagt: „Ich weiß, daß es nicht üblich ist, eine Waffe – ein Messer – zu verschenken. Aber ich habe im Moment nichts

Wertvolleres mit. Und deshalb schlage ich vor, daß wir sagen: Es soll helfen, die Vorbehalte und Mißverständnisse, die zwischen Ihren und unseren Völkern vielleicht noch bestehen, zu zerschneiden."

Nach der Verabschiedung bringen uns alle vier Worabjews bis zum Wagen. Sie gehen erst ins Haus, als wir in eine Seitengasse einbiegen.

Do swidanija, Mutter Worabjewa.

Do swidanija, Bratsk.

Am nächsten Morgen fliege ich nach Moskau und beobachte, wie die Stadt unter mir immer kleiner wird.

Ich kann den Neubaublock der Worabjews, die sich für uns feiertäglich zurechtgemacht hatten, nicht erkennen. Aber das Holzkombinat mit den gestapelten Stämmen ist deutlich zu sehen. Es verarbeitet im Jahr sieben Millionen Kubikmeter.

Auch das alte Holzhaus, das sich Sojas Vater in die neue Stadt schleppen ließ, als der Stausee das „Fort Bratski" überschwemmte, entdecke ich nicht mehr. Das Kraftwerk mit dem gigantischen Damm, der das Wasser der Angara 150 Meter anhob und den tiefsten, klarsten und größten künstlichen See der Welt staute, ist noch zu sehen.

Ich suche vergeblich nach jenem Park, in dem sich Wiktor nach der Brigadefeier wegen seiner unglücklichen Liebe ausheulte. Dafür spiegeln sich die Hallen des kilometerlangen Aluminiumkombinates in der Sonne...

Es gibt also doch eine Perspektive, von der aus nur noch die Superlative der sozialistischen Stadt Bratsk erkennbar sind. Natürlich könnte man allein aus dieser Sicht die Weltwunder beschreiben und glauben, damit das Wichtigste über diese Stadt, dieses Land und diese Gesellschaft gesagt zu haben.

Aber das ist eben eine Frage des Standorts.

Ich bedanke mich bei Galja in Samarkand, Rima in Buchara, Anatoli in Taschkent, Maja in Aschchabad, Natascha in Nowosibirsk, Ljuba in Irkutsk, Soja in Bratsk und allen anderen Intourist-Mitarbeitern, die mir behilflich waren.

Landolf Scherzer

Inhalt

Bildnachweis

Berliner Verlag – „Freie Welt“: 207
Thomas Billhardt: 146 o, 147 o, 148 u, 149, 151, 158 o, 159 u, 196, 197, 199, 201 u, 202 o
Deutsche Fotothek Dresden/Großmann: Schutzumschlag-Rückseite 1
Jo Gerbeth: 152/153, 154, 157 u, 160, 194, 195
Gerald Große: 49, 53, 56–59, 60 u, 150, 193, 198, 200 o/201 o, 200 u, 204
NBI – „Die Zeit im Bild“/Uwe Steinberg: 61 u
Nowosti: 52, 54 o, 55, 62 o l, 62 o r, 63, 159 o, 203, 205, 206, 208
Gerhard Reinhold: Farbaufnahme Schutzumschlag-Vorderseite
Angelika und Frank Schenke: 61 o, 64 o, 97–112, Schutzumschlag-Rückseite r
Hartmut Schorsch: 145, 155, 156, 157 o, 158 u, 202 u
Zentralbild: 146 u (APN); 50, 60 o, 62 u (Ihde); 148 o (Koard); 51, 54 u, 64 u, 147 u (TASS)